PAUL ROBIQUET

HISTOIRE ET DROIT

1re SÉRIE

PARIS

LIBRAIRIE HACHETTE ET Cie

79, BOULEVARD SAINT-GERMAIN, 79

1907

HISTOIRE ET DROIT

DU MÊME AUTEUR

Droit constitutionnel comparé. La Constitution française de 1875, étudiée dans ses rapports avec les Constitutions étrangères. Un vol. in-8 de 400 pages. Paris, E. Thorin, 1876. En collaboration avec M. Bard, avocat à la Cour d'appel et actuellement Président de Chambre à la Cour de Cassation. (2ᵉ édition revue et augmentée en 1878. Un vol. de 500 pages.

Histoire municipale de Paris. Trois vol. in-8, 2ᵉ édition, 1905. Paris, Hachette. Ouvrage couronné par l'Académie française (Prix Thérouanne) et par l'Académie des Sciences morales et politiques (Prix Berger). 22 fr. 50

Histoire municipale populaire de Paris. *Scènes et récits historiques.* Un vol. in-18 de 200 pages, 1887. Paris, Hachette. *Épuisé.*

Le personnel municipal de Paris pendant la Révolution. *Période constitutionnelle.* Un vol. grand in-8 de 686 pages. Paris, Quantin, 1890 (Publication de la Ville de Paris).

Discours et opinions de Jules Ferry. Sept vol. gr. in-8. Paris, A. Colin, 1893 à 1898.

Théveneau de Morande. *Étude sur le XVIIIᵉ siècle.* Un vol. in-12 de 320 pages et 5 planches hors texte. Paris, Quantin, 1882.

1660-06. — Coulommiers. Imp. PAUL BRODARD. — 2-07.

PAUL ROBIQUET

HISTOIRE ET DROIT

1re SÉRIE

PARIS

LIBRAIRIE HACHETTE ET Cie

79, BOULEVARD SAINT-GERMAIN, 79

1907

AVANT-PROPOS

Nous avons cru devoir réunir quelques essais
documentaires qui ont été jadis insérés dans différents recueils.

La postérité se serait sans doute consolée de
leur disparition; mais, quand la jeunesse a fait
place à l'âge mûr, on éprouve parfois un mélan-
colique plaisir à dresser le bilan ou l'inventaire
des écrits que personne, sauf l'auteur, n'aurait
intérêt à rechercher plus tard.

Les historiens travaillent toute leur vie sur
les papiers des autres. Pourquoi, de temps en
temps, ne classeraient-ils pas leurs papiers per-
sonnels?

J'hésite encore à réimprimer les très nombreux
articles de polémique ou de critique historique
que j'ai semés un peu partout. Il y a des notes

que je ne publierai jamais, de la prose et des vers qui resteront inédits, parce qu'ils reflètent des émotions trop intimes.

Les travaux d'érudition ont du moins le mérite de ne violer aucune convenance. Ceux qui ont la manie d'écrire ne s'occupent souvent des morts que pour ne pas déplaire aux vivants.

P. R.

1ère PARTIE

HISTOIRE

LES
DEUX COURONNES DE HENRI III

LES
DEUX COURONNES DE HENRI III [1]

La période comprise entre la Saint-Barthélemy et
la naissance de la Ligue présente bien des péripéties
et bien des contrastes. Un roi de vingt-quatre ans
expire dans une agonie terrible, comme poursuivi
jusque dans les ombres de la mort par les spectres
de ses victimes. De ses frères, l'un, le duc d'Anjou,
passe en quelques mois du trône de Pologne sur le
trône de France; l'autre, le duc d'Alençon, intrigue
et conspire sans relâche, tandis que catholiques et
huguenots, Guises et Bourbons continuent leur duel
acharné, et que la machiavélique Catherine règle
avec ses astrologues les mouvements de sa politique. Au second plan, apparaît dans une discrète
lumière le sourire du Béarnais, bravant les fureurs
des fanatiques et les guets-apens de la reine mère.
La cour des Valois est le théâtre de mille intrigues
qui se succèdent et s'entre-croisent comme dans le
plus attachant des romans d'aventures. On croit
traverser les brillantes régions de la fantaisie et l'on
n'est pas sorti du domaine de l'histoire.

1. *Revue de France*, t. XL, n° du 15 mars 1880.

Sans prétendre, après tant d'écrivains, donner un
tableau d'ensemble de l'époque qui nous occupe,
nous voudrions étudier ici, avec quelque précision,
les négociations, les cérémonies, les incidents curieux
qui ont marqué la prise de possession par le duc
d'Anjou du trône de Pologne, puis du trône de France.
Le sujet n'a pas été, ce semble, traité encore avec tous
les développements qu'il comporte. Sans parler des
Mémoires de Jean Choisnin et de Cheverny, des Histoires de d'Aubigné, de De Thou et de Mathieu, des
écrits de l'Estoile, de Brantôme, de Marguerite de
Valois, de Papyrius Masso, nous avons puisé dans
la précieuse collection des registres manuscrits de
l'Hôtel de Ville de Paris un certain nombre de documents inédits et intéressants à divers titres, qui,
venant se fondre et s'encadrer dans notre récit, con-
tribueront, nous l'espérons du moins, à éclaircir des
faits jusqu'alors très confus et à mettre dans tout leur
jour les premiers actes du roi Henri III [1].

La jalousie que les succès militaires du duc d'Anjou
avaient inspirée à Charles IX rendait très difficile la
situation de l'héritier de la couronne. Après Jarnac et

---

1. Les Registres de l'Hôtel de Ville de Paris sont au nombre de
cent quatre. (Arch. nat., sect. adm. H. 1778 à 1880.) Ils commencent le 25 octobre 1499 et s'arrêtent au mois de mars 1784. Quelques fragments seulement ont été publiés par Du Breul, Sauval,
Félibien, Delamare, Cimber et Danjou, Leroux de Lincy. La Ville
de Paris fait copier depuis plusieurs années ces curieux documents. Nous avons dû la communication de cette copie, encore
peu avancée, à la haute intervention de M. Ferdinand Duval,
préfet de la Seine, et à l'obligeance de M. Tisserand, directeur
des travaux historiques de la Ville.

Ceci était écrit en 1880. Aujourd'hui, la Ville de Paris a fait
imprimer onze volumes des Registres. Le dernier s'arrête en 1598
(17 août) et a paru en 1902.

Moncontour, le frère du roi devenait presque un rival. Catherine, qui connaissait la violence de Charles, tremblait pour le plus chéri de ses fils. Aussi, quand on apprit, en février 1572, que le roi de Pologne, Sigismond III, le dernier de la dynastie des Jagellons, était assez gravement malade pour qu'on pût prévoir l'ouverture prochaine de sa succession, le roi et la reine mère se trouvèrent d'accord pour mettre en avant la candidature du duc. Quant au roi, « il empoigna ardemment cette occasion, dit d'Aubigné, pour les jalousies prises et augmentées sur ce que les armées ne cognoissoyent plus que Monsieur; et la reine mère se laissa aller à ce dessein sur la promesse des magiciens qu'elle verrait tous ses enfants rois ». Procédant avec les raffinements habituels de sa diplomatie secrète, Catherine envoya d'abord en Pologne une mission composée de personnages secondaires, afin de tâter le terrain et de réunir des renseignements exacts sur les dispositions de la noblesse polonaise. Ces premiers agents étaient le sieur de Balagny, fils naturel de Montluc, évêque de Valence; Charbonneau, gentilhomme du Dauphiné; Du Belle, baillif de Valence, et Jean Choisnin, secrétaire du même Montluc et auteur des curieux Mémoires sur l'élévation de Henri au trône de Pologne. Pour donner le change aux puissances étrangères, les envoyés français, qui se présentaient comme de simples voyageurs, ne suivirent pas un itinéraire très direct. Ils visitèrent l'archiduc Ferdinand, à Inspruck, et furent parfaitement accueillis par Maximilien. Arrivés en Pologne, ils nouent immédiatement des intelligences avec les gentilshommes amis de la France, notamment avec le grand maître de la cham-

bre du roi. Après avoir longuement langui, Sigismond III meurt le 7 juillet. Déjà les compétiteurs
surgissaient. L'abbé Cyre, ambassadeur de l'empereur, posait ouvertement la candidature de l'archiduc
Ernest, le deuxième fils de Maximilien. Balagny, convaincu qu'un candidat français peut entreprendre la
lutte avec chance de succès, se hâte de s'acheminer
vers la France et s'embarque à Dantzig, sur un navire
français, l'*Ange* (de Fécamp). Éclairés par Balagny,
Catherine et Charles IX se décident alors à poursuivre
à fond l'affaire de la succession de Pologne.

C'était l'évêque de Valence qui avait choisi le personnel de la première mission. Nul personnage n'était
mieux préparé que lui à se mettre à la tête de l'ambassade officielle. La connaissance du latin paraissait
surtout inappréciable, alors qu'il s'agissait de se faire
comprendre de la foule innombrable des gentilshommes polonais. Montluc partit le 17 août, quelques jours avant la Saint-Barthélemy. Il voyageait
avec un certain mystère, et l'événement prouva que
ses précautions n'étaient pas inutiles : à peine avait-
il atteint Verdun, qu'un certain Manègre, lieutenant
du gouverneur de cette ville, fit arrêter l'ambassadeur et le mit sous bonne garde. Prévenus de ce con-
tretemps, le roi, la reine mère et le duc d'Anjou écri-
virent immédiatement à Manègre pour lui ordonner
de rendre la liberté à Montluc et de lui faire des
excuses. L'évêque eut ensuite maille à partir avec les
reîtres de Francfort, indignés du massacre de la
Saint-Barthélemy ; et ce fut comme par miracle qu'il
atteignit sain et sauf les frontières de Pologne, le
15 octobre 1572.

Sans se laisser effrayer par la peste qui ravageait

alors les provinces polonaises, Montluc fit immédiatement des ouvertures aux gentilshommes qui lui
avaient été désignés par les premiers agents comme
sympathiques à la France. Il avait affaire à forte
partie, car le trône des Jagellons excitait la convoi-
tise non seulement de l'empereur, mais du tsar, du
roi de Suède, du duc de Prusse, du voïvode de Transylvanie. Tous ces princes avaient députe des ambassadeurs à la diète polonaise, qui s'était réunie vers la
fin de l'année 1572, et faisaient valoir avec zèle les
titres de leurs candidats respectifs. Nous ne parlons
que pour mémoire du parti national, qui voulait
donner la couronne à un roi polonais; ce parti n'avait
aucune chance de réunir une majorité, car les nobles
polonais se croyaient tous également dignes du rang
suprême. Montluc, démasquant ses batteries avec
hardiesse, entreprit de persuader à la diète que « de
la personne du duc d'Anjou l'on pouvait espérer beaucoup de bien, et rien craindre de mal. ».

Ses efforts ne restèrent pas infructueux, quoique
les *évangéliques* lui fissent une opposition acharnée
en exagérant l'horreur de la Saint-Barthélemy et la
part qui revenait au duc d'Anjou dans la préparation
comme dans l'exécution de cet acte monstrueux.
« Toutes les sepmaines, écrit Choisnin dans ses
Mémoires, l'on apportoit des peintures où l'on voyait
toute manière de mort cruelle dépeinte; l'on y voyait
fendre des femmes pour en arracher les enfants
qu'elles portoient. Le roy et le duc d'Anjou y estoient
dépeints spectateurs de ceste tragédie, et, avec leurs
gestes et des paroles escrittes, ils monstroient qu'ils
estoient marrys de ce que les exécuteurs n'estoient
assez cruelz. Telz escritz et telles peintures irritèrent

tellement le cueur de plusieurs qu'ils ne vouloient pour rien endurer qu'en leur présence le nom du roy fust nommé; les dames en parloient avec telle effusion de larmes comme si elles eussent été présentes à l'exécution. »

Les jésuites d'Ingolstadt avaient imaginé un procédé plus ingénieux pour combattre la candidature française. Ils firent imprimer un panégyrique du duc d'Anjou, dans lequel on le qualifiait de « premier inventeur, autheur et violent solliciteur, conducteur et brave exécuteur de la dernière bataille contre les ennemis de l'Église, donnée en la journée Saint-Barthélemy ». Il fallait dire, suivant les bons pères : « Charles en a tué mille, mais Henri dix mille ». Le tout soigneusement orné de vignettes à sensation et dédié *au libérateur du Saint-Siège*, fut expédié à Cracovie. Mais Montluc était de taille à déjouer les ruses des spirituels panégyristes de son candidat. D'Aubigné, qui rapporte le bon tour des jésuites d'Ingolstadt, ajoute que « le trop d'affectation servit aux Français pour faire voir le but du livret ». L'évêque de Valence taxa de calomnies tous les bruits qu'on répandait sur le duc d'Anjou; et, pour parler aux yeux à son tour, il fit répandre à profusion un portrait de Monsieur qui lui prêtait un air de douceur et un charme d'expression tout à fait de nature à lui concilier les âmes sensibles des Polonaises.

Lorsque la première diète de Varsovie se sépara, au mois de janvier 1573, après avoir fixé au 5 avril la date de l'élection du roi, Montluc put mander à Charles IX, par le doyen de Die, que la candidature de Monsieur avait de grandes chances de succès. C'est à ce moment que Gilles de Noailles, ambassa-

deur de France près de la Porte, arriva en Pologne,
sur l'ordre de Catherine, qui avait cru que Montluc
n'avait pas réussi à traverser l'Allemagne. L'évêque
de Valence, craignant que cet auxiliaire inattendu
ne vînt lui dérober la gloire du résultat qu'il travail-
lait à obtenir, demanda au roi de donner à Noailles
une autre destination. Mais l'ordre de retourner à
Constantinople, où son frère poussait les Turcs à
favoriser auprès de la noblesse polonaise les intérêts
du duc d'Anjou, n'arriva à Noailles que beaucoup
plus tard. En attendant, il resta en Pologne et prêta
à Montluc un concours désintéressé. L'évêque de
Valence avait, en outre, à sa disposition, sans parler
de son fils Balagny et de son secrétaire Jean Choisnin,
le doyen de Die, les sieurs Bazin et d'Elbenne, et un
Polonais dont le nom était si difficile à prononcer
qu'on l'appelait *Dominé*, pour plus de clarté. Le
1er mars, un mois avant la convocation générale des
électeurs, Montluc vit arriver un nouvel agent qu'il
avait, d'ailleurs, demandé lui-même. C'était le sieur de
Lansac, de la maison du duc d'Anjou. Il avait reçu
de la cour de France la mission difficile « d'apporter
un discours de tout ce qui estoit advenu à la Saint-
Barthélemy, et de faire entendre au Sénat et à toute
la noblesse le contraire de ce qui avoit esté dit contre
Sa Majesté et du dict seigneur duc d'Anjou ».

Grâce à l'activité et au dévouement des collabora-
teurs de l'évêque, qui parcouraient dans tous les sens
les provinces polonaises, visitant les palatins et les
castellans, échauffant le zèle des amis de la France,
déjouant les manœuvres de ses adversaires, distri-
buant des portraits et des mémoires en faveur du duc
d'Anjou, le prétendant français était soutenu par une

notable portion de la noblesse lorsque s'ouvrit, le
5 avril, la grande assemblée électorale.

Dès le 3, l'évêque de Valence, accompagné de
M. de Noailles et de M. de Lansac, arrivait à Varsovie.
De Thou et Jean Choisnin évaluent à trente mille le
nombre des gentilshommes qui avaient répondu à la
convocation. L'assemblée se tint dans une grande
plaine, à un mille de la ville. On avait dressé 12 tentes,
et, au milieu, une plus grande qui, d'après les uns,
pouvait tenir 6 000 hommes, et, d'après les autres,
1 000.

Les ambassadeurs prirent successivement la parole.
Le premier qu'on entendit fut l'envoyé du duc de
Prusse, en qualité de représentant d'un grand feuda-
taire du royaume. L'ambassadeur du pape, le cardinal Commendon, prononça ensuite un discours
enflammé pour exhorter les Polonais à élire un roi
dévoué à la cause catholique et impitoyable pour
ceux de la nouvelle religion. De furieuses interrup-
tions montrèrent à l'intolérant cardinal que ses conseils n'étaient pas du goût de tous les électeurs. La
troisième journée fut consacrée à entendre l'ambassadeur de l'empereur. Guillaume Ursin de Rosemberg, grand burgrave de Bohême, eut beaucoup plus
de succès que les précédents orateurs. Après avoir
mis en relief les mérites de l'archiduc Ernest, et
notamment sa connaissance de la langue slavonne,
Rosemberg fit une satire indirecte de la cruauté du
duc d'Anjou, en élevant jusqu'aux nues la sagesse de
Maximilien, « prince prudent, sage, plein de clé-
mence, ennemi du sang ».

Un peu déconcerté par l'effet de ce discours,
Montluc, qui devait prendre la parole le même jour,

allégua une indisposition pour se procurer le temps
de la réflexion et méditer sa réplique. Le 10, l'évêque
de Valence, complètement rétabli, se présenta devant
l'Assemblée et parla pendant trois heures. Dans ce
discours, qui a été conservé, l'ambassadeur français
affirmait la sympathie profonde du duc d'Anjou pour
les Polonais, ses relations cordiales avec tous les
monarques de l'Europe, l'immensité de ses revenus
qui s'élevaient bien à 450 000 écus d'or. De telles ressources lui permettraient d'équiper une flotte pour
protéger le commerce maritime de Narva, et pour
transporter en Pologne une armée de Gascons, s'il en
était besoin. A en croire Montluc, le duc avait une
humeur douce et toujours égale. Jamais on ne l'avait
vu en colère. Quant à la Saint-Barthélemy, c'était un
pur effet du hasard. Le massacre avait eu lieu sans
l'aveu du prince. « Requis de dire son opinion sur ce
faict, n'en voulut jamais opiner, disant qu'il réputait
que ce luy serait deshonneur s'il estoit d'advis de faire
mourir hors la guerre ceux que par tant de fois il
avoit rompus et deffaits en bataille, estant fort mal-
content que ceux à qui la fortune de guerre avait par-
donné fussent ainsi meurtris par des bourreaux et par
une lie de populace.... »

Qui n'aurait applaudi à ces nobles déclarations?
Les Polonais furent réellement séduits; les pages qui,
par jeu, s'étaient amusés à nommer aussi un roi,
battirent ceux de leurs camarades qui représentaient
les candidats de Suède et de l'Empire. Beaucoup de
gens virent dans cette parodie un présage de l'élection du duc d'Anjou. Malgré les efforts des *évangéliques*, qui demandaient tous les jours de nouvelles
garanties au représentant du candidat français,

Montluc obtint que l'élection ne serait pas indéfini-
ment ajournée. Le premier jour de mai, les opérations électorales commencèrent. Au bout d'une heure,
13 provinces s'étaient déjà déclarées pour le duc
d'Anjou. Le lendemain et le surlendemain, les autres
provinces donnèrent leurs suffrages. D'après de Thou
et Choisnin, sur 35 000 gentilshommes qui se trouvaient présents, 500 seulement refusèrent leurs voix
au duc d'Anjou. C'était un véritable triomphe.

Tout n'était pas fini cependant. L'archevêque de
Gnesne, partisan très chaud des Français, crut devoir,
le 9 mai, proclamer roi le duc d'Anjou. Les maréchaux protestèrent, en déclarant que la proclamation du nouveau roi ne pouvait être faite sans leur
concours. Grâce à la souplesse de Montluc, on finit
par mettre d'accord tous les amours-propres froissés,
et il fut convenu que la proclamation faite par l'archevêque serait considérée comme la simple *déclaration* d'un particulier.

Les maréchaux firent, en conséquence, une nouvelle proclamation, le 5 juin, après avoir fait jurer
aux ambassadeurs français que le duc d'Anjou se
conformerait à certaines conditions imposées par les
évangéliques de Pologne. Cet engagement, dont beaucoup d'électeurs avaient fait la condition expresse
de leur vote, devait mécontenter vivement la cour de
France. Quand le décret d'élection eut été dressé et
qu'il fut revêtu des signatures des évêques, palatins
et castellans, la noblesse se dispersa, et une commission de sénateurs choisit les membres de la députation qui devait porter le décret au duc d'Anjou. Cette
députation fut composée des nobles dont les noms
suivent : évêque de Posnanie, palatin Laski, duc

d'Olique, comtes de Tensin, de Gorca, castellans de Guesna, de Sanoca et de Racziane, gouverneurs de Besle, de Cazimiria et d'Odolanovie, Nicolas de Romiczki et Alexandre de Pruniski.

Dès le 10 mai, dans l'ivresse du triomphe, Montluc avait écrit à Charles IX, à la reine mère et au duc d'Anjou pour leur annoncer le résultat de l'élection. Sans aucune fausse modestie, il attribuait la nomination de Monsieur à l'éloquence persuasive de son ambassadeur. « Dieu m'a faict prononcer, écrit l'évêque, une oraison si belle devant une si grande, si honorable et si diverse compagnie que, deux heures après, la plupart de ceux qui avoient esté vos ennemys se rendirent affectionnez et comme solliciteurs de vostre cause. » Toutefois, Montluc n'était pas bien sûr d'avoir procuré au frère de Charles IX une satisfaction sans mélange. Aussi ne lui décernait-il dans ses lettres la qualification de *roi de Pologne* qu'avec une certaine restriction : « Sire, je vous appelle ainsi parce que vous avez esté faict roy de Pologne, *si vous le voulez estre...* ».

L'évêque de Valence avait hâte de juger par lui-même des impressions de la cour de France. Laissant derrière lui la députation polonaise avec Noailles, il traversa audacieusement l'Allemagne, sans s'inquiéter du mauvais vouloir de l'empereur et du duc de Saxe, et atteignit sain et sauf la ville de Metz. Charles IX lui fit l'accueil le plus affectueux et le félicita chaudement, tant il était charmé de la perspective d'être à bref délai débarrassé de son frère. La reine mère affectait la même satisfaction. Quant au duc d'Anjou, Choisnin déclare dans ses Mémoires « qu'il n'étoit pas si content; mais il avoit grand soin de ne laisser rien échapper de ses véritables sentimens. Quelque honorable que fût le rang qu'il alloit tenir, il le regardoit comme un exil : il étoit piqué contre son frère qui le releguoit si loin; et ce prince, élevé dans les délices de la cour de France, n'alloit pas de bon cœur dans un pays comme la Sarmatie ».

Monsieur était en train d'assiéger La Rochelle lorsqu'il apprit qu'on l'avait élu roi de Pologne. Il faillit ne pas porter longtemps sa nouvelle couronne, par suite d'un accident que Charles IX annonçait en ces termes, le 2 juin, à la Ville de Paris : « Très chers et bien amez, nous vous faisons ce mot de lettre pour vous dire que, dimanche dernier, comme nostre très cher et très aimé frère le roy de Polongne alloit recongnoistre l'ouvraige d'une sappe qu'il faisoit faire à un ung endroict des murailles et tours de La Rochelle, il luy fut tiré deux coups d'harquebuzades d'ung flanc qui ne s'estoit encores découvert, dont l'ung l'ataignit au col et l'autre à la main; mais, à la grâce de Dieu, il n'est demeuré offensé de l'ung ni de l'autre, ayant seullement la peau ung peu froissée, dont j'ay grande occasion de louer Dieu de l'avoir ainsy miraculeusement préservé, et qu'il soit aujourd'huy en la mesme bonne santé que si la chose ne fût advenue... ». Monsieur estima qu'il s'était suffisamment exposé pour réduire cette ville obstinée de La Rochelle qui se permettait de repousser tous les assauts des troupes catholiques. On trouva plus simple de négocier à la hâte une capitulation plus qu'honorable pour les assiégés. Elle fut signée le 25 juin.

Le roi de Pologne était désormais libre d'aller jouir des fêtes splendides qui l'attendaient dans la capitale.

Il s'achemina lentement vers Paris, pour donner le temps à la cour et à la ville de faire les préparatifs de sa réception solennelle. Les Parisiens, qui venaient déjà d'être taxés à la somme de 150 000 livres pour la solde des reîtres, croyaient s'être tirés d'affaire en faisant quelques feux de joie et quelques distributions de vin au peuple. Mais leur illusion dura peu. La reine mère commença par déclarer au prévôt des marchands « que le roy entendoit que l'on feist ung présent honneste au dit sieur roy de Poullongne, ainsy qu'elle s'assuroit que feroient les autres villes, desquelles ceste ci debvoit estre l'exemple, lequel présent ne debvoit estre de moindre valleur que de cent cinquante mille livres ou envyron ». Le roi de France vint à son tour et donna l'ordre à la Ville de faire au roi de Pologne « une entrée »; il invita, en outre, le prévôt des marchands, par lettre du 21 juillet, à faire étudier en assemblée générale « les moyens de la levée et cueillette » des 150 000 livres demandées pour son frère.

L'entrée du roi de Pologne devait être précédée de celle des ambassadeurs polonais. Charles IX avait envoyé au-devant d'eux, à Metz, l'évêque de Langres et le comte de Brienne. Quand ils furent arrivés à trois lieues de Paris, les Polonais rencontrèrent la maison de Monsieur, conduite par M. de Villequier, premier chambellan, avec un cortège de cinquante pages, « montés sur chevaulx d'Espagne et turcs ». A Pantin, une autre députation les attendait. Elle venait, au nom du roi de France, recevoir les ambassadeurs. « Toute la cour, dit d'Aubigné, défonça au-devant d'eux. » Il y avait là les princes du sang, les ducs de Guise, du Maine et d'Aumale, le marquis

d'Elbœuf et une foule de gentilshommes. C'est le
mercredi 19 août que les ambassadeurs polonais
entrèrent dans Paris. Le Corps de Ville, à cheval et
précédé des archers, arbalétriers et arquebusiers,
attendait à la porte Saint-Martin. L'immense cortège
entra sur les trois heures; et ce ne fut pas un mince
sujet d'admiration pour le peuple que cette longue
suite de cinquante « chariotz, faictz à la polonnoise et
tirez les ungs par quatre, les autres par six chevaulx »;
ces trois cents étrangers, dont « cent quarante mais-
tres » couverts de vêtements bizarres et magnifiques,
portant des *marques avantageuses*, comme dit d'Aubigné, « l'espée, le monde ou la boule couronnée, et
plusieurs drapeaux de toile et d'argent arborez ». Les
envoyés suivirent la rue Saint-Martin et descendirent
chez Nantouillet, prévôt de Paris, dont l'hôtel leur
avait été assigné pour demeure. C'est là que les
membres du Corps de Ville vinrent leur présenter « les
confitures, ypocras, dragées et aultres présens accous-
tumés ».

Le 21, les Polonais eurent audience du roi de
France. Sur le mandement du Bureau de la Ville,
Georges Reignier « passeur d'eau ès ports de Paris,
avait fait accoustrer unze basteaulx de passeurs, en
forme de gondolles de Venise, couvertz de thoille et
accoustrez de riches tappis de Turquie, pour passer
par la rivière les unze sieurs ambassadeurs polonnais,
venuz vers le roy et le roy de Pologne, et leur train ».
Après avoir passé l'eau dans ces barques, l'ambassade
fut reçue par le roi. La cérémonie eut lieu dans la
grande salle du Louvre, en présence des cardinaux et
de toute la Cour. A la suite de l'audience royale, les
Polonais allèrent saluer la reine mère, puis la reine.

Le lendemain, ils présentèrent leurs hommages au
nouveau roi de Pologne. Les Parisiens s'écrasaient
pour voir ces étrangers, vêtus de longues robes de
drap d'or, montés sur des chevaux magnifiques qui
disparaissaient sous les pierreries, et précédés de
gentilshommes en tunique de soie, et d'officiers, aux
types étranges, qui portaient des masses de fer de
deux coudées de haut. Ces hommes n'étaient pas des
barbares. A en croire les contemporains, leur culture
intellectuelle valait bien celle des beaux gentilshommes
de la cour de France. Jean Choisnin s'étend avec
admiration sur la perfection avec laquelle ils parlaient
les langues étrangères; et d'Aubigné, qui avait le
droit d'être difficile, trouve que plusieurs des envoyés
étaient de « doctes princes et de bons capitaines ».

Dans sa réponse à la harangue de l'évêque de Posnanie, le roi de Pologne avait promis de ratifier les
articles souscrits par Montluc; mais il y en avait un qui
paraissait exorbitant à l'entourage de Henri : c'était
celui par lequel le roi s'engageait à punir les auteurs
de la Saint-Barthélemy, à donner aux protestants
français des sûretés suffisantes, et à faire observer
religieusement les édits de pacification. Montluc, sur
ce point, avait, par cas de force majeure, dépassé ses
instructions. En vrai courtisan, il fut le premier à
conseiller à son maître de désavouer la parole donnée.
Mais les *évangéliques* polonais montrèrent une opiniâ-
treté extraordinaire; et il fallut toute la dextérité du
cardinal Vincent Lauro, nonce du pape, pour apaiser
quelques-uns des envoyés polonais qui criaient bien
haut que la signature de la France avait été mise au
bas des fameux articles. Le 10 septembre, une grande
solennité religieuse eut lieu à Notre-Dame. Le roi de

Pologne lut la formule du serment exigé de tous les souverains polonais; et Charles IX jura « d'entretenir la bonne foi » avec les sujets de son frère.

Trois jours après, dans la grand'salle du palais, magnifiquement ornée, on procéda à la lecture du décret qui conférait au duc d'Anjou le titre de roi de Pologne. « Ung eschaffaut, élevé de sept ou huit dégrés », avait été dressé sur la table de marbre. Il y avait trois dais : un pour le roi de France, un pour la reine mère et un troisième pour le roi de Pologne. Des tribunes spéciales étaient réservées aux cardinaux et aux membres du Conseil privé. Toute la Cour était là. D'après les Registres de la Ville, la salle contenait de dix à douze mille personnes. L'évêque de Posnanie ouvrit la séance en notifiant au frère du roi son élection et l'invita, au nom de la Pologne, à venir prendre possession de sa nouvelle couronne. Le décret fut lu par « le castellan de Sanoca, accompagné des castellans de Guesna et du comte Corca qui tenoient les deulx boutz du décret, scellé de vingt sceaulx ». Après une brève réponse latine du roi de Pologne et une harangue du chancelier Cheverny, qui dans ses Mémoires porte aux nues sa propre éloquence, le décret, qui était dans un coffre d'argent, fut remis dans une caisse de velours vert et couvert d'un drap d'or frisé. Le précieux parchemin, confié aux soins de Cheverny, fut porté à l'hôtel d'Anjou par une haquenée blanche, richement caparaçonnée d'une housse de drap d'or.

Le lendemain, 14 septembre, était le grand jour fixé pour l'*entrée* du roi de Pologne. La Ville de Paris avait fait, par ordre, des préparatifs considérables. On avait mandé au Bureau les jurés des métiers pour leur enjoindre de fournir un nombre d'hommes déterminé. Certains métiers, celui des tailleurs par exemple, fournirent jusqu'à cent délégués. Les maîtres et gardes « des marchandises et états de draperie, espiciers, merciers, pelleteries, bonneteries et orfaivrerie » devaient revêtir leurs robes de velours et porter le dais au-dessus du roi. Les inscriptions et poésies avaient été confiées à Dorat « excellent poète, dit le Registre de la Ville, ès langues grecque, latine et françoise ». Antoine le Carron fit les peintures et Germain Pilon la sculpture. L'empressement des bourgeois à participer à ces fêtes ne semble pas avoir été excessif. C'était pour eux une occasion de grosse dépense. La Ville alloua 100 livres tournois à chaque conseiller pour se faire faire une robe de satin noir, et 70 livres à chaque quartenier pour acheter une robe de damas. Bien des gens « proposaient infinies excuses ». Il y avait des querelles de préséance entre les corporations; la Ville rendit maintes sentences pour mettre tout le monde d'accord.

Enfin se leva le grand jour. Après avoir dîné à Saint-Antoine-des-Champs, dans une salle de bois édifiée pour la circonstance, après avoir essuyé les harangues du recteur de l'Université et du Prévôt des marchands, le roi de Pologne monta à cheval et suivit l'itinéraire officiel, passant sous les arcs de triomphe, couverts de devises dans le goût de celle-ci :

> Henry, ton front, couvert
> De laurier toujours vert,
> Va régir le Sarmace.
> O le grand roi guerrier !
> L'honneur de ton laurier
> Ne craint ni froid ni glace.

A la fontaine Baudoyer, il y avait un navire, « le navire Argo », qui dut faire une grande impression sur les amis de l'antiquité. Les argonautes étaient « réprésentez par excellents musiciens, accoutrez tous à l'anticque de divers ornements : sçavoir est à la grecque, persique et autres façons anticques. Et, estans tous rangez en chore ou en rond, chantoient des odes et vers, tant latins que françois, accommodant leurs voix au jeu de luths, espinettes, régalles et autres instruments musicaulx, les plus mélodieux qu'il estoit possible ». Le pont Notre-Dame avait, pour sa part, deux arcs de triomphe, avec force inscriptions en l'honneur des deux rois et de la reine mère, sans compter les vers grecs, latins et français. Nous n'insisterons pas sur le défilé du cortège, qui ressemblait beaucoup à ceux qu'on avait vus lors des dernières *entrées* des rois de France. Félibien a d'ailleurs reproduit la description d'après le Registre de la Ville. Les ambassadeurs polonais firent, une dernière fois, l'admiration du peuple avec leurs magnifiques costumes et leurs chevaux « fort excellents, enharnachez à la polonnoise ».

On commençait au reste à trouver que toutes ces fêtes coûtaient bien cher. Pour obéir aux ordres du roi, la Ville avait dû présenter, le 15 août, un très riche présent à celui qui allait *régir le Sarmace*, commè disait Dorat. Le présent était « ung chariot d'argent doré, taillé, esmaillé et enrichy, dedans lequel y avoit un Dieu Mars tiré à deux chevaulx blancz; derrière lequel chariot y avoit ung laurier chargé de trophées d'armes, et au-dessus une quantité de mousches à miel en trouppes, dessus ung pied en façon d'ovalle, y ayant quatre grands roulleaux ».

Catherine voulut aussi fêter son fils préféré. Elle donna un grand festin aux ambassadeurs polonais dans le palais des Tuileries. Après le festin, « les ambassadeurs furent menez où la reine avait fait couper un bois de haute futaye, plus pour montrer, dit d'Aubigné, qu'elle n'espargnoit rien que pour le besoin qu'elle eust de la place ». Puis, il y eut spectacle et tableaux vivants. On vit paraître un rocher argenté, qui faisait de lui-même le tour de la salle. Il portait seize nymphes, représentant les seize provinces de France. C'étaient des filles de condition, de la maison de la reine mère. Ces divinités, du haut de leur Parnasse de carton, récitèrent des vers de Ronsard, de Dorat, d'Amadis Jamin, composés en l'honneur du roi de Pologne; puis, s'humanisant tout à fait, elles descendirent des seize niches pour offrir des présents au nouveau roi et danser une ballet si plein d'agréments que les Polonais s'écrièrent tout d'une voix que « le bal de France estait chose impossible à contrefaire à tous les rois de la terre ».

Une sorte d'ivresse malsaine s'était emparée de toute la cour. Charles IX et son frère, entraînant avec eux le roi de Navarre, qu'ils trouvaient bon compagnon, allèrent, un soir, avec la fleur des courtisans, piller l'hôtel de Nantouillet, prévôt de Paris, dont le grand crime était d'avoir refusé la main de la Châteauneuf, maîtresse du roi de Pologne. La suite des trois rois vola au prévôt plus de 50 000 francs en argenterie et en espèces. C'est ainsi que Monsieur faisait ses adieux à la France. Il essaya d'ailleurs de les prolonger le plus possible, cherchant tous les jours de nouveaux prétextes pour passer l'hiver à Paris. La reine mère était de connivence avec lui.

Charles IX semblait avoir abdiqué entre les mains de Catherine. Agité par des furies vengeresses, tantôt exalté jusqu'à la rage, tantôt en proie à des abattements sombres, le roi ne trouvait plus de plaisir que dans les profondeurs des bois. Absorbé par la chasse, il s'étourdissait en sonnant du cor jusqu'à s'épuiser, et semblait fuir la grande ville qu'il avait naguère jonchée de cadavres. Mais la haine contre son frère n'était pas morte dans le cœur du malheureux prince. Quand il s'aperçut que le roi de Pologne ne voulait pas quitter la France, il eut un réveil terrible; et, reprenant brusquement la direction des affaires, il déclara devant Catherine, avec des jurons effroyables, qu'il fallait que lui ou son frère sortît du royaume. Catherine essaya de résister, mais elle ne réussit qu'à se brouiller avec le roi. Alors elle s'inclina. « Partez, dit-elle à Henri, mais vous n'y demeurerez guère ». Jean Sborouski avait déjà pris les devants pour rendre compte au Sénat polonais des résultats de la mission envoyée en France et des dispositions du roi élu. Nicolas d'Angennes, seigneur de Rambouillet, était parti en même temps, avec la charge de présenter aux sénateurs les remerciements de la cour de France et les compliments de Monsieur.

Tout étant prêt pour le départ, le roi de Pologne se mit en route le 28 septembre. Charles IX voulut lui-même conduire son frère à la frontière, pour être bien sûr que sa sortie de France n'était pas une fausse sortie. C'est alors que se produit un grave incident. Le roi tomba sérieusement malade. Maladie singulière, qui, nous apprend de Thou, « donna matière à bien des discours : car peu de gens se persuadèrent qu'il n'y eut dans cette maladie rien que

de naturel, surtout quand on se rappelait les menaces
que ce prince, très dissimulé, avait faites, dans un
mouvement d'impatience, à la reine sa mère et à son
frère, et qu'on voyait la répugnance que le roi de
Pologne avait à quitter la France ». D'Aubigné se
livre aux mêmes insinuations sinistres; il rapproche
la maladie du roi « des menées de la reine mère pour
prolonger le partement du roi de Polongne jusques
après l'hyver; de ses regrets, qui n'estoyent pas peu
violents, tesmoignez avec aigres paroles ». Étrange
destinée que celle de cette femme que les contemporains croyaient capable d'empoisonner son fils et son
roi, comme ils l'avaient supposée capable d'empoisonner la reine de Navarre!

Quelle que fût la véritable cause de la maladie de
Charles IX, il dut s'arrêter à Vitry-le-Français, espé-
rant que son indisposition n'aurait rien de grave, et
qu'il pourrait surveiller jusqu'au bout le départ de
son frère. Il écrit à la Ville de Paris, le 1er novembre :
« Très chers et bien amez, nous arrivasmes, il y a
quatre jours, en ce lieu où nous nous trouvasmes ung
peu mal disposé, qui a esté cause que nous y sommes
arresté pour nous reposer et prendre quelque purga-
tion, affin de nous guarrir, comme espérons, Dieu
aydant, que serons entièrement dedans quatre ou
cinq jours, et que nous poursuivrons après nostre
voyage de Nancy et de Metz, pour conduire nostre
très cher et très aimé frère, le roi de Polongne, suivant nostre première délibération; dont nous avons
bien voullu donner advis, affin que, si d'adventure
l'on faisoit courir autre bruict de notre indisposition,
vous en saichiez la vérité, qui est telle que ce que
nous vous en escripvons cy-dessus; et n'en croyez

autre chose. Et à costé, porte le registe, sont escriptz ces mots : Ne voullons vous celler que les médecins disent qu'il y a quelque apparènce que c'est la petite vérolle, combien que nous l'ayons desjà eue une fois; toutesfois (grâces à Dieu), nous n'avons aucune fiebvre, et commance la graine et petites pustulles qui nous sont sortiz à maturer et blanchir, de sorte que nous espérons estre bien tost du tout guary ».

Mais la santé du roi ne se rétablit pas, ce qui, nous apprend Cheverny, « donna subject à beaucoup de gens de vouloir divertir le roi de Pologne de poursuivre plus avant son voyage ». Catherine faisait de son côté des efforts incroyables pour maintenir l'héritier du trône à proximité de la France. Elle négociait, par l'intermédiaire de Schomberg, avec le prince d'Orange pour faire nommer Henri chef des confédérés contre les forces espagnoles. En même temps, elle comblait de présents les plus influents parmi les castellans Polonais pour obtenir d'eux qu'ils ne fissent pas obstacle à la réussite de ce projet singulier. Charles IX, malgré son état, ne permit pas à son frère de temporiser plus longtemps. Ces deux rois, qui se détestaient au fond de l'âme, se firent des adieux déchirants. Le comte de Cheverny, dans ses trop discrets Mémoires, a cependant reproduit cette curieuse comédie de famille : « Après avoir tenu ensemble plusieurs propos de familiarité et amitié devant moy, leur séparation et départ fut accompagné de larmes, plaintes et cris si hauts de la part du roy, disant adieu à son bon frère qu'il craignoit ne revoir jamais, que cela porta doute à quelques-uns s'il avoit autant de regret du dit département, veu les choses passées et l'envie conceue contre le roy de

Pologne, comme il en faisoit de démonstration ».

Henri s'éloigna enfin, le 12 novembre, suivi de la reine mère et du duc d'Alençon. Il laissait en France sa créature, le comte de Cheverny « avec force despeches et un grand et ample pouvoir de surintendant absolu de toutes ses terres et affaires en France, et charge et instruction fort particulière et secrette de ce qui pouvoit estre nécessaire près de la personne du roy... ». A Nancy, Charles de Lorraine, qui avait épousé Claude de Valois, fille de Henri II, reçut avec de grands honneurs son beau-frère. L'évêque de Posnanie tint sur les fonds l'enfant dont venait d'accoucher la duchesse. Ce fut à Blamont que Catherine prit congé de son fils chéri. « Elle conféra longtemps en secret avec lui, dit de Thou, et après bien des larmes, elle le laissa enfin partir. »

Le roi de Pologne entra en Allemagne avec une suite tellement nombreuse qu'elle ressemblait à une petite armée. Il avait à ses côtés les ducs de Nevers et de Mayenne, les comtes de Chaulnes et de Rochefort, le marquis d'Elbœuf, Jean de Tavannes, Pic de la Mirandole, René de Villequier, grand prévôt de la Cour, Gaspard de Schomberg, Albert de Gondy, comte de Retz et maréchal de France, Roger de Bellegarde, Belleville, Jacques de Lévy de Quélus, de Gordes, les deux d'Entragues, et plus de six cents gentilshommes, la fleur de la noblesse française. Quelques gens de robe suivaient aussi le roi de Pologne. C'étaient Pompone de Bellièvre, du Faur de Pibrac, Gilles de Noailles et Vincent Lauro, évêque de Mondovi, envoyé du pape. Après avoir traversé les évêchés de Spire et de Worms, Henri reçut à Heildeberg l'hospitalité redoutable de l'électeur Palatin. Ce prince dit sévèrement au roi de Pologne, en lui montrant le portrait de Coligny : « Voilà l'image du meilleur Français qui ait jamais été ». La nuit, le feu prit dans les communs du château où logeaient le roi et sa suite. « Il y accourut tant de gens et avec si grand bruit, qu'ils pensoyent estre à la Saint-Barthélemy. » Henri se hâta de prendre congé de ce brutal palatin. Le brillant cortège passa par Mayence, Francfort, Fulda; l'électeur de Hesse l'escorta avec 3 000 chevaux, mais, en revanche, l'électeur de Saxe ne se dérangea pas. Le prince de Prusse, vassal de la Pologne, montra plus de courtoisie et conduisit le roi jusqu'à l'Oder.

Henri franchit, le 25 janvier 1574, la frontière polonaise. Un corps de noblesse vint le recevoir à Miedzericz (palatinat de Posnanie); et l'évêque de Cujavie, Stanislas Karnskowski, le harangua, au nom du Sénat. Le roi remercia brièvement et chargea son orateur, Guy de Pibrac, de faire une réponse plus développée. Pibrac était un improvisateur remarquable. Il fit notamment l'admiration des auditeurs, en comparant le roi à un mari que l'on mène à son épouse, et qui vient chercher sa dot, c'est-à-dire un royaume. De Miedzericz, le cortège royal s'achemina vers Cracovie par un chemin pratiqué au milieu des neiges. Le roi coucha, le 15 février, dans le château de Balice, situé à une lieue et demie de Cracovie, et le lendemain, de grand matin, comme il se préparait à partir, il vit arriver une immense cavalcade. C'étaient les seigneurs, polonais qui venaient au-devant de lui, « chacun avec sa troupe ». Le spectacle était imposant et pittoresque. Les élégants gentilshommes de la cour de France se croyaient transportés dans un autre monde, en contemplant ces palatins, ces arche-

vêques et ces castellans, chevauchant comme des
princes féodaux à la tête de leurs vassaux ; cette infinie
variété des costumes, ce miroitement splendide des
pierreries et des armes. Voici les archevêques et
évêques de Gnesne, de Posnanie et de Plosko, avec
leurs deux cents piquiers, vêtus à la hongroise, avec
de longues tuniques de velours brochées d'or, qui ne
laissaient passer que la tête, et armés de longues
lances creuses. Voilà les évêques de Caminiec et de
Cracovie ; le maréchal de la cour, André Opalinski, et
leurs escortes, habillées à l'italienne ; puis, les hommes
du palatin de Caliski, couverts de bijoux, à la mode
des Huns ; ceux des palatins de Culm, de Marienbourg
et de Poméranie, qui portaient le costume des reîtres
allemands ; enfin, les palatins de Sandomir, de Kiovie
et de Siradie, conduisant leurs cavaliers tartares,
armés du javelot, un carquois plein de flèches, sonnant sur leurs épaules et faisant cabrer leurs petits
chevaux, rapides comme le vent. Toute cette foule
étrange s'ébranla, au bruit des trompettes et des « cors
sarrazinois qui ont le son comme d'une cornemuse
bien haute », et des tambourins, battus à tour de bras
par des cavaliers sauvages. Les coursiers, couverts
de peaux d'ours et de léopards, mêlaient à cette
harmonie stridente le bruit des grelots et des son-
nettes qui garnissaient les harnais et les selles. Les
cavaliers agitaient de longues banderoles au bout de
leurs lances colossales, et les « grands plumaches et
ailes d'aigles rayées d'or », qui surmontaient leurs
coiffures, les faisaient ressembler, dit un chroniqueur
anonyme, plutôt à des fantômes ou à une mascarade
qu'à des hommes de guerre. Le roi vint se placer au
milieu de son nouveau peuple, entouré de ses Gascons

et de ses Suisses ; et Pibrac fit une nouvelle harangue, en réponse à celle de l'évêque de Plosko.

Le 18, eut lieu l'entrée solennelle à Cracovie. Les consuls de la ville portèrent le dais sur le roi. Il y eut discours, coups de canon, arcs de triomphe, *Te deum*, à l'instar de Paris. On fit voler un aigle blanc devant le nouveau monarque. Le couronnement eut lieu le dimanche gras. « Le roy entra dedans l'église revestu d'une chappe d'or, ayant au-dessous une soutane de taffetas blanc, puis, au-dessous, une soutane d'escarlate. Estant près de l'autel, on le déshabilla, puis l'archevesque luy feist faire le serment ordinaire de ses prédécesseurs, auquel l'on adjousta ces mots seulement : *Pacem inter dissidentes de religione tuebor et manu tenebo* ». Mais cette concession ne satisfit pas complètement les *évangéliques*. Le palatin de Cracovie accusa à voix haute le nouveau roi de se moquer des engagements acceptés par Montluc, et réclama des garanties pour ses coreligionnaires. La cérémonie s'acheva cependant, grâce au sang-froid de l'archevêque de Gnesne, qui officiait. Peu de temps après, le palatin de Cracovie mourut. « On ne sait dit de Thou, si ce fut naturellement. »

Après avoir reçu pendant deux jours les hommages de ses vassaux, Henri pensait goûter quelque repos, mais il avait compté sans l'humeur turbulente de ses nouveaux sujets. Tous ces palatins, suivis de deux ou trois cents hommes, qui parcouraient Cracovie « montez sur des chevaux tout garnis de drap d'or et d'orfaverie et de riches pierreries », s'entre-détestaient à l'envi. Pour un regard de travers, pour une parole malsonnante, ils étaient prêts à en venir aux mains. Le mercredi des Cendres, dans l'intérieur même du

château royal de Cracovie, le comte Tenchin et Samuel
Sbaroski transformèrent un tournoi en une véritable
bataille. Six ou sept cadavres restèrent sur le terrain.
Un castellan fut blessé mortellement, et Samuel Sbaroski reçut un coup de pistolet dans la cuisse. Henri
n'était pas habitué à ces mœurs brutales. En France
au moins, les gens de cour se donnaient la peine
d'assassiner leurs ennemis avec plus de délicatesse :
on ne versait pas le sang sous les yeux du maître.

Hélas! le pauvre roi ne vivait plus à sa guise.
Pendant les trois mois qui suivirent son couronnement, il eut à supporter un nombre infini de
harangues et de félicitations, dans une langue qu'il ne
comprenait pas. Tous les jours, il fallait donner
audience à toutes les veuves, à tous les orphelins qui
venaient frapper à la porte du château, avec le cadavre
d'un mari, d'un père assassiné. Toute la parenté les
suivait, criant *justice*! Le roi était forcé de recevoir,
même à table, même au lit, et d'écouter les pleurards.
Les Polonais considéraient leurs princes comme des
justiciers. Il n'y manquait plus que le chêne de saint
Louis. En outre, le roi n'avait nullement l'exercice de
l'autorité absolue. Il ne pouvait rien faire sans l'aveu
d'une aristocratie jalouse et arrogante, qui observait
tous ses actes. Les *évangéliques* ne manquaient pas
une occasion de faire allusion devant lui aux horreurs
de la Saint-Barthélemy. La Pologne était inondée
d'estampes et de dessins reproduisant le grand massacre. Cela devenait un cauchemar. Le roi en perdait
le sommeil, et Miron, son médecin, passait les nuits
à lui faire la lecture.

Tous ces brillants gentilshommes qui avaient suivi
Monsieur partageaient l'abattement du maître. Les

Polonais étaient jaloux de la préférence marquée que leur témoignait le souverain. Ils tournaient en dérision les façons polies et mignardes de ces étrangers qui, de leur côté, traitaient de sauvages les palatins de Sarmatie. Le roi passait son temps à écrire aux dames de France. L'historien Mathieu dit tenir de Beaulieu, secrétaire des commandements, que Henri écrivait parfois « quarante ou cinquante lettres de sa main, et qu'il y en avait de trois feuilles ». Quand il adressait sa brûlante correspondance à la princesse de Condé, il tirait du sang de son doigt, et Souvray « ouvroit et fermoit la piqueure, à mesure qu'il fallait remplir la plume pour écrire ». Tel était l'éloignement du roi pour ses sujets de Pologne qu'il restait parfois au lit pendant plusieurs semaines, faisant le malade pour ne pas être obligé de paraître en public. Puis, passant brusquement d'un extrême à l'autre, il donnait à Niepolomie, près de Cracovie, des « festins et beuveries perpétuelles » qui le réconciliait un peu avec les palatins. « Les plus sages des François ne se pouvoient dispenser de boire au gré des Polonois, jusqu'à se faire porter de la table au lit. »

Pendant que le roi Henri de Pologne et son entourage français essayaient d'oublier ainsi leur ennui profond, un courrier, nommé Berny, apporta des nouvelles du roi Charles IX, Berny avait écouté aux portes; il savait l'opinion des médecins « et le peu d'espérance qu'ils avaient ». La reine mère avait, il est vrai, refusé de dire quelle était son opinion sur l'état du roi, mais ce silence même était significatif. Henri recommanda au courrier de ne rien dire à personne. Il savait, au reste (par une dépêche chiffrée, adressée par Cheverny au médecin Miron), que

Charles IX n'avait pas chance de dépasser le mois
de mai.

Depuis le départ de son frère, le roi de France ne
s'était pas rétabli. Le sang de la Saint-Barthélemy
l'étouffait. C'est à partir de cette époque, si l'on en
croit d'Aubigné, qu'il « n'eut repos qu'entrerompu de
tressaux et de gémissements, qui se terminoyent en
reniements et en propos tendants au désespoir... Aux
extrêmes douleurs, il sortait du sang par les pores de
la peau de ce prince, presque en tous endroits ». Les
complots du duc d'Alençon avaient achevé le malheureux roi de France. « Au moins, disait-il, s'ils
eussent attendu ma mort! » Les médecins, suivant
Brantôme, ne purent jamais connaître la nature de
sa maladie. Mazille, le premier médecin, prétendit
jusqu'au dernier jour que l'indisposition de Charles IX
n'avait aucune gravité. C'était fermer les yeux à l'évidence, Cheverny qui était resté en France pour surveiller les intérêts du roi de Pologne, avait jugé, du
premier coup d'œil, que le roi de France « estoit fort
proche de sa mort ». Il communiqua son impression
à la reine mère, « en se promenant un jour dans le
chasteau du bois de Vincennes avec elle le long de la
muraille du parc » ; et il la pria de prendre des
mesures dans l'intérêt du roi de Pologne, héritier du
trône. Catherine joua l'étonnement. Elle ordonna une
grande consultation, qui eut lieu en présence du chancelier de Birague et de MM. de Morvilliers et de
Limoges, et dont la conclusion fut « que la maladie
du roy n'étoit qu'une simple fièvre tierce sans danger ».
La reine mère partageait ostensiblement cet opti-
misme. « Messieurs, écrivait-elle, le 28 mai, aux prévôt
des marchands et échevins de Paris, je vous asseure

que le roy, monsieur mon filz, se porte bien, et espère, avec l'ayde de Dieu, que la médecine qu'il a prise ce matin l'*achèvera de guérir* en tout de sa fiebvre tierce, qui est bien diminuée à son dernier accez, et n'aiant quasi plus d'esmotion ou si peu que ce n'est rien. »

Et le 30, Charles IX était mort, non sans avoir déclaré le roi de Pologne son héritier, et Catherine régente, jusqu'au retour de son successeur. Dès le lendemain, on fit l'autopsie, avec le cérémonial accoutumé. « On n'y trouva, dit Papyrius Masso, aucune noirceur ou corruption qui pût appuyer le mauvais bruit qu'on faisoit courir que son frère l'avoit empoisonné ». Ce bruit avait bien de la consistance. Tous les historiens le mentionnent. « Si est-ce, écrit Brantôme, qu'on ne sçauroit oster aucuns d'oppinion qu'il ne fût empoissonné-dès que son frère partist pour la Pologne. » Qui avait intérêt à la disparition de Charles IX? Un passage de d'Aubigné révèle quelle était la situation de la cour et l'état d'esprit du roi de France depuis la Saint-Barthélemy : « Comme il détestoit fort souvent le massacre, il avoit déjà esloigné des affaires ceux qui lui avoyent donné ce mauvais conseil, voire mesme jusques à vouloir envoyer la royne sa mère (sous couleur de voir son fils aisné) faire un voyage en Polongne ». La reine, en affectant une douleur immodérée et en ordonnant de faire à Charles IX des funérailles magnifiques, n'avait d'autre but, ajoute d'Aubigné, que « d'arracher par là de la pensée des grands et du peuple l'opinion, *que presque tous avoyent*, qu'elle eust apporté de la fraude et de l'artifice à la mort de son fils; mais cela profita envers peu : tesmoins deux livres imprimez de ce temps, l'un intitulé la *Vie de Sainte Catherine*, et l'autre la *Légende de Saint Nicaise* ».

Quelle que fût la cause de la maladie de Charles IX, sa mort donnait le trône de France au roi de Pologne. Il s'en fallait de beaucoup que toute la cour s'inclinât devant ses droits au trône. Cheverny assure qu'il n'y eut que trois gentilshommes qui, pendant la maladie de Charles IX, n'eussent pas déserté la cause de Henri. Son fidèle mandataire fut menacé de mort et n'échappa que par miracle au poignard des prétendants. Le parti du duc d'Alençon était redoutable, et la connivence de Catherine l'aurait assurément rendu prépondérant; mais la reine mère n'avait pas abandonné son fils de prédilection. Surveillant de près le duc d'Alençon et le roi de Navarre, elle expédia, dès que Charles IX eut les yeux fermés, le sieur de Chemeraut en Pologne, avec mission d'aviser Henri de la mort de son frère, et de le presser de tout quitter pour venir prendre possession du trône de France. Chemeraut fut suivi, à un jour d'intervalle, du sieur de Neuvy, qui était porteur d'ordres identiques. Catherine prévoyait le cas où l'un des deux courriers serait intercepté. Chemeraut arriva le premier, ayant franchi en treize jours l'énorme distance qui séparait la capitale de la Pologne de celle de la France. La nouvelle de la mort de Charles IX parvint à Henri au milieu d'une fête qu'il donnait à Cracovie en l'honneur de l'infante Anne. Il dissimula, et, s'étant retiré dans ses appartements, assembla ses amis les plus dévoués, Villequier, Bellièvre, Souvray, Pibrac. On tint conseil. Les uns conseillaient au roi de conserver à la France le trône de Pologne, en essayant d'y faire monter le duc d'Alençon. Ils n'étaient pas partisans d'un départ précipité qui aurait l'air d'une fuite et porterait atteinte à l'honneur français. D'autres, et surtout René de Villequier, « le ministre des plaisirs du roi », engagèrent Henri à quitter tout pour revenir en France sans le moindre retard. Le roi ne demandait qu'à suivre cet avis. On décida que Pompone de Bellièvre prendrait congé du Sénat, en alléguant que la mort de Charles IX mettait fin à sa mission, et qu'il partirait en avant pour préparer les relais. Les Polonais avaient appris, de leur côté, par les Allemands la mort du roi de France. Ils surveillaient leur prince de très près et avaient chargé plusieurs gentils-hommes d'épier toutes ses démarches. Henri était un remarquable diplomate. Il fit répandre le bruit qu'il préférait de beaucoup le calme de la Pologne aux agitations qui troublaient la France.. Il affecta de tout subordonner à la grandeur de son pays d'adoption.

Ne voulant pas faire trop paraître leur défiance envers le roi, les seigneurs polonais s'arrêtèrent à un parti singulier. L'évêque de Gnesne vint inviter le roi à épouser l'infante Anne. Henri s'y montra fort disposé. Il accordait tout avec une résignation admirable. Cependant plusieurs Français avaient déjà franchi la frontière; et, à la date du 15 juin, le roi avait écrit au Corps de Ville de Paris pour lui annoncer son retour en France : « Très chers et bien amez, nous avons eu ung extrême regret et déplaisir du décès advenu au roy, nostre très cher seigneur et frère; mais, considérant que telle a esté la volonté de Dieu, nous nous sommes résoluz selon icelle; et, puisqu'il luy a pleu par son décès nous appeler au royaume de France, selon l'ordre et loy establie et gardée en France, avons advisé de nostre partement d'icy et nous achemyner, au plus tost que faire se pourra, pour prendre la protection et deffence de tout nostre peuple... ».

Bellièvre était en route pour ordonner les relais. Neuvy, l'un des envoyés de Catherine, allait demander des passeports à l'empereur. Un autre avait emporté une valeur considérable en joyaux et bijoux. Le mercredi 16 juin était le jour fixé pour le départ du roi. Le bruit en avait transpiré et les Polonais avaient mis des gardes à toutes les issues du château de Cracovie. Pour endormir les soupçons du comte de Tenchin, chargé de le surveiller, le roi affecta de se coucher devant lui et sembla bientôt livré à un profond sommeil.

Le comte tira les rideaux et se retira sur la pointe du pied. A peine était-il sorti par une porte que Souvray entrait par l'autre, avec un Français nommé L'Archam. Ils aidèrent le roi à s'habiller. On le fit passer par l'appartement du médecin Miron, et Souvray fut assez adroit pour obtenir d'Alamany, l'un des gardiens, la clef d'une petite porte qui donnait sur la campagne, sous prétexte que lui Souvray avait un rendez-vous d'amour avec une belle dame de la ville. Le roi et sa suite passèrent par la petite porte et firent un quart de lieue à pied pour gagner une chapelle où Pibrac, avec les guides et les interprètes, devait attendre le royal fugitif. Mais Pibrac s'était égaré. Le roi, guidé par un pauvre charbonnier, fit vingt lieues sans débrider. Au point du jour, la petite troupe se trouva à un endroit appelé Satura. On joignit, à trois lieues de là, Pibrac, Villequier, Quélus et Nangy. Une troupe de cavaliers polonais apparaissait au loin. Ce fut une course échevelée. Chose

bizarre! Des sujets poursuivaient leur prince pour le
forcer à régner malgré lui. Le médecin Miron enfon-
çait ses éperons dans le ventre de son cheval, en
criant aux autres : Piquez! Piquez! Pibrac se jeta
dans un marais. Par bonheur, un pont se rencontra.
Le roi donna l'ordre de le détruire, et cette circonstance le sauva : car les Polonais durent aller chercher
un gué une lieue plus loin. Enfin, les Français arrivèrent à Peizna, ville de l'empereur. Bellièvre attendait son maître, avec des chevaux frais. La jument
que montait le roi tomba morte à l'entrée de l'écurie.
On n'était pas bien sûr des dispositions des fonctionnaires impériaux. Henri se faisait appeler le capitaine
La Motte. Mais le gouverneur de la ville le reconnut
et le pria seulement de repartir sans délai, car il avait
reçu des lettres de Pologne pour faire arrêter les
Français et leur chef.

Une agitation inexprimable secouait, en effet, la
Pologne. Un gentilhomme français avait quelque
temps amusé les gardiens du roi en alléguant, le lendemain de sa fuite, qu'il n'avait pu dormir pendant la
nuit et qu'il reposait. Mais le comte de Tenchin,
ayant forcé la consigne, pénétra dans la chambre et la
trouva vide. Les palatins entrèrent dans une fureur
terrible. Ils coururent tous au château pour se saisir
des pierreries de la couronne, qui étaient dans un
coffre placé au pied du lit royal. Elles étaient
estimées 300 000 écus. Le coffre était à sa place ordinaire; mais, quand on fut arrivé à l'ouvrir, non sans
peine, on s'aperçut qu'il était vide. Henri avait tout
emporté. Le comte de Tenchin s'élança à la poursuite
du roi avec une grosse troupe de cavaliers. Il ne parvint à le rejoindre qu'au delà de la frontière polonaise

sur le territoire autrichien. A toutes les supplications
du comte, Henri répondit qu'il ne voulait pas abdiquer
la couronne de Pologne, mais la joindre à celle de
France. Il avait, disait-il, les épaules assez fortes
pour les soutenir toutes deux. Il promit de revenir en
Pologne quand la France serait pacifiée. Le comte
pleurait à chaudes larmes. Pour prouver sa fidélité à
sa manière, il se piqua le bras et suça le sang qui
s'échappait de sa blessure. Il offrit au roi un bracelet
et lui demanda en retour une simple aiguillette. Sur
le conseil de Souvray, Henri donna au pauvre comte
une bague de 1 200 écus. Le Sénat fut moins accommodant que le grand chambellan. Il fit arrêter tous
les Français, malgré les explications de Charles de
Dauzy auquel Henri avait confié la mission difficile de justifier sa fuite. Pibrac, qui était resté
quinze heures dans son marais pour éviter les flèches
des Polonais affolés, courut grand risque d'être
pendu. Le palatin Laski et Stanislas Karnkowski
eurent beaucoup de peine à le faire mettre en liberté.

Cependant Henri continuait son voyage. Remis de
ses émotions, il ne paraissait plus pressé de prendre
possession de sa nouvelle couronne. Nous passerons
rapidement sur tous les incidents qui marquèrent son
voyage à travers l'Allemagne et l'Italie. Bien reçu par
l'empereur Maximilien, qui voyait avec joie le trône
de Pologne redevenir vacant, il passa à Venise sous
les arcs de triomphe élevés en son honneur par
l'architecte Palladio et monta sur le *Bucentaure*. La
République lui fit un accueil enthousiaste. Il ne mar-
chait qu'entouré de cent jeunes nobles, prenait place
au-dessus du doge dans les assemblées. Les belles
Vénitiennes lui témoignèrent aussi une attention dont

il fut charmé. Il y eut au palais Foscarini des bals splendides, où les merveilles du luxe italien se montrèrent dans tout leur éclat. Henri ne quitta qu'à regret cette aimable aristocratie qui l'avait si bien reçu. Le doge Louis Mocenigo et le Sénat tout entier l'accompagnèrent jusqu'à Lizza-Fusina. A Padoue, Ferrare, Mantoue, la fête continua. Le 24 août seulement, il arrivait à Turin. C'est là que Cheverny, envoyé par Catherine qui ne connaissait pas exactement les secrètes intentions de son fils, vint trouver Henri et réussit à le replacer sous le joug de la vieille reine. Les conseils de tolérance donnés par l'empereur, par le doge et tous les princes de l'Europe furent bien vite oubliés. Pibrac et Bellegarde devinrent suspects à leur maître, comme catholiques tièdes. Henry de Montmorency, qui était venu à Turin pour se réconcilier avec le roi, retourna malgré lui en Languedoc et traita de nouveau avec les protestants. Ces fautes furent couronnées par la cession faite au duc de Savoie de Pignerol et Savillan, avec la vallée de Pérouse. C'était payer beaucoup trop cher l'hospitalité intéressée du duc.

Après avoir traversé le mont Cenis dans une litière fermée, le roi franchit la frontière française au pont de Beauvoisin, le 5 septembre. Il y trouva le roi de Navarre et le duc d'Alençon, qui venaient protester de leur fidélité. Le lendemain, eut lieu à Bourgoin l'entrevue de Henri et de sa mère. Tout le monde pensait que le nouveau roi allait marcher lui-même contre les protestants du Languedoc. Mais le vainqueur de Jarnac et de Moncontour était bien changé. « Du vivant de Charles IX, dit de Thou, personne ne paraissait plus digne du trône que Henri, et tout le

monde souhaitait l'avoir pour maître ; à peine fut-il
arrivé qu'on s'en dégoûta, jusqu'à augurer fort mal
son règne. » Il ne montait plus à cheval et passait ses
journées enfermé dans un bateau peint qui le prome-
nait doucement sur la Saône. L'étiquette de la cour
fut profondément modifiée. Le roi ne mangeait plus
qu'entouré d'une balustrade qui ne permettait pas de
l'approcher. Il prenait des façons de satrape oriental
et ne s'occupait plus que de futilités. Les seigneurs
les plus braves abandonnaient cette cour efféminée
où des parvenus humiliaient les vieux serviteurs de
la royauté française. Les deux d'Angennes, Gaspard
de Nançay, capitaine des gardes, ami de Charles IX,
prirent congé du roi. Des prodigalités sans mesure,
des caprices insensés, épuisaient le Trésor. Après
deux mois d'inaction, passés à Lyon, quand le
royaume était en feu, Henri consacrait six semaines
aux momeries d'Avignon, avilissant sa dignité par le
ridicule étalage de la douleur, — peut-être sincère, —
que lui causa la mort de Marie de Clèves, princesse
de Condé, « qu'il aimoit éperdûment », dit l'Estoile.
Tandis que le souverain de France s'affiliait aux con-
fréries des *Battus* et des *Flagellants*, le maréchal de
Damville, à la tête d'un corps protestant, prenait
Aigues-Mortes, presque sous les yeux du roi, et orga-
nisait à Nîmes une sorte de république fédérative.

Henri se décida enfin à reprendre le chemin du
Nord. Les pompes officielles du sacre de Reims ne
réussirent pas à faire oublier la levée lamentable du
siège de Livron, petite ville huguenote de la rive
gauche du Rhône, devant laquelle vint se briser, en
présence même du roi, tout le corps du maréchal de
Bellegarde. « Assassins, criaient les assiégés aux

troupes catholiques, que venez-vous chercher ici? Est-ce encore pour nous surprendre dans nos lits et nous égorger, comme vous l'avez fait dernièrement à l'amiral? Mais vous avez affaire à des gens armés cette fois. Montrez-vous, jeunes mignons; venez éprouver à vos dépens s'il est aussi aisé que vous le pensez de faire tête seulement à nos femmes. »

Henri se consolait de toutes les humiliations que lui attirait sa mollesse par l'activité de sa diplomatie matrimoniale. La reine mère voulait le marier à la princesse Élisabeth, sœur du roi de Suède. Cette union pouvait procurer à la France de sérieux avantages. Le projet prit vite une certaine consistance, car Pinart, un des secrétaires d'État, fut envoyé en Suède avec mission de demander la main de la princesse; et on lui adjoignit le peintre Nicolas Belon pour faire le portrait d'Élisabeth, qui avait une grande réputation de beauté. Mais le favori Du Guast se jeta à la traverse, fit rompre les négociations entamées avec la cour de Suède; et le roi épousa Louise de Lorraine, fille du comte de Vaudemont. Des sommes immenses furent gaspillées en fêtes inutiles ; et, lorsque Henri fit enfin son entrée à Paris, le 27 février 1575, toutes les ressources étaient épuisées. La cour en était réduite à faire argent de tout. Les sièges de conseiller au Parlement ou au Châtelet, les évêchés même, étaient vendus au plus offrant ou donnés à des favoris. Du Guast avait eu, pour sa part, les évêchés d'Amiens et de Grenoble. Il revendit l'un pour trente mille, l'autre pour quarante mille francs. Celui d'Amiens fut acheté par une courtisane, qui voulut bien ne pas le garder et se contenta de le revendre avec bénéfice. Quant au roi, « il n'avoit de quoi disner, dit l'Estoile, et le moien qu'il avoit de vivre n'estoit que par emprunts ».

Le peuple le méprisait profondément. Dans la nuit de 9 au 10 mai, le reliquaire de la vraie croix fut volé à la Sainte-Chapelle. Ce fut un grand événement. Les capitaines de la milice parisienne fouillaient ceux qui sortaient de la ville. On arrêta sur la Seine la circulation des bateaux. Une récompense de cinq cents écus fut promise à celui qui découvrirait le voleur. Le roi, la reine, toute la cour, vinrent assister à une procession solennelle pour obtenir du ciel la punition de ce sacrilège. Et cependant *la commune opinion* était que le roi et sa mère avaient envoyé la vraie croix en Italie pour gage d'une grosse somme d'argent. Voilà où en était la couronne de France. Vivant au jour le jour, donnant ce qu'il n'avait encore pas, sans aucune pitié pour les souffrances du peuple, le roi accablait les bonnes villes, et surtout les bourgeois de Paris, de demandes d'argent multipliées. Déjà Charles IX, au mois de mars 1574, avait déclaré à la Ville « qu'il avait advisé prendre le quart des rentes constituées sur la dicte Ville au-dessus de douze cens livres, par prest et advance seullement, lequel quart il rendroit incontinent et à la première commodité qu'il en auroit ». Le Prévôt des marchands s'était récrié, « en suppliant très instamment Sa Majesté de ne pas toucher aux rentes, afin de maintenir la foy publicque que luy et ses prédécesseurs roys avoient donnée à ses bons et loyaulx subjectz ». C'était à grand'peine qu'on avait obtenu du roi qu'il se contentât d'une somme de 600 000 livres, une fois donnée. Un des premiers actes de la régente, après la mort de Charles, avait été de presser le recouvrement de cette somme énorme. A peine entré dans sa capitale, Henri III, de son côté, avait frappé les Parisiens les plus aisés d'une cotisation d'un million. François de Vigny, le receveur de la Ville, se trouvait dans l'impossibilité de faire les fonds des rentes municipales. En novembre 1574, le déficit de la caisse de la Ville était de 1 500 057 livres tournois. Le clergé ne payait pas les sommes assignées sur les diocèses. Les rentiers, réduits à la misère et au désespoir, accusaient hautement le roi de gaspiller les deniers publics en scandaleuses libéralités. Mais Henri III se souciait peu des mécontents. Le 23 septembre 1575, après la révolte du duc d'Alençon, il vient lui-même à l'assemblée générale de l'Hôtel de Ville et demande les fonds nécessaires pour lever et soudoyer 2 000 hommes de pied et 200 chevaux; il ajoute, avec une aimable désinvolture, que, « combien que ses subjectz aient eu de bons roys cy-devant qu'ils ont bien aimez, il les aymera aultant et plus qu'eulx ». Le Prévôt des marchands a beau déclarer que les bourgeois ne touchent plus ni rentes, ni fermages, il faut obéir et payer. Le 10 décembre, Henri III revient à la charge et demande aux Parisiens « de le secourir promptement du paiement de trois mille Suisses, pour quatre mois... le tout sans tirer à conséquence pour l'avenir ». La mesure était comble. La Ville, dans les assemblées des 12 et 13 décembre, décide de faire des remontrances. Préparées par une commission de vingt-trois membres, ces remontrances tracent le tableau fidèle de l'état du royaume à la fin de l'année 1575. Nous en donnerons seulement de courts extraits, tirés des Registres de la Ville.

Après quelques formules de politesse obligée et

quelques protestations banales de dévouement, les représentants de Paris rappellent tous les sacrifices qu'ils ont consentis et leurs résultats négatifs : « Vostre pauvre peuple a esté tellement pillé, vexé et saccagé, sans aucune relasche n'y moien de respirer, depuis l'année 1560 jusques à présent, qu'il ne luy reste que la voix cassée et débille pour vous déclairer et exprimer, le mieulx qu'il luy sera possible, ses oppressions et grandes calamitez ». Depuis quinze ans, les citoyens de Paris ont donné à la monarchie 36 millions de livres, et le clergé 60 millions. A quoi ces sommes énormes ont-elles servi? Dans quel état se trouve le royaume? Quant à l'Église, la simonie y règne publiquement. « Les bénéfices ecclésiastiques sont, à présent, tenuz et possédez par femmes et gentilz-hommes, mariez, lesquelz emploient le revenu à leur proffict particulier. » Les évêques et les curés ne résident pas sur leurs bénéfices et évêchés. Contrairement à leur devoir et aux anciennes coutumes, ils n'exercent nullement la charité; « et sont les ecclésiastiques si desbordez en luxe, avarice et autres vices que le scandale en est publicq! »

Dans l'ordre judiciaire, les abus ne sont pas moindres. La vénalité rend la magistrature un objet de mépris et de risée : « Pour ceste cause, nos voisins qui ne savent que c'est de manier tel trafficq, s'en mocquent et nous ont en grande abhomination.... Et de ce est proceddé la multiplicité et nombre effrené des ditez officiers, de laquelle vostre royaume peult dire, comme Adrien l'empereur en mourant, que la multitude des médecins l'ont tué.... Parmi les magistrats, les uns sont notoirement incapables, prenant leur façon et instruction aux despens de vostre pauvre

peuple et de la réputation de vostre estat.... Les autres
sont pauvres, et par là induictz et comme constrainctz
à choses mauvaises et malhonnestes... ».

Les remontrances ne font pas de l'armée ou de la
gendarmerie, comme on disait alors, un tableau plus
optimiste. Elles la représentent comme « remplie de
personnes de vil estat qui se livrent à mille exactions »,
telles que « forcements de filles et femmes, cruaultez
plus que brutalles et barbaresques ». On reproche aux
gens de guerre de lever des tailles, de leur autorité
propre sans l'aveu du roi. Il est vrai que ses officiers
font comme les autres « lesquelles pilleries et rançon-
nemens sont pratiqués non seulement par vostre dicte
gendarmerie, mais aussy par aucuns de vostre dicte
garde de vostre corps, par lesquelz les fermes de vos
suitte et subjectz et maisons de pauvres laboureurs
sont ordinairement destruictes et pillées ».

« Quant au maniement de voz finances, ajoutent les
remontrances, il est de mesme façon conduict. Les
dons immenses, mal et inégallement distribuez, et en
temps si calamiteux, jusques à revenir, en l'année 1572,
à deux millions 700 000 livres, moitié de laquelle somme
est composée d'offices nouvellement errigez, à la
charge et foulle du peuple, qui en a paié et porté les
gaiges; en l'année 1573, reviennent, les dictz dons, à
2 millions 44 000 livres; l'année 1574, à la somme de
547 800 livres, et, en l'année présente, depuis six mois,
955 000 livres; la pluspart desquelz dons ont esté
reffusez par vostre Chambre des Comptes, et com-
mandez par Vostre Majesté infinies fois, et depuis
passez par vos jussions et très exprès commandemens,
sans comprendre les pensions données, revenantes
à la somme de 200 000 livres, qui sont aultant de

rentes sur voz finances, à la grande diminution d'icelles
et augmentation de la nécessité, et conséquemment à
la charge et foulle de vostre pauvre peuple, qui est
réduit à toute pauvreté et impuissance. » La Ville
détaille les différentes causes de cette misère générale.
Au mépris de la foi publique, les rentes assignées sur
les grandes fermes d'impôts ne sont plus versées dans
la caisse municipale. Les transactions sont partout
arrêtées. La *licence effrénée* de la gendarmerie et des
gens de guerre a ruiné la banlieue, de telle sorte que
les bourgeois de Paris ne touchent plus le revenu des
biens qu'ils ont aux champs. L'usure, « cause très
fréquente et ordinaire des troubles et séditions », se
développe d'une manière effrayante et achève de con-
sommer la ruine des particuliers.

La Ville termine en plaçant sous les yeux du roi les
belles paroles adressées par « ce bon roy Saint-Loys »
à son fils, quelques instants avant de mourir : « Aye
le cœur piteux et charitable aux pauvres gens et les
conforte et aide de tes biens. Faitez garder les bonnes
loix et coustumes de ton royaume; ne prends point
tailles n'y aides de tes subjectz, si urgente nécessité et évidente utilité ne te le faict faire, et pour
juste cause, non pas volontairement : car, si tu faictz
autrement, tu ne seras pas pas réputé pour roy, mais
tu seras réputé pour tyran. Garde, sur toutes choses,
que aies sages conseillers et d'aage meur.... S'il y en a
aucuns rioteux, garde que incontinent tu les envoyes
hors de ta maison ».

Cette allusion directe frappait en plein visage les
mignons du roi, qui étaient présents lorsque le Prévôt
des marchands, le 19 décembre, fit donner lecture des
remontrances au roi et à son Conseil, dans une salle

du Louvre. René de Villequier ne put s'empêcher
d'interrompre avec violence l'orateur de la Ville; mais
Henri III n'avait pas dessein de s'emporter. Il impose
silence à son entourage et répond doucement « qu'il a
les distes remonstrances pour bien agréables et que,
quand Dieu luy donnera le moien de pourveoir à tout
ce qui est contenu en icelles, il montrera qu'il a la
volonté de le faire et de se montrer toujours bon roy ».
En fait, les protestations du Corps de Ville n'eurent
aucun résultat, et l'assemblée générale du 10 décembre
accorda la solde de 2 000 Suisses pour quatre mois.
Mais dans le cœur des bourgeois commençait à ger-
mer cette indignation fanatique d'où allait naître la
Ligue. On trouve dans les remontrances de 1575 les
deux sentiments profonds qui armèrent les *Seize*, le
mysticisme clérical et l'instinct révolutionnaire : « La
guerre que nous souffrons vient du ciel et n'est autre
chose que l'ire de Dieu qui se manifeste ; la cause de
laquelle n'est s'y oculte ne tant secrette qu'elle ne soit
apparemment remarquée en la corruption universelle
de tous les estatz et ordres de vostre dict royaume... ».
Et plus loin : « Comme vous avez la domination sur
votre peuple, aussy est Dieu votre supérieur et domi-
nateur, auquel devez rendre compte de votre charge ;
et sçavez trop mieulx, sire, que le prince qui lève et
exige de son peuple plus qu'il ne doist, allienne et
perd la volunté de ses subjectz, *de laquelle deppend
l'obéissance qu'on luy donne* ».

Un prince qui écoutait le sourire aux lèvres des
menaces aussi claires et des vérités aussi dures
courait fatalement aux abîmes. Ce n'était plus qu'une
question de temps.

Au moment où la municipalité parisienne adressait

à Henri l'expression non équivoque de ses sentiments hostiles, il venait de perdre le trône de Pologne.

Après la fuite de leur roi, les Polonais, assemblés à Varsovie, lui avaient écrit, le 18 septembre 1574, pour le sommer de revenir en Pologne avant le 12 mai de l'année suivante, époque à laquelle devait se réunir la Diète de Stezicza. Si le roi n'était pas de retour à la date fixée, les Polonais, s'estimaient libres de procéder à une nouvelle élection. Henri répondit qu'il ne pouvait abandonner la France ; mais qu'il enverrait en Pologne « quelques personnes des plus distinguées de son État capables par leur prudence de tenir sa place ». En effet après le sacre et le mariage avec Louise de Lorraine, le roi se décida à expédier en Pologne le maréchal de Bellegarde, en demi-disgrâce depuis l'échec retentissant du siège de Livron, et le sieur de Pibrac, ex-favori. La diplomatie n'était plus pour le roi qu'un moyen de se débarrasser de ceux de ses courtisans qui avaient cessé de plaire. Bellegarde, au reste, comprit bien l'intention du maître ; et, au lieu d'aller en Pologne, il alla tranquillement demander l'hospitalité au duc de Savoie, qui lui avait de grandes obligations.

Quant à Pibrac, il ne se mit en route qu'au commencement d'avril 1575. Son voyage ne s'accomplit pas sans incidents. Le bruit s'étant répandu qu'il était porteur de 200 000 écus, il fut attaqué par des voleurs à une demi-lieue de Montbéliard, perdit son argenterie et ses bagages. Plusieurs de ses gens furent tués et il courut lui-même risque de la vie. Relâché par les brigands, il traversa Bâle, la Souabe, la Franconie, la Bavière, la Bohême, la Silésie, et atteignit enfin, à Pozna, la frontière polonaise. Mais il était trop tard. La diète s'était déjà dissoute et le Sénat ne prit pas au sérieux les ordres de Henri. La faction nationale et le parti autrichien s'accordaient pour demander sa déposition. Malgré les efforts de l'archevêque de Gnesne, Jacques Uschanski, et du comte de Tenchin, la diète de Stezicza avait voté, le 15 juillet, un décret portant que, « puisque Sa Majesté ne s'était point rendue en Pologne au jour marqué par la diète tenue à Varsovie l'année précédente, le Sénat et la noblesse se libéraient du serment de fidélité qu'ils lui avaient prêté, déclaraient Henri déchu de la couronne de Pologne et le royaume vacant, de même que si le roi était mort ». Tout ce qu'avait pu faire Jacques de Faye, sieur d'Espesses, chargé d'affaires de France en Pologne, avait été de faire reculer l'élection du nouveau roi à la diète suivante. Quand Pibrac arriva, la déposition était prononcée depuis trois jours. Il vit promptement que la résolution des Polonais était définitive. Le nom français était devenu un objet d'aversion et de mépris. Pibrac reprit la route de France, sans attendre même la nouvelle élection.

Le 1ᵉʳ décembre, la diète se réunit à Varsovie, et, après bien des contestations, l'archevêque de Gnesne, grand chancelier, à la tête de la plupart des sénateurs, proclama roi l'empereur Maximilien (15 décembre). En même temps, une autre faction déférait la couronne à la princesse Anne, sœur du dernier des Jagellons, à condition qu'elle épouserait Étienne Bathory, prince de Transylvanie. La guerre civile semblait sur le point d'éclater. Maximilien perdit du temps, posa des conditions, voulut transporter ses droits à son fils l'archiduc Ernest et lui faire épouser la princesse Anne. Étienne Bathory montra plus de résolution.

Laissant ses États à la garde de son frère, il arriva
en Pologne presque seul, épousa immédiatement la
princesse Anne et fut couronné solennellement, le
1er mai 1576. Maximilien se préparait à faire valoir
ses droits les armes à la main; il nouait des alliances
avec les Moscovites, quand il mourut. Les partisans
de l'empereur se rallièrent alors à Bathory et le Tran-
sylvain fut généralement reconnu.

Si, faisant un retour en arrière, l'on embrasse d'un
coup d'œil la courte et singulière histoire des deux
avènements de Henri, roi de Pologne, puis roi de
France, on est frappé des contrastes qui, dans l'espace de deux années, font de la vie de ce prince une
sorte de roman dont le dénouement attriste et humilie
l'amour-propre français. Quelle étrange destinée, en
effet, que celle du vainqueur de Jarnac et de Moncontour! Après avoir excité toutes les espérances et rendu
le roi son frère jaloux de ses succès militaires, il
devient, à quelques mois de distance, le souverain de
deux grands royaumes. L'Europe l'admire et l'envie.
Il va peut-être pacifier la France et rendre une nouvelle sève à la branche épuisée des Valois. Mais
bientôt le prestige tombe, les illusions se dissipent.
Le roi guerrier n'est plus que l'homme-femme. Il
s'évade de l'un de ses royaumes, comme un voleur de
la maison qu'il a pillée. La France, qui le reçoit déjà
déshonoré, témoigne par son mépris de la grandeur
de sa déception. Une sourde fermentation agite les
masses populaires. Le clergé et la noblesse s'unissent
dans un même sentiment de protestation et de révolte.
Tout l'édifice social chancelle et se disloque, tandis
que le prince, souriant et parfumé, passe de l'orgie
aux exercices d'une dévotion outrée, étudie avec ses

mignons les grâces « des chemises à grands goldrons
ou des cols renversés à l'italienne », décline le verbe
amo per quintos modos, et va en coche « par les rues,
maisons et monastères, faire des quêtes de petits
chiens damerets, au grand regret et desplaisir des
dames ».

L'ORGANISATION MUNICIPALE DE PARIS

SOUS L'ANCIEN RÉGIME

L'ORGANISATION MUNICIPALE DE PARIS [1]

SOUS L'ANCIEN RÉGIME

I

La question de la réforme et du perfectionnement
des institutions municipales est toujours un des pro-
blèmes délicats et complexes qui s'imposent à l'attention des hommes politiques de notre pays. On ne
peut, d'ailleurs, s'étonner de voir l'opinion publique
se passionner vivement, toutes les fois qu'il s'agit de
toucher à l'organisation et au fonctionnement des
pouvoirs locaux. Pour l'ouvrier, pour le modeste
bourgeois des petites villes, pour le cultivateur des
campagnes, c'est-à-dire, en somme, pour la masse
du peuple, l'État est trop haut et trop loin. Au contraire, l'administration communale est sous la main.
On y a recours à chaque naissance, à chaque mariage,
à chaque décès. L'enseignement primaire, la voirie,
la salubrité, l'hygiène, les impôts, les obligations
militaires établissent entre les autorités communales

1. Extrait de la *Revue générale de l'administration*, n° d'octobre 1881.

et les citoyens des rapports constants, étroits et multiples. On comprend si bien l'importance des institutions locales qu'elles sont l'objet, plus que toute
autre partie de la législation, de remaniements inces-
sants, au gré des circonstances politiques et des ten-
dances variables qui dirigent et dominent les pouvoirs publics.

Notre dessein n'est pas d'analyser en ce moment
les polémiques qui se sont élevées sur le meilleur
type d'organisation de la généralité des petites communes, bien que des publications récentes aient mis
à l'ordre du jour cet important sujet. Mais, à côté des
petites communes, dont l'administration est régie par
le droit commun, il y a les grandes communes, dont
l'administration dérive d'un droit d'exception. Paris
est surtout dans ce cas.

Tout le monde connaît sous quel régime municipal
est actuellement placée la capitale de la France. Aux
termes de la loi du 14 avril 1871, il y a un maire et
trois adjoints pour chacun des vingt arrondissements
de Paris. Ils sont choisis par le Président de la République et n'ont que des attributions fort restreintes,
qui concernent l'état civil, les élections, le jury, l'instruction primaire, les cultes, l'assistance publique et
les contributions directes. Le véritable maire de
Paris, c'est le Préfet de la Seine; et, d'autre part, le
Préfet de police, en vertu de l'arrêté consulaire du
12 messidor de l'an VIII, est chargé, à Paris, de la
police départementale et municipale. A côté de ces
fonctionnaires, se trouve placé un Conseil municipal
de 80 membres, élus par le suffrage universel, à
raison de quatre membres par arrondissement, chaque
arrondissement étant lui-même divisé en quatre quar-

tiers. Malgré des revendications qu'il est superflu d'apprécier, le Conseil municipal n'est investi par les lois en vigueur que d'attributions très limitées. Elles se résument presque en une seule : à savoir le droit de discuter et de voter le budget de la Ville. Encore ce droit a-t-il pour correctif le caractère obligatoire d'un grand nombre de dépenses communales. Ainsi, les conseillers municipaux de Paris sont les représentants et les mandataires de l'ensemble de la population, mais leur fonction se réduit à un contrôle financier, à l'exclusion de tout pouvoir administratif.

Sous l'ancien régime, on suivait un système inverse. Les membres du Corps de Ville avaient une origine beaucoup moins démocratique. Ils ne représentaient pas tous les habitants, mais seulement les bourgeois notables, et les électeurs tenaient dans la *Grand'salle* de l'Hôtel de Ville. Ainsi les magistrats municipaux étaient l'élite d'une élite. Ce point de départ admis, — et l'on voit qu'il est formellement en contradiction avec la théorie du suffrage universel, — il y aurait une véritable puérilité à contester la force et la solidité de l'ancien mécanisme municipal de Paris.

Nous ne croyons pas nous livrer à une vaine recherche en essayant d'en montrer tous les rouages, à l'aide de documents nouveaux ou peu connus que nos récentes études nous ont permis de réunir[1].

---

1. On trouvera insérées dans notre *Histoire municipale de Paris, depuis les origines jusqu'à l'avènement de Henri III,* 1 vol., Paris, Reinwald, 1880, un très grand nombre de pièces, jusque-là inédites. Elles sont tirées, en partie, des *Registres manuscrits de la Ville* (de 1499 à 1784), qui sont conservés aux Archives nationales

Combien de personnes, même parmi les lettrés, possèdent, à l'heure qu'il est, des notions exactes sur les attributions et le mode d'élection du Prévôt des marchands, des Échevins et des Conseillers de Ville? Qui sait, d'une manière précise, quel a été, aux différentes époques de l'histoire, le degré d'indépendance de ces magistrats municipaux en face de la monarchie absolue? Qui a étudié dans le détail la savante et admirable hiérarchie des quarteniers, cinquanteniers et dizainiers, ces utiles auxiliaires du Corps de Ville qui faisaient pénétrer son influence dans toutes les classes de la population et le tenaient, jour par jour, au courant des mobiles impressions de l'opinion publique? On soutenait récemment, dans une séance de l'Académie des sciences morales et politiques, qu'un ordre de choses tout entier pouvait très bien, à la suite de violentes commotions sociales, disparaître presque sans laisser de traces; et l'on citait comme exemple le régime d'avant 1789, dont la Révolution française aurait, paraît-il, fait table rase. Bien que cette opinion soit beaucoup trop absolue, car il nous reste de l'ancien régime un très grand nombre d'institutions qu'on a simplement décorées de nouvelles épithètes, elle est exacte en ce qui touche l'administration municipale de Paris. Rien ne ressemble moins au Conseil municipal de 1881 que le Corps de Ville du xve ou du xvie siècle. Est-ce un bien? est-ce un mal? La Municipalité parisienne a-t-elle marché à pas de géant dans la voie du pro-

et dont la Préfecture de la Seine a fait depuis longtemps commencer une copie.

Rappelons que notre article date de 1881. Aujourd'hui la Ville de Paris a publié onze volumes des *Registres,* grès depuis la substitution du suffrage universel au suffrage restreint des notables? C'est ce que nous ne voulons pas examiner aujourd'hui, désirant nous borner à donner modestement sur les institutions du passé des notions complètes et précises.

II

En 1711, on découvrit dans l'église Notre-Dame une inscription ainsi conçue :

TIB. ÇÆSARE
AUG. JOVI OPTUM
MAXSUMO..... M
NAUTÆ PARISIACI
PUBLICE POSUERUNT[1]

Ces bateliers, ces *nautæ*, qui, sur l'emplacement où se dresse aujourd'hui la cathédrale de Paris, élevaient ainsi un temple à Jupiter, formaient, dès le règne de Tibère, une association constituée, disposant de ressources financières et en relations suivies avec les autorités romaines. Julien l'Apostat, ce prince philosophe qui se plaisait dans « sa chère Lutèce » dont il vante les vignes et les figuiers, éleva d'un coup tous les *nautes* parisiens à la dignité de chevaliers, faveur qui fut confirmée par les empereurs Gratien, Valentinien et Théodose. Organisés en confédération, investis du monopole des échanges, maîtres de la navigation de la Seine, honorés de la protection des autorités romaines, les *nautes* en vinrent assez vite à

1. « Sous Tibère Auguste, les navigateurs parisiens ont publiquement élevé ce monument à Jupiter très bon, très grand. »

se considérer comme les représentants de la cité et, en cette qualité, aspirèrent à diriger les affaires non plus seulement de leur corporation, mais de la ville tout entière. Qu'ils se soient emparés peu à peu de toutes les branches de l'administration municipale, c'est là une hypothèse très vraisemblable : ils avaient cet immense avantage d'obéir à une direction unique, assurée par la tradition, car la succession de leurs chefs n'était jamais interrompue. De plus, la corporation, qui centralisait ses richesses dans une caisse commune et possédait une grande partie du sol, tenait dans sa dépendance tous ceux qui vivaient du commerce fluvial, et passait à bon droit pour une puissance financière de premier ordre. Qui donc, si ce n'est eux, les Romains auraient-ils admis aux honneurs municipaux ?

Sous les rois francs des deux premières races, Paris resta un centre important. Au temps de Charlemagne, il s'y tenait de grandes assemblées. Dans l'une d'elles, qui fut convoquée en 803, le comte Étienne lut un capitulaire et le fit signer par tous les évêques, les abbés, les comtes et les *scabinei*. Ces *scabinei*, dans lesquels on a vu les ancêtres des *Échevins* de Paris, paraissent avoir cumulé, dès le règne du grand empereur, les fonctions de juges et d'administrateurs, quoique dans le principe ils n'aient reçu des comtes qu'une délégation judiciaire. Peu à peu, ils attirent à eux toute la juridiction municipale; et, au xe siècle, ils personnifient les franchises de la cité, dont ils sont les représentants et les défenseurs, en face de la féodalité naissante.

Bien que le mouvement communal du milieu du xie siècle n'ait pas eu pour résultat de faire de Paris une véritable commune, pourvue d'une organisation politique indépendante, car les rois ne toléraient pas l'érection des communes sur leur domaine propre, ce n'est pas à dire que la cité parisienne soit restée en dehors de ce grand courant qui fit pénétrer l'influence de la *ghilde* germanique dans les mœurs et les institutions de la plupart des cités de la France septentrionale. Seulement, le principe de la *ghilde*, de l'association, au lieu de s'appliquer à la commune elle-même, s'appliqua à la corporation qui exerçait la réalité du pouvoir municipal, c'est-à-dire à l'ancienne corporation des *nautæ*, qui avait changé son ancienne dénomination pour celle de corporation des *marchands de l'eau (mercatores aquæ)*. De nombreuses chartes, dont la première remonte au temps de Louis le Gros, attestent le développement progressif de la corporation qui nous occupe. L'esprit qui anime la *hanse* des marchands de l'eau parisiens est bien celui des vieilles associations scandinaves et germaniques. Fraternité, assistance à l'égard des associés, hostilité méfiante et jalouse à l'égard des marchands étrangers, tel est le double caractère de la confrérie parisienne. Grâce à la protection des rois — protection d'ailleurs peu désintéressée, — les marchands de l'eau arrivent de très bonne heure à s'emparer du monopole du commerce par la voie fluviale. Nul, s'il n'est *hansé* à la corporation parisienne, n'a le droit de dépasser le pont de Mantes, sans s'exposer à la confiscation de ses bateaux et de ses marchandises. Moitié pour le roi, moitié pour la *hanse* de Paris. Les plus puissants seigneurs s'attaquent en vain aux privilèges des *marchands de l'eau*. Philippe-Auguste humilie le comte d'Auxerre pour flatter les riches négociants qui pavent sa capitale et la dotent d'une enceinte. Il leur afferme les poids et mesures, leur attribue la basse justice et la haute police en cette matière. Quand il part pour la Terre-Sainte, en 1190, il confie à six d'entre eux l'administration municipale. Saint Louis fait mieux. Il donne à la municipalité sa constitution définitive. On voit apparaître pour la première fois le Prévôt des marchands, que les *Olim* et le *Livre des métiers* appellent indifféremment *Prévôt de la confrérie aux marchands*, *Prévôt des marchands de l'eau* et, une fois, *Maître des échevins*. Ainsi devient manifeste la confusion de la municipalité avec la *Marchandise de l'eau*. Le Prévôt a des assesseurs. Étienne Boileau, dans l'ordonnance de police de 1258, les appelle tantôt *échevins* et tantôt *jurés de la confrérie des marchands de Paris*. Au fond, peu importent ces différences dans les termes, puisqu'il est avéré qu'en 1263 il existe une Municipalité, composée de cinq personnes : un chef et quatre assesseurs.

Très rapidement, la Marchandise, investie de l'administration de la cité, prend un essor merveilleux. Elle accapare la propriété des bords de la Seine, force les riverains à lui reconnaître un droit de police sur le commerce fluvial et abat les constructions qui gênent la circulation de ses navires. Le Parlement, qui prend ombrage de l'accroissement de cette puissance rivale, essaie en vain de la restreindre. Le roi casse les arrêts du Parlement et confirme les amendes et les confiscations dont la Marchandise frappe les commerçants non hansés. Corps administratif, la confrérie devient siège de justice et tribunal de commerce. Sous la dénomination de *Parloir aux bourgeois*, elle rend des *sentences* sur toutes les matières intéressant

la navigation et les privilèges de la Ville. Le Parloir
s'érige en dépositaire des vieilles traditions et des
vieux usages. Il donne des consultations de droit
civil, règle les successions, reçoit les donations et fait
office de notaire. Ses décisions jouissent d'une telle
autorité qu'on a pu, à bon droit, les considérer comme
la principale source de la Coutume de Paris. Mais
— chose curieuse — ce tribunal, ce corps judiciaire
et administratif conserve son caractère primitif de
société d'assistance mutuelle. Tous les membres en
restent solidaires. Ils distribuent des aumônes à ceux
d'entre eux qui éprouvent des revers de fortune et
accordent des bourses à leurs veuves. Dans cette
société naïve du XIIIe siècle, qui, au milieu de ses
brutalités, avait un sentiment si profond de la justice
et une compassion si touchante pour la faiblesse des
humbles, la municipalité parisienne appliquait d'elle-
même aux choses de sa compétence les maximes « du
bon saint homme de roi », comme dit Joinville, qui,
de son lit de mort, adressait à son fils ces belles
paroles que la Ville de Paris devait, un jour, jeter à
la face du dernier des Valois : « Aye le cueur piteux
et charitable aux pauvres gens, et les conforte et
aide de tes biens ».

On comprend aisément que le Prévôt des marchands
et ses quatre Échevins n'auraient pu suffire à d'aussi
multiples attributions. Dès la fin du XIIIe siècle, la
Municipalité et le Parloir ont un personnel qui répond
aux nécessités des différents services. Ce personnel
se compose, sans parler du Prévôt et des Échevins,
d'un greffier ou clerc, d'un procureur, de plusieurs sergents et d'un certain nombre de conseillers de Ville.
Appelés à statuer sur des affaires importantes, les

marchands de l'eau prirent de bonne heure l'habitude d'appeler au Parloir « molt grand planté de borjois de Paris, des plus sages et des plus anciens, qui sçavoient les coutumes de la ville de Paris ». Par la force des choses, l'usage se transforma en institution définitive. En 1296, le Conseil de Ville se compose de vingt-quatre « preud'hommes fixes et assidus... qui sont tenus de venir au Parlouer, au mandement du Prévôst et des Eschevins, qui conseileront les bones gens et irunt, avecques le Prévost et les Eschevins, devant les mestres lou Roi (*la cour du roi*) ou alleurs, à Paris ou hors, por le profit de la Ville, au couz de la Ville ». Le Prévôt des marchands, les Échevins, les Conseillers de Ville, voilà les éléments essentiels de la Municipalité parisienne, ou, comme on disait autrefois, du *Bureau de la Ville*. Mais à la juridiction municipale se rattachaient une foule d'officiers subalternes, dont les attributions pourraient faire l'objet d'une étude spéciale.

Nous nous bornerons à signaler brièvement l'existence et le rôle de ces nombreux agents, qui réglaient, à leur profit et sous le contrôle de la Ville, les transactions et les actes de commerce entre les marchands forains et les marchands parisiens. Les objets de première nécessité, le vin, le blé, le sel, le bois, qui arrivaient par eau dans la ville, furent, dès le règne de saint Louis, placés d'une manière certaine sous la surveillance des délégués de la *Marchandise* et du Prévot des marchands. Le registre des métiers atteste que, dans la seconde moitié du xiiie siècle, il y avait des *mesureurs de blé*, des *jaugeurs de vin*, nommés par le Prévot. On doit également faire rentrer dans les services municipaux le *criage* de Paris, c'est-à-dire le droit de faire annoncer dans toutes les rues de la ville le prix des marchandises, les ventes et locations d'immeubles, enfin les décès des habitants. Agents de la municipalité, les crieurs versaient un cautionnement et recevaient un salaire proportionnel au nombre de *cris* dont ils étaient chargés. La moyenne par chaque cri était de cinq sols parisis. On comprend que le monopole du criage soit devenu très rapidement une source considérable de revenus, d'autant plus que les crieurs qui, d'abord, se bornaient à annoncer les décès, arrivèrent à s'occuper du règlement des funérailles et firent l'office de notre administration des pompes funèbres. Des ordonnances fixèrent le prix des fournitures de tentures, de torches, de manteaux, chaperons, etc., qu'on mettait à la disposition des familles en deuil.

Au bas de l'échelle des agents municipaux se trouvaient les *porteurs* de sel, de blé, de charbon, de vin, de bois, qui, moyennant un prix déterminé par la Ville, conservaient le droit exclusif de monter sur les bateaux amarrés au port, d'y prendre les marchandises et de les distribuer dans les différents quartiers de la ville. Chaque branche de commerce avait ainsi sa catégorie de porteurs, pourvue d'une organisation spéciale. La plus importante était celle des porteurs de sel ou *henouarts*, qui formaient une corporation de 24 membres et jouissaient du singulier privilège de porter, moyennant salaire, le corps des rois de France défunts jusqu'à l'église de Saint-Denis.

Nous avons donné une idée générale de l'organisation de la Marchandise de l'eau et du Parloir aux bourgeois. Considérés non plus comme juges commerciaux, mais comme *édiles*, le Prévôt des marchands

et les Échevins avaient dans leurs attributions les
fortifications, les fontaines et distributions d'eau, les
ponts, le pavage, les hôpitaux, les établissements de
bienfaisance, etc. De là des occupations multiples,
minutieuses, entraînant parfois des responsabilités
fort lourdes. Elles eussent amplement suffi à absorber
tous les instants des magistrats municipaux; mais,
dans bien des circonstances et surtout durant les
époques troublées, la mission civile et administrative
du Prévôt des marchands se doublait d'un rôle politique. Comment un fonctionnaire de cette importance
aurait-il pu rester neutre entre la monarchie et le
peuple?

III

Ce qui faisait la force et la grandeur du Prévôt des
marchands, c'était son origine élective. Il est à croire
que, de longue date, le chef de la Municipalité était
nommé par une aristocratie bourgeoise, de même que
les anciens chefs de la confrérie des Marchands de
l'eau; mais, si l'on veut étudier, à la lumière de textes
précis, la belle et savante organisation du Corps
municipal de Paris, il faut arriver jusqu'au milieu du
XVe siècle. En juillet 1450, le Prévôt des marchands
et les Échevins demandèrent au roi l'autorisation de
refondre et de rédiger à nouveau les ordonnances
« sur la forme et manière de l'élection des Prévost
des marchands et Eschevins de la ville de Paris et des
conseillers d'icelle ». Cette commission se mit à
l'œuvre et, « après avoir diligemment visité et examiné
les anciens registres de l'hostel de la Ville », arrêta

une rédaction définitive qui nous à été conservée. Elle explique, dans le plus grand détail, le curieux mécanisme des élections municipales. Comme la réglementation des opérations électorales n'a pas varié, tant que les élections ont été libres, nous pouvons nous placer au moment où le mode de recrutement des magistrats municipaux a reçu sa forme définitive pour expliquer les combinaisons ingénieuses auxquelles nos aïeux avaient recours, lorsqu'ils avaient à choisir les administrateurs de la cité.

Chaque prévôt des marchands devait rester en charge pendant deux années consécutives, et les Échevins se renouvelaient par moitié tous les ans. Une date fixe, le 16 août, était assignée aux opérations électorales. Voici comment les choses se passaient. Le Bureau de la Ville commençait par *mander* à chaque quartenier d'assembler les cinquanteniers et dizainiers de son quartier, en appelant en outre six notables du quartier. Ce corps électoral, de premier degré, désignait ensuite quatre notables dont les noms, ainsi que ceux des cinquanteniers et dizainiers, étaient consignés dans un procès-verbal, clos et scellé par le quartenier et porté par lui à l'Hôtel de Ville. Alors, l'assemblée des Prévôt des marchands, Échevins et Conseillers de Ville, en d'autres termes, le *Bureau de la Ville*, choisissait deux des quatre notables élus pour chaque quartier. Cette élection, au troisième degré, constituait un corps électoral composé : 1° du Prévôt des marchands et des Échevins; 2° des 24 conseillers de Ville; 3° des seize quarteniers; 4° des trente-deux notables choisis par l'administration municipale; en tout 77 personnes. Réunis le lendemain « de la Nostre Dame de my-

aoust », les électeurs commençaient par prêter serment de « bien et justement faire la ditte élection, au
bien du Roy et de la chose publicque » ; puis, on allait
aux voix. Quatre scrutateurs, désignés par les électeurs, recueillaient les suffrages. L'un des scrutateurs, pris parmi les quarteniers, tenait le chapeau
mi-partie rouge et tanné, dans lequel chaque électeur
déposait son bulletin. Un autre comptait les bulletins et faisait la liste. Les bulletins, soigneusement
clos et scellés, étaient ensuite portés au roi, au chancelier ou au Conseil du roi, pour requérir la confirmation du scrutin et prendre le serment des élus.
Quant aux conditions d'éligibilité, elles étaient fort
simples. Les candidats devaient être bourgeois de
Paris et membres de la confrérie des marchands. Le
père et le fils, les deux frères, l'oncle et le neveu, les
deux cousins germains, soit par alliance, soit par
consanguinité, ne pouvaient ni être élus ensemble
ni siéger côte à côte dans le *Parloir aux bourgeois*.

L'évidence indique qu'un pareil système électoral
était fait pour remettre aux mains des bourgeois
notables la gestion des affaires municipales. En effet,
si l'on va au fond des choses, on remarque immédiatement que le Prévôt et les Échevins sortants avaient
une influence prépondérante sur la désignation de
leurs successeurs. Nous avons vu que c'était le
Bureau de la Ville qui choisissait les trente-deux notables sur les soixante-quatre élus par le quartenier, les
cinquanteniers et dizainiers. En outre, les vingt-
quatre conseillers de la Ville, qui constituaient le
Bureau avec le Prévôt et les Échevins, ne risquaient
pas de se mettre en opposition avec ces derniers,
puisqu'ils tenaient d'eux leur nomination. Les élec-

teurs les plus indépendants étaient les quarteniers qui,
à l'origine tout au moins, paraissent avoir été nommés
par les cinquanteniers et dizainiers. Encore faut-il
dire que, pour rendre leur nomination définitive,
l'approbation du Prévôt et des Échevins était nécessaire. En réalité, les quarteniers étaient également
nommés par le Prévôt des marchands, sur une liste
de candidats présentée par les bourgeois notables des
dizaines.

Il résulte de ce qui précède que l'organisation
municipale était combinée de manière à maintenir
l'administration de la cité entre les mains de la même
classe, on pourrait presque dire des mêmes familles.
De 1304 à 1415, les Gentien sont presque toujours
représentés à l'Échevinage ou à la Prévôté. On trouve
des Saintyon à l'Hôtel de Ville dès les premières
années du xvᵉ siècle, et un Saintyon est Échevin
en 1586. Les Luillier, les de Marle, les Hacqueville,
les de Thou, les Sanguin, les Hesselin, les Potier et
bien d'autres familles se perpétuent de même dans
les charges municipales. Certes, la formation de cette
oligarchie bourgeoise pouvait avoir quelques inconvénients, bien qu'elle assurât le maintien des traditions d'honneur, de dignité, d'indépendance, du
Corps de Ville, de même que l'existence des grandes
familles de robe donnait au Parlement de Paris une
force et une cohésion remarquables. Mais, en définitive, la liberté des électeurs ne souffrait pas, à cet
égard, une atteinte sérieuse; et un nom justement
estimé dans les annales de la cité n'était pas un titre
suffisant, lorsque ceux qui le portaient se montraient,
chose rare, indignes de leurs aïeux.

La volonté impérieuse des rois, le régime du bon

plaisir qui n'admettait ni contrôle, ni limitation, se conciliaient au contraire fort difficilement avec les franchises municipales de Paris. On se tromperait beaucoup en croyant que le corps électoral dont nous avons indiqué la composition procédât toujours avec pleine et entière liberté à l'élection des Prévôts des marchands et Échevins. Les privilèges des bourgeois parisiens subirent maintes fois le contre-coup des réactions politiques. Après la défaite et la mort de Marcel, le dauphin Charles transporta au Prévôt de Paris, officier royal, les attributions les plus importantes du Prévôt des marchands. A la suite de l'insurrection des Maillotins, Charles VI rendit toute la population parisienne responsable des désordres que l'imprudence et l'avidité des ducs avaient déchaînés. L'ordonnance du 27 janvier 1383 abolit les maîtrises des métiers, les charges de quarteniers, cinquanteniers et dizainiers, et mit sous la main du roi la Prévôté des marchands, l'Échevinage, la juridiction de l'Hôtel de Ville, les rentes et deniers communs de la cité. Le roi installa même le Prévôt de Paris dans l'ancienne maison de Ville, et ordonna qu'à l'avenir elle serait nommée « la maison de la Prévôsté de Paris ». Au milieu du sanglant conflit des Bourguignons et des Armagnacs, toute liberté municipale fut anéantie. Les factions faisaient et défaisaient les Prévôts des marchands, au mépris de toute règle et de toute légalité. En 1417, à Philippe de Brébant, déposé, succède Étienne de Bonpuis, « lequel, dit le *Journal de Paris sous Charles VI*, ne le fut que cinq jours; et fut mis en la Prévôsté un faiseur de coffres et de bancs, Guillaume Syrasse, le 12 septembre audit an ». Quand le Bourguignon l'Isle-Adam

se rend maître de Paris, avec le concours de Perrinet
le Clerc, il suit les pratiques de ses adversaires et
fait comme eux litière des franchises municipales.
Noël Marchand est nommé garde de la Prévôté par
« la nomination et élection de nos sires de Chastelus
et de l'Isle-Adam, maréchaux de France, de Monseigneur le bailli d'Auxois, Prévost de Paris, et de
plusieurs autres grands seigneurs ». On appelle, au
reste, quelques bourgeois triés sur le volet; et le
procès-verbal porte que la nomination est faite « sans
préjudice des privilèges, franchises et libertés de la
Ville de Paris ». Mais le choix est, en réalité, dicté
par les officiers bourguignons.

Est-ce seulement dans les périodes troublées de
notre histoire que de pareils excès de pouvoir se produisent? Non. Malgré ses flatteries à l'adresse des
bourgeois parisiens, Louis XI (un roi qui était pourtant assez fort pour dompter les émeutes) fit toujours
sentir sa main dans les élections municipales. Henri
de Sèvres, son protégé, resta douze ans prévôt des
marchands; et, dans l'intervalle des réélections suc-
cessives de ce personnage, le roi *recommanda* aux
électeurs, pour remplir les mêmes fonctions, tantôt
Michel de la Grange, maître de la Chambre aux
deniers, tantôt Denis Hesselin, son panetier, tantôt
sire Guillaume Lecomte, son grènetier. Il vérifiait lui-
même le résultat du scrutin avant de le publier.
Quand un des élus lui déplaisait, il effaçait son nom
ou maintenait les officiers municipaux dont les pouvoirs étaient expirés.

Malgré les accès de despotisme des princes, les
franchises municipales de Paris restent debout,
comme une statue d'or aux pieds d'argile. Chaque roi

les confirme à son avènement. Quelques-uns les
observent. Henri II informe en ces termes le Corps
de Ville de l'intention qu'il a de laisser les bourgeois
nommer librement leur Prévôt des marchands : « Très
chers et bien amez, ayant sceu que le temps approche
auquel vous debvez procedder à la élection et création
du Prévost des marchands de nostre bonne ville de
Paris, nous avons bien voullu vous faire ce mot de
lettre pour vous advertir que nostre intention est que
vous gardiez l'ordre et la forme qui s'est toujours
gardée et continuée de bonne et louable coutume ; et
regardez de faire ellection de personnage pour entrer
en ladite charge qui en soit capable, pour nous y faire
service et à nostre dite ville, que requiert la disposition des affaires où nous sommes de présent, et qui
soit au demourant de la qualité contenue en l'édict et
ordonnance dernièrement faicte. A ceste fin, remet-
tant à vous ladite création et election, ainsi qu'elle
vous est attribuée et permise par les statutz et ordonnances de nostre dite ville, *car tel est nostre plaisir*.
Donné au camp de Heuvin le ixe jour d'aoust 1554 ».
Mais la formule qui termine cette déclaration libérale
suffit à en déterminer la portée. Que le *bon plaisir*
obéisse à une impulsion différente, par l'effet des circonstances ou d'un simple caprice, et voilà la liberté
des élections qui devient illusoire, malgré les chartes
et les parchemins.

Charles IX ne prit même pas la peine de sauver les
apparences. D'un trait de plume (lettres patentes du
14 juillet 1564), il s'attribua la nomination des municipalités, dans toutes les villes du royaume « esquelles
y a archevesché, évesché, conseil de Parlement et
siège présidial » Les lettres patentes déclarent qu'à

l'avenir des élections d'Échevins, Gouverneurs, Consuls, Jurats et Administrateurs des villes seront faites en double, le roi se réservant le droit de choisir sur la liste transmise par le lieutenant-général de chaque gouvernement, les candidats agréables et bien pensants. Soutenu par le Parlement qui rendit un arrêt en faveur du maintien des vieilles ordonnances « sur la forme et manière de procéder à l'eslection des Prévôts des marchans et Eschevins », l'Hôtel de Ville de Paris protesta énergiquement et fit des remontrances. La Cour parut céder. Catherine de Médicis écrit aux magistrats municipaux, le 13 août, qu'ils pouvaient procéder à l'élection prochaine « ainsi qu'il est accoutumé ». Mais, deux jours après, le roi leur envoya l'ordre de communiquer le scrutin au maréchal de Montmorency, gouverneur de Paris, qui le transmettrait à son maître. Charles IX ferait ensuite connaître celui « qu'il lui plairait estre pouveuz dudit estat de Prévost ». La Ville est bien obligée de se conformer à des ordres aussi formels, dont François de Montmorency, le fils aîné du connétable, assura l'exécution avec une brutalité toute militaire. Il ne put toutefois empêcher la Ville d'envoyer au roi, avec le scrutin, de nouvelles remontrances. Charles IX n'en tint aucun compte. Il écrivit de Valence, le 26 août, aux membres du Corps de Ville : « ... Nous avons choisy, pour ledy estat de Prévost des marchans, Mᵉ Claude Guyot, sieur de Charmeau, et, pour les deux Eschevins qui doibvent entrer en charge, l'esleu Prévôt et le secrétaire Sanguyn, lesquels nous vous *mandons et ordonnons* admectre et recevoir esdites charges... ». La Ville répondit à cette violation

flagrante de ses privilèges avec une grande dignité.
Claude Marcel, qui n'avait fait qu'un an d'échevinage,
donna sa démission avec éclat. Le Prévôt sortant, le
sieur de Marle, voulut faire délibérer l'assemblée de
Ville sur les lettres royales. Augustin de Thou, l'un
des scrutateurs, ajouta que, les lettres dont il s'agit
étant adressées aux *manans et habitans* de Paris, « la
compagnie ne pouvait rien faire sans que lesdits
manans et habitans y feussent appelez ». Mais Montmorency ne connaissait que sa consigne. Il répondit
durement qu'il n'avait pas mandé les membres de
l'assemblée de Ville, « pour mectre en délibération
ung commandement du Roy, mais seulement pour
leur faire entendre, la lecture des lettres et la volunté
du Roy, et pour estre présens à l'exécution des commandemens de Sa Majesté ». Voilà où en était la
liberté des élections municipales sous le règne de
Charles IX ou plutôt sous celui de sa mère !

Henri III ne se fit pas faute de violenter les électeurs. C'est ainsi qu'aux élections municipales de 1586,
aussitôt après la fermeture du scrutin, M. de Villequier, gouverneur de Paris, « remonstre à la compai-
gnie que le Roy, avant son partement, luy aurait
déclaré et au Prévost des marchands que son *vouloir*
et *intention* estoit que le sieur Lugelly, conseiller
dudict sieur et l'un des lieutenans de M. le Grand,
Prévost de France, feust reçeu Eschevin, avecq celuy
qui se trouveroit avoir le plus de voix en ladicte
eslection ». Le plus souvent, il est vrai, le dernier des
Valois respectait les résultats du scrutin. Pourvu que
la Ville ne protestât pas trop haut, quand il s'adressait à elle pour faire face aux prodigalités royales, il
s'inquiétait peu de ce que pouvaient penser les magis-

trats municipaux. C'est le Receveur qui avait le don
d'attirer l'attention du monarque. Le pauvre François
de Vigny eut souvent à défendre sa caisse contre
l'avidité royale. Un jour Henri III y puise cent mille
écus « pour les bailler, dit L'Estoile, aux ducs de
Joyeuse et d'Espernon, pour les frais de leur voiage
en Lorraine, où ils allaient voir les parens de leurs
femmes ». Un autre jour, il se procure par le même
procédé deux cent mille francs « pour entretenir, à
ce qu'on disoit, ses mignons et ses moines ».

Pendant la Ligue, les élections municipales se
firent, en général, sous l'influence de Mayenne. Mais
l'ombrageuse susceptibilité des Seize, qui avaient
bien des représentants et des alliés dans le Corps de
Ville, ne permit pas au lieutenant-général de l'Union
de jouer au dictateur avec les électeurs parisiens. Au
mois d'août 1590, peu de temps avant la levée du
siège de Paris par le Béarnais, le Conseil d'État
avait notifié au Prévôt des marchands et aux Échevins
qu'il serait sursis aux élections réglementaires (qui
devaient avoir lieu le 16), jusqu'au retour de Mayenne
dans la capitale. Mais la municipalité ligueuse prit
fort mal cette dérogation aux usages. Le Procureur
du roi et de la Ville présenta des conclusions très
énergiques pour réclamer le maintien des privilèges
de la Ville. Il rappela que la date de l'expiration des
pouvoirs du Prévôt et des Échevins sortants était
invariablement fixée au lendemain de la mi-août.
« Telles élections, ajoutait-il, ont esté faites de toute
ancienneté par l'ordonnance seule de la Ville, sans
que les rois prédécesseurs ny leur Conseil s'en soit
entremis et y aye interposé son authorité, comme
deppendant telles élections de la voix et nomination

du peuple, auquel cela a été concédé de tout temps par les prédécesseurs rois, sans qu'ils ayent esté aucunement forcez et violentez en ce privilège, qui est le premier, le plus remarquable et singulier que cette Ville puisse prétendre, mesme que la présence des rois non seulement n'y est pas requise, mais aussi y est très-préjudiciable et suspecte, comme leur hauteur pouvant altérer la liberté de l'élection, de manière que la présence de Monseigneur le duc de Mayenne ne peut estre nécessaire, voire elle y seroit *messéante et de mauvaise odeur*, tant à sa bonté et à la douceur dont il a gouverné cet Estat que à tout le peuple et à ceux qui désirent leur suffrage être libre en telle chose. »

D'ailleurs, pendant la lutte de Paris contre ceux qu'on appelait les hérétiques, les bourgeois de la capitale ne virent pas leur indépendance menacée seulement par Mayenne et les princes. Le fanatisme des Seize et des moines essaya aussi d'intimider les électeurs. Au mois d'août 1591, le fameux commissaire Louchart présenta au Corps de Ville une *déclaration* menaçante, dans laquelle il frappait d'inéligibilité la plupart des candidats à l'Échevinage, annonçait que le peuple ne les reconnaîtrait pas s'ils étaient élus, excluait les scrutateurs pris dans les rangs des quarteniers, et demandait que le relevé des suffrages eût lieu à haute voix dans la grande salle de l'Hôtel de Ville. Les électeurs municipaux ne tinrent, du reste, aucun compte de la sommation de Louchart que Mayenne fit étrangler à quelque temps de là.

Avec Henri IV, l'ordre rentra dans la capitale, mais non la liberté municipale. Le roi, qui avait eu tant de peine à conquérir Paris, était peut-être excusable d'exclure de la Municipalité tous ceux dont le dévouement lui paraissait sujet à caution. Mais c'est à partir du règne de ce prince, resté cependant populaire pour d'autres causes, que les élections municipales deviennent un vain simulacre. Le souverain prend l'habitude d'avoir des candidats officiels ; et, si les suffrages désignent en première ligne des personnages mal vus de la Cour, une lettre royale les évince et leur substitue les protégés du roi. C'est ce qui arriva dès la première élection qui suivit l'entrée de Henri IV dans Paris. L'assemblée des électeurs municipaux avait donné, pour la charge d'Échevin, 48 voix au sieur de Canaye et 29 au sieur Lecomte. Le scrutin ayant été soumis à Henri IV, qui se trouvait alors à Amiens, il écrivit dans les termes suivants à M. d'O, gouverneur de Paris : « ... Quant à la difficulté advenue sur l'ellection d'un eschevin, je vous prie que ce soit Lecomte, puisqu'il ne s'est jamais départi de son devoir et de sa fidellité, et que, pour telle considération, il fut osté de sa charge, avant que le terme en fust expiré par la violence des barricades... ». Dans les années qui suivirent, le même procédé se répéta, au point de transformer la Prévôté et l'Échevinage en simples commissions royales, délivrées aux titulaires par lettres de cachet. Dès lors, l'indépendance du Corps de Ville disparaît. Si l'on voit encore les Prévôts des marchands jouer un rôle politique, à la faveur des troubles de la Fronde, ce n'est là qu'une résurrection éphémère à laquelle Mazarin et Louis XIV mirent bon ordre. Le Corps de Ville fut traité, sous le règne du Grand Roi, avec la même désinvolture impérieuse que le Parlement. On exige des électeurs municipaux « une entière obéissance ». Le Prévôt et les Échevins deviennent des officiers du roi qui reçoivent des ordres et ne sont pas admis à les discuter. L'élection annuelle du 16 août subsiste encore, mais uniquement pour la forme. On connaissait d'avance les élus et, sous Louis XV, les quarteniers remettaient aux bourgeois mandés le bulletin de vote qu'ils avaient à jeter dans le chapeau traditionnel. Aucune trace ne subsiste de ce vieil esprit indépendant et bourgeois qui avait fait de l'Hôtel de Ville le seul refuge de la liberté, en présence même de l'autorité absolue des rois du moyen âge. A ce point de vue, la conception de la Monarchie du droit divin que Louis XIV et Louis XV ont mise en pratique était beaucoup moins conciliable avec les franchises municipales que la Monarchie de Louis XII, par exemple. Le temps avait marché; mais les institutions s'étaient écroulées pièce à pièce, sous l'effort de la centralisation monarchique qui tendait à confondre la France et le roi. Lorsque l'ancien régime tomba à son tour, par suite de la contradiction des mœurs avec le système politique, une des premières victimes de la Révolution fut M. de Flesselles, le dernier Prévôt des marchands. Tant il est vrai que le prestige de l'antique magistrature populaire s'était entièrement évanoui.

IV

La Municipalité parisienne, sous l'ancien régime, ressemblait à un grand corps dont le Bureau de la Ville était la tête, mais dont les bras transmettaient le mouvement à mille rouages et atteignaient jusqu'aux dernières couches de la population. Pour se rendre compte de l'influence du Prévôt des marchands et de ses collègues sur l'attitude politique du peuple parisien aux différentes périodes de l'histoire, il faut connaître avec une certaine précision les instruments d'action dont disposait le Corps de Ville, et les agents qui le mettaient en communication constante avec la bourgeoisie et les métiers. Aussi bien est-ce là le côté le plus original et le plus caractéristique de l'ancienne organisation municipale de Paris.

Au xiie siècle, Paris n'était divisé qu'en quatre quartiers : la cité Saint-Jacques, la Boucherie, la Verrerie et la Grève. Sous Philippe-Auguste, après la construction de la nouvelle enceinte, le nombre des quartiers fut porté à huit. Enfin, au temps de Charles VI, on adjoignit huit nouveaux quartiers aux précédents, ce qui donna en tout seize circonscriptions. Qui eut l'idée de placer à la tête de chacune de ces circonscriptions un officier municipal dépendant du Corps de Ville? A quelle époque cette hiérarchie fut-elle constituée? C'est ce qu'on ne peut dire d'une façon précise. Toutefois, il est bien certain que les *quarteniers* (on appelait ainsi les chefs des quartiers) existaient en 1382, puisque Charles VI les supprime par une disposition expresse de l'édit qui abolit la Prévôté des marchands. Rétablis lors de la restauration des franchises municipales, les quarteniers jouèrent un rôle considérable au xve et au xvie siècle. C'étaient les intermédiaires naturels entre les bourgeois et le Bureau de la Ville. A eux sont adressés presque tous les mandements du Prévôt et des Échevins, dont ils transmettent et font exécuter les ordres. Leurs attributions présentent une complexité remarquable. Elles paraissent d'abord plutôt militaires que civiles, pour devenir ensuite presque exclusivement civiles. Les quarteniers ont la garde des portes de la ville ; dans leurs maisons se trouvent les seaux et les crocs de fers qu'on emploie en cas d'incendie. Ils ont aussi à veiller sur les chaînes qui garnissent le coin des rues et sont comme le signe matériel de l'indépendance municipale. Nous avons dit le rôle des quarteniers dans les élections des Prévôts des marchands et Échevins. En réalité, ils dressaient eux-mêmes les listes de notables sur lesquelles le Bureau de la Ville désignait ceux qui devaient prendre part aux élections du premier degré. Ils finirent même par convoquer qui bon leur semblait. Ayant entre leurs mains la statistique de tous les habitants de leur circonscription, les quarteniers faisaient à chaque instant sentir l'action administrative à la population sédentaire et à la population nomade. Rien de plus fréquent que de les voir visiter les hôtelleries, sur un mandement du Bureau, pour découvrir les gens suspects ; faire le relevé des armes ou, en temps de guerre, du blé, des denrées de toute sorte. Quand le roi demande un prêt à la Ville — accident fort commun, — ce sont encore les quarteniers qui dressent les rôles des taxations et réclament à chaque *chef d'hostel* sa cotisation.

Pour suffire à une pareille tâche, il fallait au quartenier des auxiliaires. Pendant longtemps, chaque quartenier eut sous ses ordres deux *cinquanteniers* et dix *dizainiers*, officiers dont les uns commandaient à 50 hommes et les autres à 10 hommes. Plus tard, il y eut jusqu'à 4 cinquanteniers et 16 dizainiers par quartier. Ces derniers étaient simplement choisis par le quartenier. Les cinquanteniers, comme les quarteniers, devaient leur nomination aux délégués des dizaines, réduits par la voie du sort à 2 par dizaine.

Quand on étudie cette organisation des quarteniers, cinquanteniers et dizainiers, on est immédiatement frappé de l'analogie qu'elle présente avec la hiérarchie militaire. C'est qu'en effet, dans le principe tout au moins, les officiers municipaux dont il s'agit, les chefs civils des quartiers, étaient en même temps les chefs militaires de la milice bourgeoise qui, du milieu du XIVe siècle aux troubles de la Fronde, est si souvent mêlée aux grands événements de l'histoire de Paris. On a cru pouvoir faire honneur à Étienne Marcel de la simple et vigoureuse organisation de cette milice bourgeoise. Une vieille chronique donne à penser que Jehan Maillart exerçait en 1358 les fonctions de quartenier et commandait la milice de sa circonscription. En tout cas, il est certain que, lors de l'insurrection des Maillotins, il y avait des *cinquanteniers* et des *soixanteniers* (ce grade ne subsista pas). Ils mirent sur pied, au dire du Religieux de Saint-Denis, 10 000 bourgeois bien armés, qui furent répartis au coin des rues et dans les carrefours, afin de repousser par la force les bandes de l'insurrection. De même, lors de l'émeute des Cabochiens, ce sont les quarteniers qui prennent l'initiative du rétablissement de l'ordre. Le charpentier Guillaume Cirace, l'un des quarteniers, est l'auteur de la réplique fameuse aux bouchers qui s'opposaient à la lecture du traité de paix avec la cour : « Il y a à Paris autant de frappeurs de cognée que d'assommeurs de bœufs ». On connaît aussi le rôle très honorable que jouèrent les quarteniers et les dizainiers le jour de la Saint-

Barthélemy. En parfaite communauté d'idées avec le Président Le Charron, prévôt des marchands, ils arrachèrent au roi l'ordre de mettre en mouvement toutes les forces de la Ville pour faire cesser les « meurtres, pilleries, saccagements et séditions ». Ils apportèrent tant d'énergie dans l'accomplissement de leur mission pacificatrice que, grâce à eux, au Prévôt des marchands et aux Échevins, « tout auroit esté incontinent appaisé et cessé ».

C'est principalement au temps de la Ligue que l'institution des quarteniers se manifesta dans toute sa puissance. Il ne faut pas attribuer à d'autres qu'à eux le succès de la journée des Barricades et la fuite humiliante de Henri III. Maîtres de la place, ils multiplièrent les perquisitions, emprisonnèrent le Prévôt et deux échevins, restés fidèles au roi, et consolidèrent si bien leur autorité, dans les limites de leurs circonscriptions respectives, qu'ils donnèrent leurs propres noms aux quartiers dont ils étaient les chefs.

Pendant toute la durée de l'insurrection ligueuse, les quarteniers conservèrent leurs attributions de chefs civils de la milice; mais, n'ayant pas tous une expérience suffisante des armes, ils cessèrent d'être des chefs militaires. D'après une organisation qui remonte à 1587, chaque quartier eut, pour commander sa milice, un colonel, des capitaines, lieutenants, enseignes et caporaux. La *colonne* ou *colonnelle*, voilà l'unité militaire, qui correspond au *quartier*, unité administrative. Le bataillon, placé sous les ordres d'un capitaine, correspond à la dizaine. Cette existence parallèle des colonels et des quarteniers dut nécessairement engendrer des conflits. En temps de guerre, les colonels se crurent indispensables et traitèrent de haut l'élément civil. Dans la séance du Bureau de la Ville du 29 août 1592, le Prévôt des marchands fit connaître qu'à la dernière procession générale, il y avait eu une querelle de préséance entre les colonels et les quarteniers, « disant les dits quarteniers qu'ils estoient officiers de Ville et qu'ils devoient marcher après Messieurs les conseillers et devant les dits colonels; et par eux dits colonels, qu'ils estoient *d'une autre qualité*, comme estant les principaux chefs commandant dans la ville sur les bourgeois d'icelle; et partant, soutenoient qu'ils devoient marcher après les dits conseillers de Ville, et devant les dits quarteniers ». La Ville s'en tira en décidant que colonels et quarteniers étaient égaux, puisqu'ils étaient *bourgeois* les uns et les autres; et il fut arrêté que, dans les cérémonies publiques, les colonels marcheraient sur le même rang que les quarteniers, deux par deux, suivant l'ordre d'ancienneté.

Après l'abjuration de Henri IV, les quarteniers suivirent l'exemple de la plupart des membres du Corps de Ville et des bourgeois notables. Sous la pression des politiques, ils abandonnèrent la faction intraitable des ligueurs fanatiques, à tel point que, si l'on s'en rapporte au *Dialogue du maheustre et du manant*, tous les quarteniers, sauf trois, et tous les colonels, sauf cinq, se rangèrent au parti de la paix. Quoi qu'il en soit, à dater de l'avènement de Henri IV, les colonels et les quarteniers deviennent de simples officiers du roi. Le 5 mai 1594, M. d'O, gouverneur de Paris, envoya à la Ville « le roolle des colonnelz, cappitaines, lieutenant et enseignes qu'il avoit reçeu de Sa Majesté ». Le roi nomma tous les officiers de la milice pour deux ans, « sauf à les continuer, si S. M. trouve qu'il soyt utille pour le bien de son service ». Quant aux quarteniers, cinquanteniers et dizainiers, l'élection ne joue plus aucun rôle dans leur nomination. Le Gouverneur de Paris les change et destitue à son gré. Les Registres de la Ville relatifs à cette période sont remplis de mandements comme celui-ci : « Le seigneur d'O, gouverneur de Paris et Isle de France. — Il est ordonné que Jehan Tronson et Jacques du Creil, cinquanteniers au quartier de Lambert, *se defferont de leurs charges*, au lieu desquelles en sera nommé d'aultres dont le dict Lambert nous respondra. Faict à Paris, le xiii⁰ may 1594 ». En somme, les officiers de la Ville ne jouissent plus de la moindre indépendance. Un peu plus tard, sous Louis XIII, les charges des quarteniers deviennent expressément vénales. Un édit de février 1623 autorise les titulaires à céder leurs offices moyennant finance, devant les notaires. Comme dernier vestige de la hiérarchie municipale, on se contente de faire payer, par le quartenier, un droit annuel au Prévôt des marchands. Dès lors, le rôle des quarteniers ne mérite plus de fixer l'attention. On peut faire connaître à titre de curiosité archéologique, comment ils s'habillaient, combien ils touchaient de jetons de présence, de livres de bougie ou de sucre royal. Rien ne prouve mieux que ces puérilités combien la décadence des anciens chefs de la milice était profonde et définitive, dans les dernières années du xviii⁰ siècle.

V

Prévôt des marchands, Échevins, Conseillers de Ville, Quarteniers, voilà bien les éléments essentiels du Corps de Ville de Paris sous l'ancien régime. Mais il nous reste à indiquer comment cet ensemble de magistrats et d'officiers municipaux se réunissait pour délibérer sur les affaires et comment il se complétait, dans certaines circonstances, par l'adjonction des délégués des compagnies judiciaires, du clergé et des bourgeois notables. L'étude rapide de l'organisation et du fonctionnement des *assemblées de la Ville* s'impose, en quelque sorte, à quiconque veut se rendre un compte exact du degré d'influence et de force de la vieille Municipalité parisienne.

La composition des assemblées de la Ville n'avait nullement la simplicité qui est propre aux assemblées des conseils municipaux actuels. Bien que la distinction des différents modes de convocation aux réunions de l'Hôtel de Ville sous l'ancien régime, et en se plaçant au temps de la vigueur des institutions municipales, n'ait pas encore été clairement faite par les historiens de Paris, nous croyons pouvoir ramener à quelques types les assemblées dont il s'agit.

Il faut mentionner, en premier lieu, les assemblées électorales du 16 août, dont nous avons dit la composition et analysé les opérations. Ce sont là des réunions périodiques et exceptionnelles, qui n'ont d'autre objet que la nomination du Prévôt des marchands et des Échevins. Mais, à côté de celles-là, il y en avait beaucoup d'autres dans lesquelles on discutait, au fur et à mesure qu'elles se présentaient, les questions d'intérêt particulier ou général. La nature des questions est, à notre avis, le *criterium* le plus sûr pour classer méthodiquement les différentes assemblées qui se tenaient à l'Hôtel de Ville. Quand il s'agissait de statuer sur une question d'ordre intérieur, telle que la résignation d'un office de Conseiller de Ville, par exemple, le prévôt des marchands ne faisait convoquer que le *Bureau de la ville*, qui se composait du Prévôt lui-même, des quatre échevins et des 24 conseillers. On appelait ces séances intimes des *séances du Bureau*. Dans d'autres cas, le Prévôt et les Échevins se réunissaient seuls au *petit Bureau*, sans intervention des Conseillers de Ville. Ainsi, en 1506, lorsque les charges de greffier et de receveur de la Ville furent disjointes, Philippe Macé, après avoir été investi de la charge de Receveur par une grande assemblée, se retire au *petit Bureau* pour prêter serment devant le prévôt et les échevins, après avoir « baillé ses pleges et cautions ». Il est facile de comprendre que, toutes les fois qu'il s'agissait du maintien des privilèges du Corps de la Ville et de la Marchandise, des ordres à donner aux officiers municipaux, des difficultés qui se présentaient dans les différentes branches de l'administration municipale, le Bureau n'aimait pas admettre les étrangers à ses délibérations. Tous les mandements aux quarteniers ou aux colonels sont *faits au Bureau de la Ville*; ils n'émanent ordinairement que du Prévôt et des Échevins.

Mais, quand il se présentait une question grave et d'intérêt général, le Prévôt des marchands provoquait ce qu'on appelait une *assemblée générale*. Elle se tenait dans la grand'salle de l'Hôtel de Ville et comprenait, en outre du Prévôt, des Échevins et des Con-

seillers de Ville, les délégués des compagnies souveraines et du clergé, ainsi qu'un certain nombre de
bourgeois mandés. Voici, par exemple, les personnages que le Corps de Ville convoqua à l'assemblée
générale du 28 février 1528, dans laquelle on fixa la
contribution de Paris pour la rançon des enfants de
France qui se trouvaient en Espagne *ès mains de
l'esleu Empereur*. — « Messeigneurs de la Court de
Parlement, de la Chambre des Comptes, les Généraux
de la justice, des aides, des monoyes, l'évesque de
Paris, le recteur de l'Université, les membres du
Chapitre de Paris, les abbés de Sainte-Geneviève,
Saint-Victor, Saint-Magloire, Sainte-Catherine-du-
Val-des-Escoliers, les prieurs de Saint-Éloi, Saint-
Martin-des-Champs, des Chartreux et des Célestins. »
On adjoignait à ces délégués six notables bourgeois
de chaque quartier, qui venaient à l'Hôtel de Ville
avec leurs quarteniers respectifs. Ce mode de composition ne varia guère pendant toute la durée de
l'ancien régime, sauf que le nombre des bourgeois
mandés fut plus ou moins considérable. Il ne faudrait pas croire que les bourgeois notables fussent
absolument libres de répondre ou de ne pas répondre
à la convocation du quartenier. S'ils étaient défail-
lants sans excuse valable, ils étaient signalés au
Prévôt et s'exposaient à perdre leurs privilèges de
bourgeois de Paris. Les assemblées générales n'étaient
pas constituées à l'état de *sessions* régulières et périodiques. On les convoquait quand les circonstances
l'exigeaient, et ces circonstances l'exigeaient fréquemment. Le prétexte le plus ordinaire, c'était une
demande de don ou de prêt adressée à la Ville par le
roi. Infailliblement, la délibération de l'assemblée

générale aboutissait à demander au roi une réduc-
tion de la somme réclamée par lui ou à lui faire des
remontrances. Tous les rois n'accueillaient pas les
observations de la Ville avec la même patience.
Louis XII marchandait et s'arrangeait pour tirer
beaucoup d'argent des contribuables, sans trop les
faire crier. Ainsi, en septembre 1512, il demande au
Corps de Ville une somme de 40 000 livres tournois.
On riposte en lui « faisant remontrance de la povreté
du commun peuple, des charges qu'il a eu par cy-
devant à supporter, etc. » Le *père du peuple* regrette
que la capitale du royaume ne donne pas aux bonnes
villes l'exemple de la générosité envers son roi, mais
l'assemblée résiste encore et n'offre que 25 000 livres.
Finalement, le roi se contente de 30 000 « pour donner
à cognoistre qu'il vouloit bien traiter sa ville de
Paris ». Ce fut ainsi pendant tout le règne.

Les successeurs de Louis XII furent souvent moins
accommodants, à commencer par François Ier. La
résistance sourde des assemblées de la Ville, la sage
lenteur apportée par les quarteniers dans le recouvrement des cotisations, les remontrances et les lamen-
tations des contribuables avaient le don d'exaspérer
le roi gentilhomme, si bien qu'un beau jour, après la
prise de Boulogne par Henri VIII, il s'emporta jusqu'à
menacer la Ville de Paris d'agir à sa guise, sans lui
rien mander. « Et ne peut le dit seigneur — c'est le
roi qui parle — aultre chose penser sinon que le
peuple de Paris est rebelle, inobédient et non tenant
sa promesse; et a désolairé le dit seigneur, qui en a
tres mauvais jugement et ne s'en peult contempter. »

Les assemblées de Ville défendaient, il est vrai, la
bourse des bourgeois avec autant d'énergie que les

franchises municipales. Ce n'était pas chose aisée, sous un roi comme Henri III qui puisait à pleines mains dans la caisse des Receveurs de la Ville, et saisissait l'argent des rentes, lorsqu'on le faisait attendre. Jamais, du reste, le ton des remontrances votées par l'assemblée municipale ne fut plus amer et plus violent. Celles du 24 mars 1577, que l'Échevin Legresle, sieur de Beaupré, jeta à la face du dernier des Valois, respirent notamment l'indignation la plus vive. L'orateur, après avoir longuement exposé tous les griefs de la nation en général et de Paris en particulier contre le souverain, après avoir récapitulé toutes ses exactions, conclut dans les termes qui suivent : « Pour les raisons et considérations sus- dictes, nous supplions très humblement Votre Majesté ne vouloir recevoir en mauvaise part si, l'estat de noz affaires estant tel qu'il est, vostre peuple, pauvre et nécessiteux, *pillé et mangé jusques aux os* en leurs héritages des champs; voz officiers sans aucuns gaiges, chargéz pour la pluspart de grosses rentes qui coururent sur eulx pour l'achapt de leurs offices, les rentes non payées, les emprunts de l'année passée non paiez, ni assignéz, nous sommes contrainctz, à nostre très grand regret, vous supplier très humble- ment, comme nous faisons, que vostre bon plaisir soit de nous tenir pour excuséz de la levée de 300 000 li- vres dont il vous a pleu nous faire demande par vos dictes lettres, tant closes que patentes ». Un prince qui méritait d'entendre des vérités aussi dures expo- sait fatalement la royauté à de fâcheuses aventures. Comment s'étonner que les assemblées de Ville aient fini par opposer un refus formel aux incessantes demandes d'argent de Henri III? Assurément les causes de la Ligue sont profondes et multiples; mais l'exaspération du Corps de Ville, des quarteniers et des notables qui figuraient dans les assemblées municipales explique, à elle seule, le foudroyant succès de la journée des *Barricades*.

La Municipalité parisienne, au milieu des troubles politiques, ne laissait pas au reste d'être exposée à de grands périls. Représentation de la haute bourgeoisie, elle faisait obstacle à la fois aux abus de pouvoir de la monarchie et aux excès démagogiques. De là une situation parfois dangereuse et difficile. Les magistrats de l'Hôtel de Ville avaient d'abord aidé les Guise à chasser Henri III de sa capitale, mais le premier effet de la victoire de la Ligue fut l'envoi du Prévôt des marchands à la Bastille et le bannissement de deux Échevins. Plus d'une fois, au cours de la guerre civile qui se termina par la soumission de Paris à Henri IV, la faction des Seize, soutenue par le bas peuple, exerça la pression la plus violente sur les délibérations des assemblées de la Ville. Au mois d'août 1591 notamment, les délégués du parti irréconciliable pénétrèrent dans la grande salle de l'Hôtel de Ville où les électeurs municipaux s'apprêtaient à nommer deux Échevins, et sommèrent les membres de l'assemblée d'exclure les candidats soupçonnés de modération. L'avocat Béjauson donna lecture d'une requête menaçante, dont les conclusions portaient la plus grave atteinte à l'indépendance de la Municipalité. Le Prévôt des marchands invita Béjauson et ceux qui le suivaient à sortir de la salle des délibérations et ouvrit la discussion sur la requête. « Sur quoy, il fut alors gravement remontré par plusieurs grands personnages que... c'est une licence trop grande à des

particuliers purement privéz de s'introduire d'eux-
mesme en troupe aux assemblées géneralles, y apporter
nouvelles formes, oster la liberté qui y doit estre,
prescrire ce qui s'y doit résoudre et protester de déso-
béissance, si on ne suit leur proposition ; et fonder
encore tout cela sur le reproche de l'assemblée en
laquelle on impose à tort qu'il y ait quelques personnes suspectes, bien qu'elle soit des plus solen-
nelles qui se soient faites de longtemps pour sem-
blables affaires ; qu'en un estat bien estably, non-
seulement cela ne seroit trouvé bon, mais digne de
répréhension... » Il était temps que la forte main du
Béarnais vînt remettre l'ordre dans la cité. L'assassinat du Président Brisson et des conseillers Tardif
et Larcher ne tarda pas à prouver que l'Hôtel de Ville
ne gouvernait plus Paris.

Sous la Fronde, les assemblées municipales furent
l'objet d'attentats bien plus graves encore ; mais,
cette fois, ceux qui troublèrent les calmes délibérations des magistrats municipaux n'étaient pas des
gens du commun. C'étaient le duc d'Orléans, le prince
de Condé et le duc de Beaufort. Après le déplorable
combat de la porte Saint-Antoine, Condé n'avait plus
qu'une ressource pour prolonger la résistance contre
Mazarin et l'armée de Turenne : il lui fallait s'appuyer
sur la populace et la pousser contre l'Hôtel de Ville
pour obtenir de la bourgeoisie, qui désirait ardemment la paix, des secours en hommes et en argent.
S'attendant à être violentés, comme le Parlement
venait de l'être, le Prévôt des marchands et les Échevins avaient expédié aux colonels de la milice, le
3 juillet 1652, l'ordre de garder toutes les avenues
conduisant à l'Hôtel de Ville, où une grande assem-

blée générale devait avoir lieu le lendemain « pour
adviser à la sûreté publique ». Mais les compagnies
bourgeoises, loin de remplir leur mission, firent cause
commune avec les émeutiers.

Le 4, de bonne heure, la place de Grève et ses
abords étaient envahis par une foule de bateliers, de
gagne-deniers, de domestiques et de soldats des
princes dont beaucoup avaient quitté le costume
militaire pour ne pas être reconnus. Malgré cet inquié-
tant voisinage, l'assemblée générale s'ouvrit vers midi.
Elle comprenait, en outre du Corps de Ville proprement dit : le Gouverneur de Paris, les quarteniers,
cinquanteniers et dizainiers, les colonels et les capitaines de la garde bourgeoise, l'archevêque de Paris,
les chanoines de Notre-Dame et de la Sainte-Chapelle,
les abbés des principaux couvents, les délégués du
Parlement, de la Cour des Comptes et de la Cour des
Aides, « les artizans mandéz en grand nombre, le tout
au nombre de trois cens dix, sans *ceux non mandéz* ».
En effet, beaucoup de personnes qui n'avaient pas été
appelées s'étaient glissées dans la salle. La première
partie de la séance fut remplie par des discours assez
insignifiants. Germain Piètre, le procureur de la Ville,
fit une longue harangue en l'honneur du peuple de
Paris. Mais l'intérêt était ailleurs : on attendait les
princes. A six heures du soir seulement, arrivèrent le
duc d'Orléans et Condé, accompagnés du duc de
Beaufort, du duc de Sully, du prince de Guéménée et
d'une nombreuse escorte. Ils portaient tous de la
paille à leur chapeau. (C'était le signe de ralliement des
frondeurs.) Le duc d'Orléans prit le premier la parole
et remercia les magistrats municipaux d'avoir autorisé
les troupes des princes à traverser Paris. Condé

déclara ensuite qu'il n'avait rien à ajouter aux paroles
de S. A. R., « que tout ce qu'elle entreprendroit
estoit pour la conservation et la seureté de Paris, à
l'effet de quoy il donneroit volontiers sa vie et son
sang ». Le Prévôt des marchands répliqua par quelques mots de remercîment; après quoi, les princes se
retirèrent, « faisant grande monstre de la paille qu'ilz
portoient, avec des gestes qui ne pronostiquoient
rien de bon ». Aussitôt après le départ des princes,
une fusillade très nourrie fut dirigée de la place de
Grève contre l'Hôtel de Ville. En même temps, les
agresseurs mirent le feu aux portes de l'arcade Saint-
Jean et du Saint-Esprit. Le cheval de la statue de
Henri IV, au-dessus de la porte principale, fut mis en
pièces. Repoussés un instant par les archers de la
Ville, les assaillants triomphèrent bientôt de cette
poignée d'hommes et envahirent les appartements du
greffier et la garde-robe où s'étaient réfugiés les
mandés. Le greffier Lemaire, ayant refusé de dire où
se trouvait l'argent des rentes, tomba percé de dix-
sept coups de poignard. Guillois, premier échevin,
reçut un coup d'arquebuse; M. Miron, maître des
comptes, un coup de pistolet dont il mourut le lendemain; un ancien échevin, nommé Yon, fut massacré
par des furieux qui le prenaient pour le Prévôt des
marchands. M. Legras, maître des requêtes, Le Boulanger, auditeur des comptes, de Janvry, conseiller
au Parlement, subirent le même sort. Le curé de
Saint-Jean voulut parler, mais il tomba aussitôt,
frappé d'une balle à la tête; son vicaire, croyant
apaiser les assassins, vint se placer au grand portail
et présenta à la foule le Saint-Sacrement. Mais la
fusillade continua. Ni le duc d'Orléans, ni Condé, ne

voulurent intervenir. Ce furent le duc de Beaufort et Mademoiselle qui, vers dix heures du soir, parvinrent à mettre fin au massacre et à décider la populace à se retirer. Beaufort fit éteindre par les *crocheteurs et gens d'eau* l'incendie qui menaçait d'envahir tous les bâtiments, et réussit, avec Mademoiselle, à favoriser l'évasion du Prévôt des marchands, Lefèbvre, qui, impassible et calme en une circonstance aussi critique, était resté dans une des petites pièces de l'Hôtel de Ville. Il donna le lendemain sa démission.

Cette lâche agression contre les représentants de Paris indigna la bourgeoisie et toute la population honnête. On comptait les victimes de cette nuit sanglante et l'on flétrissait hautement la tentative faite pour brûler la maison commune, « ce qui devroit, disent les registres, tirer des larmes de sang à tous les bons bourgeois et habitants de Paris, intéresséz qu'ils sont à la conservation de l'Hôtel de la dicte Ville ». Mis en demeure d'opter entre l'anarchie et l'absolutisme, les Parisiens choisirent l'absolutisme, qui avait au moins l'avantage de garantir le maintien de l'ordre dans la rue. Mais, du même coup, périt l'indépendance municipale, et, jusqu'en 1789, les assemblées de Ville ne furent plus qu'un vain simulacre. De même que Louis XIV disait au Parlement : « l'État, c'est moi », il aurait pu dire au Prévôt et aux Échevins : « la Ville, c'est moi ».

VI

Après avoir essayé de donner une idée de ce qu'était la Municipalité parisienne sous l'ancien régime, après

avoir rappelé ses origines, indiqué son organisation,
et déterminé le rôle qu'elle a joué dans notre histoire,
quelle conclusion devons-nous tirer de cette étude?
Sans vouloir comparer des institutions absolument
dissemblables, il nous sera permis de caractériser en
peu de mots ce qui faisait la grandeur et la force de
l'ancien Échevinage de Paris. C'était, d'une part, son
origine élective à tous les degrés; et, d'autre part,
l'admirable hiérarchie qui, descendant du Prévôt des
marchands aux dizainiers, faisait rayonner l'influence
des officiers municipaux dans tous les quartiers de la
ville, et plaçait, pour ainsi dire, sous leur main toutes
les pulsations du cœur de Paris. Sur un ordre adressé
par le Bureau de la Ville à chaque quartenier, tout le
peuple recevait à l'instant l'impulsion municipale que
transmettaient les cinquanteniers et les dizainiers. Le
Prévôt des marchands n'était pas un fonctionnaire
révocable au gré du roi, ne tirant sa force que de la
faveur précaire de la Couronne. Nommé pour deux
ans, il était, à vrai dire, inamovible pendant ce laps de
temps. Quand il élevait la voix, on croyait entendre
la voix du peuple, car il personnifiait tout ce que le
peuple comptait de lumières, de richesses, de patriotisme et d'honnêteté. Son magnifique costume, le rang
qu'il occupait dans les cérémonies publiques, son
escorte imposante d'archers et de sergents, tout contribuait à rehausser la magistrature du Prévôt des
marchands. D'ailleurs, il n'agissait jamais à la légère,
s'éclairant toujours de l'avis des échevins et des
vingt-quatre Conseillers de la Ville. S'il présentait au
roi des remontrances, c'était sur l'invitation d'une
assemblée générale où venaient s'asseoir tous les
représentants des grands corps : l'Église, la magistra-

ture, la haute finance et la haute bourgeoisie. On n'a pas assez insisté sur ce droit de remontrances du Corps de Ville, droit que les Prévôts des marchands ont exercé avec tant de dignité et tant de courage. Il a pourtant influé gravement, à certaines époques, sur la marche de la politique intérieure; et, si l'on considère l'indépendance et la sagesse des magistrats municipaux, l'Hôtel de Ville n'eut rien à envier au Parlement de Paris.

Que dire du désintéressement et de l'intégrité de nos anciens édiles? Jamais un scandale financier, un acte de concussion n'a été relevé contre eux. Rien de surprenant à cela : car la Prévôté et l'Échevinage n'étaient déférés qu'à des hommes irréprochables : le moindre retard de paiement ou des lettres de sur séance rendaient indigne des fonctions municipales. Ils recueillaient de leurs devanciers et transmettaient à leurs successeurs d'admirables traditions d'honneur et de probité. Il y eut des familles comme celles des Hesselin, des de Vigny qui manièrent les deniers de la Ville pendant tout un siècle, avec une intelligence et une délicatesse qui ne se démentirent pas un moment. Toujours en vue, toujours agissant en pleine lumière et sous les yeux de leurs concitoyens, le Prévôt des marchands et ses collègues se faisaient de toutes les vertus civiques une nécessité et une habitude. Malgré la présence, au Conseil de Ville et dans les cadres des officiers municipaux, d'un certain nombre de membres des compagnies souveraines, on peut dire que l'esprit de la municipalité, tant qu'elle fut libre, resta passionnément plébéien. Pour un bourgeois de Paris, son élévation aux fonctions de Prévôt ou d'Échevin était le plus grand honneur de sa vie, parce que c'était à ses yeux la manifestation la plus éclatante de l'estime de ses concitoyens. A partir de Henri IV, il y eut encore à l'Hôtel de Ville d'éminents administrateurs, comme François Miron, Claude Le Peltier, Henri de Fourcy, Turgot, le père du ministre, Armand Bignon, Caumartin et tant d'autres; mais c'étaient des officiers du roi, et non plus des élus du peuple. Pour étudier les institutions municipales de Paris, avec leurs éléments originaux, il faut s'arrêter au seuil du xviie siècle. Toutefois, les attributions administratives de la Prévôté et de l'Échevinage ont toujours été très précises et très importantes jusqu'à la Révolution, bien que le lieutenant-général de police, en vertu notamment des ordonnances de Louis XIV, leur ait enlevé, par exemple, la garde et la propriété des remparts, des fontaines et des canaux, et soit venu partager avec eux la surveillance des ponts, des quais et du commerce fluvial. Les cadres de la Municipalité restèrent les mêmes jusqu'au bout, en dépit de la décadence du principe électif; et il ne fallut pas moins que l'effondrement de l'ancien régime pour les faire disparaître avec la Monarchie.

VII

C'est peut-être une question oiseuse, et, en tout cas, fort délicate, que celle de savoir si les institutions municipales dont Paris est actuellement doté n'auraient rien à emprunter à celles du passé. Toutefois, il ne faudrait pas trop se hâter, ce semble, d'écarter avec dédain une organisation municipale qui, plus heureuse que l'organisation politique, avait duré plusieurs siècles sans soulever de sérieuses critiques. Au point de vue financier, par exemple, il est peut-être regrettable que des emprunts municipaux de plusieurs centaines de millions puissent être votés au pied levé par les élus des quartiers, sans que les représentants du haut commerce parisien et des grands corps constitués soient consultés, comme ils l'étaient autrefois. Depuis la guerre, le Conseil municipal de Paris a emprunté 816 millions, et 42 millions de taxes nouvelles ont été créés, de telle sorte que chaque famille parisienne, d'après un calcul de M. Leroy-Beaulieu, paie à la ville 140 fr. par an en moyenne, et environ autant à l'État et au département. Enfin, les dépenses ordinaires suivent une progression effrayante, puisque le projet de budget municipal pour l'exercice 1882 nous donne, de ce chef, un total de 237 670 455 fr., ce qui fait ressortir une augmentation de 9 378 586 fr. sur les dépenses correspondantes votées pour 1881. L'accroissement des charges est de 10 373 262 fr., divers chapitres présentant des réductions qui montent à 994 676 fr. Que dire des dépenses extraordinaires? Sans doute, aucun emprunt de la Ville ne peut être établi sans une loi qui l'approuve; mais il est dangereux pour le Parlement de se mettre en conflit avec le Conseil municipal, qui représente légalement la majorité de la population parisienne. Aussi, n'est-il nullement paradoxal de prétendre qu'au point de vue budgétaire, les contribuables parisiens sont traités moins favorablement que les habitants d'une petite commune ayant moins de 100 000 fr. de revenu ; car, en vertu des lois de 1837 et de 1867, le Conseil municipal de ces communes secondaires ne peut voter un emprunt qu'en appelant les plus imposés, en nombre égal à celui des conseillers municipaux en exercice. Tel est le seul vestige qui subsiste [1] des *assemblées générales* d'autrefois, où les bourgeois notables venaient discuter avec leurs représentants réguliers et permanents les questions financières ou administratives qui intéressaient la généralité des habitants.

Il ne s'agit pas ici, cela va sans dire, de récriminer contre le suffrage universel, appliqué aux élections municipales. Nous ne sommes pas de ceux qui rêvent de ne tenir aucun compte de la volonté des électeurs. D'autre part, nous ne pouvons oublier que la commission municipale, chargée, sous l'Empire, de contrôler la gestion des deniers de la Ville, n'a absolument rien contrôlé et n'a pas empêché un préfet célèbre de jeter deux milliards dans le gouffre des travaux de Paris. Mais, entre le mode de composition actuel du Conseil municipal et le régime des commissions nommées par l'administration elle-même, n'y a-t-il pas un moyen terme? Faut-il renoncer à l'espoir de trouver une combinaison qui ait quelque analogie avec l'ancien Échevinage, et qui rattache la municipalité à la masse des habitants par une série d'intermédiaires, tels que les quarteniers et leurs auxiliaires? Puisque l'organisation de la municipalité parisienne est placée en dehors du droit commun, il est permis de modifier ce régime exceptionnel sans troubler l'économie administrative des autres communes, et en profitant des résultats de l'expérience, ainsi que des enseignements du passé. Certes, il serait chimérique de rêver le retour à un corps électoral aussi étroit que

---

1. Il ne subsiste plus depuis la loi du 5 avril 1882.

celui qui nommait autrefois le Prévôt des marchands
et les Échevins ; mais il n'y aurait aucune impossibilité à rétablir les assemblées générales de la Ville, en
y mandant les représentants du commerce et ceux des
grands corps de l'État. Paris n'est-il pas le siège du
Gouvernement, et non seulement la capitale de la
France, mais la *capitale de la civilisation*, comme disait
Voltaire? De plus, nul ne songerait à protester contre
un remaniement de la loi de pluviôse an VIII, qui,
dans le département de la Seine, divise les fonctions
préfectorales entre deux fonctionnaires, le Préfet de la
Seine et le Préfet de police, lesquels ont pu être parfois, comme le disait spirituellement le dernier préfet
de la Seine au lord-maire de Londres, *deux têtes sous
le même bonnet*, mais dont les attributions ne se trouvent pas si bien réglées qu'il ne se produise à chaque
instant des conflits regrettables. Dans cette transfor-
mation de l'administration municipale, il y aurait à
examiner s'il est possible de rétablir la Mairie centrale,
en lui conférant des attributions analogues à celles de
l'ancienne Prévôté. Un maire et quatre adjoints rappel-
leraient de très près le Prévôt des marchands et les
quatre Échevins. Au-dessous ou à côté d'eux, se pla-
ceraient naturellement les conseillers municipaux qui
seraient élus par les citoyens des différents quartiers,
mais en exigeant des électeurs et des élus des conditions de domicile et d'origine beaucoup plus sérieuses.
Enfin, l'organisation municipale pourrait aisément
se compléter par la création de magistrats choisis par le
Corps de Ville parmi les citoyens éminents de chaque
arrondissement. La réunion de ces magistrats (un par
quartier suffirait) formerait la municipalité d'arrondissement, à laquelle on pourrait donner des attri-

butions effectives. Chaque municipalité d'arrondissement participerait aux assemblées générales de la Ville, à convoquer dans des cas déterminés, et nommerait des cinquanteniers et dizainiers qui, choisis parmi les habitants les plus honorables des quartiers, seraient également mandés aux assemblées générales et y auraient le droit d'opiner et de voter. Ils formeraient, en même temps, les cadres des commissions diverses, qui, actuellement, se réunissent à chaque mairie, pour s'occuper des écoles, des bibliothèques, des sociétés de secours mutuels, des caisses d'épargne, des questions d'hygiène, du travail des apprentis, etc.

Ainsi, la meilleure partie de la population *vraiment parisienne* serait associée à la vie municipale; les contribuables trouveraient dans une organisation de cette nature des garanties de contrôle qui leur font trop souvent défaut; le principe électif non seulement serait respecté, mais recevrait une application bien plus large. Ce serait vraiment la *communauté*, représentée par ses meilleurs éléments, qui gouvernerait la cité; et la juste considération dont seraient entourés les mandataires du peuple parisien assurerait l'énergique répression des désordres de la rue et des insurrections criminelles. Quant à ceux qui considèrent l'organisation actuelle de la municipalité de Paris comme une arche sainte, nous leur répondrons que l'ancienne Prévôté des marchands a traversé plusieurs siècles, en conservant la forme admirable que lui avaient donnée Marcel et ses successeurs, tandis que l'édilité moderne a déjà, depuis 1789, subi onze métamorphoses!

LA MUNICIPALITÉ PARISIENNE
ET LA RÉVOLUTION

PÉRIODE CONSTITUTIONNELLE

LA MUNICIPALITÉ PARISIENNE
ET LA RÉVOLUTION

PÉRIODE CONSTITUTIONNELLE [1]

I

Le centenaire de la Révolution française a donné une vive impulsion aux recherches historiques sur la grande crise nationale que Michelet, ce poète, a appelée « l'ère véritable de la naissance du Peuple ». On a nommé des commissions, on a publié des livres de tout format et de toute couleur; on a même ouvert des musées. Le plus haut magistrat de la République a pris sous son patronage direct la *Société de l'Histoire de la Révolution*, fondée et présidée par son père, Hippolyte Carnot. Le Ministère de l'instruction publique a joint à sa Collection des documents inédits sur l'Histoire de France une série relative à cette tragique période. La Ville de Paris, de son côté, a chargé une commission spéciale, composée dans l'esprit le plus large, de provoquer des publications et des réimpressions intéressant l'histoire de Paris depuis le 14 juillet 1789 jusqu'au Consulat.

1. Extrait de la *Revue historique*, n° de juillet-août 1891.

M. Chassin a déjà donné quatre volumes sur les *Élections et les cahiers de Paris*; M. Monin a étudié *l'État de Paris en 89*; M. Étienne Charavay a reconstitué la liste des membres de l'assemblée électorale parisienne, du 18 novembre 1790 au 15 juin 1791; M. Aulard s'est chargé de l'historique de la *Société des Jacobins*, et son premier volume a paru.

Nous avons nous-même publié récemment une étude documentaire et analytique [1] sur les trois premières *Assemblées municipales de Paris*, à partir du 14 juillet 89 jusqu'à l'installation de la Commune insurrectionnelle du 10 août 92. C'est un sujet à peu près neuf, car les procès-verbaux de ces assemblées sont ou bien très peu connus ou complètement inédits; les histoires générales nous laissent à cet égard dans une ignorance presque complète, et bien des gens s'imaginent qu'il n'y a pas eu de *Commune* à Paris avant la chute de la Royauté. Il nous a semblé intéressant de condenser en quelques pages, pour les lecteurs de la *Revue*, la substance des documents de première main qu'il nous a été possible de réunir.

II

L'archevêque de Toulouse, le galant et frivole Loménie de Brienne, avait en vain essayé, sous les auspices de l'abbé de Vermond et de Marie-Antoinette, d'obtenir du Parlement, par l'intimidation et la violence, l'enregistrement des édits fiscaux destinés à combler le déficit ou à en ajourner l'échéance. Les

1. *Le Personnel municipal de Paris pendant la Révolution* (période constitutionnelle). 1 vol. gr. in-8 de 686 p. Paris, Quantin, 1890.

parlementaires, exilés à Troyes, continuèrent, après leur rappel, à redire le mot de l'abbé Sabathier : « Ce ne sont pas des *états de finances* qu'il nous faut, ce sont des *États généraux* ». L'Édit du roi, donné en novembre 1787 et portant création d'emprunts graduels et successifs pendant cinq ans, contenait dans son préambule l'engagement formel de réunir les États avant l'expiration de cinq années. Mais la fermentation du royaume abrégea le délai. Malgré l'exil du duc d'Orléans, malgré l'enlèvement de Fréteau, de Sabathier, malgré l'arrestation et l'emprisonnement de Goislard de Montsabert et de d'Éprémesnil (5 mai 1788), suivis du lit de justice du 8, qui rétablissait la *Cour plénière* pour l'enregistrement des impôts et des lois, il fallut céder devant l'immense agitation qui s'étendit des Parlements au peuple et trouva sa formule dans les assemblées de Grenoble, de Vizille et de Romans (juin-septembre) [1]. Un arrêt du Conseil d'État, en date du 8 août 1788, sans déterminer encore le lieu où les États généraux seraient tenus, annonça « que leur assemblée était fixée au 1er mai prochain ». Quelques jours après, Loménie de Brienne tombait brusquement, malgré les pleurs de la reine, et les sceaux passaient de Lamoignon à Barentin. Le peuple brûla en effigie, sur le Pont-Neuf, les deux disgraciés, ainsi que M. Dubois, commandant de la garde de Paris, que M. Taine [2] qualifie de *lieutenant de police*. Parmi les manifestants, le

---

1. Le comité du Centenaire de la ville de Romans a publié, en 1888, une magnifique édition des *Procès-verbaux des assemblées générales et des États provinciaux du Dauphiné tenus à Romans en 1788*, avec une introduction de M. André Lebon.

2. *La Révolution*, t. I, p. 34.

témoin oculaire Quénard [1] vit « le premier bonnet rouge porté par un homme en tablier de travail, mais en bas de soie blancs, que le désordre d'un sale pantalon laissait apercevoir ». L'avènement de Necker fut, à bref délai, suivi de la réinstallation du Parlement à la Grand'Chambre, et la période électorale s'ouvrit.

On pourrait croire qu'en prenant ce grand parti : la convocation des États généraux (qui ne s'étaient pas réunis depuis 1614), la cour avait mûrement réfléchi sur la forme de la convocation des trois ordres. Point du tout. Chose étonnante, l'Édit du roi, daté du 5 juillet 1788, avouait qu'à cet égard « rien ne constatait d'une façon positive la forme, non plus que le nombre et la qualité des électeurs et des élus » ; Louis XVI demandait « avant toute détermination *le vœu de ses sujets* ». Il invitait « tous les savants et personnes instruites de son royaume, et particulièrement ceux qui composent l'Académie des inscriptions et belles lettres de sa bonne ville de Paris », à adresser des consultations au garde des sceaux.

Quant à l'incroyable confusion qui régnait dans les formes de la convocation des États, elle a été constatée par le gouvernement lui-même dans « l'arrêt du Conseil, en date du 5 octobre 1788, pour la convocation d'une assemblée de Notables au 5 novembre prochain ». On peut y lire : « Que les élections du Tiers état avaient été concentrées dans les villes principales du royaume, connues alors sous le nom de bonnes villes, en sorte que les autres villes de France, en très grand nombre et dont plusieurs sont devenues

____

1. Chassin, t. I, p. 7 des *Élections et cahiers de Paris.*

considérables, n'eurent aucun représentant; que les
habitants des campagnes, excepté dans un petit
nombre de districts, ne paraissent pas avoir été appelés
à concourir par les suffrages à l'élection des députés
aux États généraux; *que les municipalités des villes
furent principalement chargées d'élections du Tiers
état*; mais, dans la plus grande partie du royaume, les
membres de ces municipalités, choisis autrefois par
la commune, doivent aujourd'hui l'exercice de leurs
fonctions à la propriété d'un office acquis à prix
d'argent; que l'ordre du Tiers état fut presque entièrement composé de personnes qualifiées nobles dans
les procès-verbaux de la dernière tenue en 1614... ». Il
est impossible de reconnaître plus naïvement qu'aux
derniers États, le privilège et l'arbitraire avaient seuls
présidé à la désignation des députés, et que la représentation du Tiers était purement fictive ou plutôt
nulle. L'Édit explique ensuite que la proportionnalité
n'existait pas davantage dans le mode d'élection des
députés du clergé et de la noblesse. Mais il faudrait
entrer sur ce point dans des développements infinis
qui excéderaient le cadre de cette étude. Nous croyons
devoir nous borner à ce qui concerne Paris.

Il résulte d'une consultation signée en décembre
1788 par un certain nombre d'avocats au Parlement,
notamment par Target, Canuel, Blonde, Lacretelle et
Godard, que, depuis 1576, époque à laquelle les officiers municipaux avaient été autorisés à convoquer
tous les habitants des faubourgs et de la ville, Paris
n'avait eu aux États généraux qu'une représentation
dérisoire, à savoir : en 1586, six députés ecclésiastiques, un gentilhomme, le prévôt des marchands et
un échevin; en 1588, trois ecclésiastiques, un gentil-

homme et trois députés pour le Tiers état, y compris ceux de la prévôté; en 1614, sept ecclésiastiques, un gentilhomme et sept députés du Tiers état, tant pour Paris que pour la prévôté. Encore est-il essentiel de remarquer avec le *Mémoire de 108 habitants de Paris* (parmi lesquels on relève les noms de La Fayette, Bailly, La Harpe, Saint-Lambert, Garat, Artaud, Piscatory, Mirabeau, Hébert, Morellet, Bernardin de Saint-Pierre, etc.) que les députés de Paris avaient été nommés, « non par des électeurs que les habitants de la ville eussent choisis, mais par ses seuls officiers municipaux, assistés des notables qu'ils avaient jugé à propos d'appeler à leur assemblée, de sorte que la Ville de Paris n'a pas été représentée, et qu'on ne lui a donné qu'un petit nombre de députés, infiniment disproportionné à son étendue, à sa population et à sa richesse ». C'est en vertu de textes fort obscurs, notamment d'une lettre de Henri III de l'an 1576, que la prévôté des marchands prétendait avoir le droit de faire nommer les députés de Paris aux États généraux par ce qu'on appelait les *Assemblées de l'Hôtel de Ville* où n'étaient convoqués qu'un certain nombre des officiers des cours souveraines, les gardes de la marchandise, dix personnes par quartier, au choix du quartenier, et, bien entendu, le Corps de Ville, c'est-à-dire le prévôt des marchands, les échevins et les conseillers de Ville. C'est ce nombre infime d'électeurs qui, en 1560, n'avait nommé que deux députés « à un grand peuple, car celui de Paris méritait déjà ce nom ». Ainsi, jusqu'en 1789, le mode de nomination des députés de la capitale et la composition du corps électoral juraient, non seulement avec le droit naturel, mais avec le droit commun du royaume, car les lettres

de convocation adressées par le roi aux baillis et
sénéchaux, de 1560 à 1614, prescrivaient d'assembler
tous ceux qui composaient les trois ordres de l'État.
Dès lors, les habitants de Paris étaient bien fondés
à dire « qu'ils n'avaient aucun parti à prendre sur le
différend des officiers du Châtelet et des officiers de
l'Hôtel de Ville ». La polémique entre le prévôt des
marchands et le prévôt de Paris, qui se prolongea
depuis le mois de décembre 1788 jusqu'au 28 mars 1789,
et sur laquelle M. Chassin a publié, dans son premier
volume, de très nombreuses pièces, ne nous paraît
plus présenter qu'un médiocre intérêt, d'autant que
cette polémique n'était pas nouvelle et s'était produite
à chaque tenue d'États généraux. Peu importe qui
devait être chargé de convoquer les électeurs : ce qui
importait, c'était le nombre et le mode de nomination
de ces électeurs parisiens. Louis XVI, par son règlement du 28 mars 1789, condamna les prétentions du
Corps de Ville et l'assimila, en ce qui touchait la convocation des habitants, la rédaction des cahiers et la
nomination des députés, à tous les bailliages secondaires. En conséquence, les trois cents électeurs attri-
bués au Tiers état de la ville et faubourgs, et au choix
desquels le prévôt des marchands et les échevins
devaient continuer de *présider*, eurent à se rendre
ensuite à l'Assemblée générale de la prévôté « pour
concourir à la rédaction du cahier et à l'élection des
députés chargés de représenter aux États généraux le
Tiers état de la ville et faubourgs ». Le Corps de Ville
s'inclina, par délibération du 1er avril 1789, mais le
prévôt des marchands, Le Peletier de Morfontaine,
donna sa démission et fut remplacé, le 21 avril, par
M. de Flesselles, conseiller d'État, en vertu d'un acte

royal (car, depuis 1692, les élections municipales
avaient été abolies et les offices municipaux n'étaient
plus que des charges honorifiques et vénales).

Non seulement le peuple ne s'émut pas de ce
conflit entre fonctionnaires de l'Hôtel de Ville et du
Châtelet, mais il trouva qu'on avait perdu en débats
irritants et inutiles un temps précieux[1]. Il protesta
contre l'élection à deux degrés et l'interposition
« entre le peuple et ses députés d'un corps intermédiaire, qu'on appelle ÉLECTEURS ». Il critiqua les dispositions du règlement du 13 avril 1789, qui répartissait
en soixante arrondissements ou districts le corps
électoral, et s'indigna surtout des restrictions
apportées au droit de suffrage, car l'article 13 du
règlement n'attribuait le droit de voter dans les assemblées de quartiers qu'aux citoyens de vingt-cinq ans
au moins qui justifiaient d'un grade dans une faculté,
d'un titre d'office, d'une commission ou emploi, de
lettres de maîtrise, ou enfin d'une capitation de
six livres en principal. Enfin, les membres des assemblées primaires ne pouvaient choisir leurs représentants à l'Assemblée générale que parmi les citoyens
domiciliés dans le quartier.

Les opérations électorales ne s'ouvrirent à Paris
que le 21 avril (ordonnance du prévôt de Paris en
date du 15). L'aspect de la capitale était singulier.
On eût dit qu'une insurrection allait éclater et que le
gouvernement prenait des mesure de défense. Partout les troupes et les patrouilles sillonnaient les rues ;
l'artillerie des régiments suisses était consignée ; les
régiments des gardes-suisses et des gardes-françaises

---

1. Voir notamment les brochures de la Bibl. nat., Lb39 1522, 1565.

attendaient sous les armes, tandis que les crieurs publics annonçaient les nouvelles de la province, et que les citoyens se rendaient dans les églises des districts où se tenaient les assemblées électorales. Mais les électeurs, protégés et surveillés par la troupe, ne se laissèrent pas intimider par cet appareil militaire. D'ailleurs, comme le règlement frappait d'ostracisme les faubourgs populaires, et comme 25 000 Parisiens environ jouissaient seuls du droit de vote, alors que 150 000 se trouvaient écartés du scrutin, les assemblées primaires furent assez calmes. Montjoie, un des plus violents adversaires de la Révolution, se trouve sur ce point d'accord avec Bailly. « La plus grande partie de ces assemblées, dit l'*Ami du Roi*, se trouva fort bien composée. On n'y vit guère que l'élite du Tiers état. C'est une vérité qui est attestée par tous les procès-verbaux. En parcourant les noms qui y sont écrits, je vois des membres des trois Académies, des avocats aux Conseils, au Parlement, des procureurs, des notaires, de riches négociants, des artisans, des artistes, qui, par leur fortune et la considération dont ils jouissaient dans la société, ne pouvaient être déplacés dans quelque assemblée que ce fût.... » Chose curieuse! Ce fut cette aristocratie bourgeoise qui fit presque partout litière des règlements et se signala par un esprit d'indépendance caractérisé. La plupart les assemblées de district refusèrent d'admettre les présidents imposés par le roi et n'acceptèrent que ceux qui voulurent bien présider comme élus, et non « en qualité de gens du roi ». On nomma ensuite les commissaires pour la rédaction des cahiers et les scrutateurs pour recevoir les suffrages des votants. Les opérations se termi-

nèrent par la nomination des électeurs, qui prêtaient
serment de remplir en conscience les fonctions qui
leur étaient attribuées et recevaient les cahiers
approuvés par l'assemblée. Plusieurs districts, comme
celui de la paroisse Saint-Étienne-du-Mont, nommèrent des électeurs suppléants, pour le cas où
l'Assemblée de l'Hôtel de Ville n'atteindrait pas le
chiffre de trois cents électeurs, fixé par le règlement
pour la totalité du Tiers état de Paris.

Il résulte d'une pièce fort curieuse, intitulée : *la
Remontrance des électeurs de Sainte-Élisabeth à MM. les
électeurs des autres districts*, qu'il se glissa dans ces
opérations électorales des assemblées primaires de
Paris plusieurs irrégularités très graves. Alors qu'il
ne devait être nommé que cent quarante-sept électeurs, car le nombre des votants pour l'ensemble des
districts n'avait pas dépassé onze mille sept cent six,
le nombre des électeurs désignés atteignit le chiffre
de quatre cent sept. « Les votants du district
Saint-Roch, lit-on dans la *Remontrance*, au nombre
de quatre cent cinquante-deux, ont nommé vingt
électeurs, ce qui donne un pour cent; ceux de
Saint-Magloire, au nombre de soixante-dix-sept, en
ont fait huit, ce qui donne un sur neuf; soixante-trois
réunis à Saint-Joseph en ont choisi treize, ce qui fait
un sur cinq; ainsi de plusieurs autres. » En résumé,
si l'on eût fait droit à la *Remontrance* du district Sainte-
Élisabeth, le quotient commun des soixante districts
eût réduit les électeurs au chiffre de trois cent quatre,
mais le Tiers état, dans première assemblée, arrêta
que tous les électeurs et suppléants seraient conservés. On ne voulait pas recommencer les élections
parisiennes quelques heures avant l'ouverture des

États généraux, et, d'ailleurs, le gouvernement et le Bureau de Ville avaient-ils protesté contre la destitution des présidents officiels? En résumé, les électeurs nommés par les districts dans des proportions fort inégales, au point de vue du nombre des votants et du nombre des élus, s'élevaient au chiffre de quatre cent sept, y compris les deux électeurs choisis par l'Université. Si l'on voulait en faire le classement au point de vue des professions, on y relèverait cent soixante-dix hommes de loi, dont quatre-vingt-quinze avocats et quarante-deux notaires, cent trente-sept négociants, marchands et artisans, trente-deux fonctionnaires, dont onze municipaux, vingt-trois médecins, chirurgiens et pharmaciens, quinze hommes de lettres et professeurs, treize artistes, douze académiciens et cinq militaires. Cette prépondérance des hommes de loi ne manqua pas de soulever de vives protestations, et, comme les avocats se révoltèrent contre ces récriminations, il y eut échange de brochures plus que vives entre les défenseurs de la Basoche et ceux du Commerce. Quoi qu'il en soit, les électeurs nommés par le Tiers état étaient presque tous des hommes distingués par leurs lumières ou leur rang dans la société. Les Académies se trouvaient représentées par Bailly, Marmontel, Gaillard, Suard, Camus, de la Lande, Darcet, Périer l'aîné, Thouin, Dusaulx, Robin, de la Reynie; l'art, par Bélanger, Jallier de Saval, Hermant, Bridel, Tonnelier, Gaucher; la médecine, par Baignières, Guillotin, Beauvais de Préau, Pinel, Philip; l'Université, par Lefèvre de Gineau, Vauvilliers, Berthelot, Guéroult; les fonctionnaires, par Moreau de Saint-Méry Thouvenel, le Hoc, Vigée, Anson; les procureurs, par

I. — 8

Réal, Cavaignac, Berthereau, Le Fèvre de Corbinière, etc. ; le notariat, par quarante-deux électeurs, au nombre desquels Andelle, Bancal des Issarts, Duclos du Fresnoy, Quatremère, Tiron, Trudon, Bevière ; le barreau par une centaine de noms connus : Sanson, le bâtonnier, Agier, Bigot de Préameneu, Blonde, Ollivier Descloseaux, Duport-Dutertre, Ganilh, Garran de Coulon, d'Hermand de Cléry, Étienne de la Rivière, Legrand de Saint-René, Mitouflet de Beauvais, Pons de Verdun, Target, Thilorier, Thorillon, Thuriot de la Rosière, et tant d'autres avocats qui devaient jouer un rôle dans l'histoire. Parmi les cent trente-sept bourgeois ou négociants, on remarque les imprimeurs Baudoin, Stoupe et Panckoucke, le banquier Le Coulteux de la Noraye, l'entrepreneur de papiers peints Réveillon, les brasseurs Aclocque et Santerre, l'horloger Le Roi, les orfèvres Lemoine, Magimel, Minier.

C'est le 26 avril 1789 que *l'Assemblée des électeurs de la Ville de Paris* se réunit en assemblée plénière des trois ordres dans la grande salle de l'archevêché. Après la prestation du serment commun, chaque ordre se retira dans la salle qui lui était affectée. Le Tiers resta dans la grande salle de l'Archevêché et constitua son bureau, qui fut composé de Target, président, Camus, vice-président, Bailly, secrétaire, trois académiciens, et Guillotin, vice-secrétaire. L'émeute des 27 et 28 avril, bien que la victime et l'objet en eût été l'électeur Réveillon, n'interrompit pas les travaux de l'Assemblée, et, après la vérification des cahiers, elle procéda, le 11 mai, à l'élection des députés.

Bailly fut nommé, le premier, par 173 voix sur

317, et, dans la séance du 19 mai, on nomma le ving-
tième et dernier, qui fut l'abbé Sieyès, ainsi que les
vingt suppléants. Leurs noms appartiennent à
l'histoire de France plus qu'à l'histoire municipale. Il
fallut, d'ailleurs, recommencer, le 22, l'élection des
suppléants, car les scrutateurs, accablés de fatigue
et qui avaient passé la nuit, s'étaient trompés dans
leurs relevés.

Les élections achevées, il semblait que les électeurs
dussent se dissoudre, leur mandat étant rempli; mais,
dès le 10 mai, leur assemblée avait déclaré « nécessaire qu'elle se continuât pendant toute la tenue des
États généraux prochains pour correspondre avec
ses députés ». Thuriot de la Rosière, Bancal des
Issarts et Le Chien, dit Raimond, avaient été chargés
« de choisir un lieu convenable » pour tenir les
séances ultérieures. Les commissaires s'adressèrent
à Flesselles, le nouveau prévôt des marchands, et lui
demandèrent de mettre à la disposition des électeurs
une salle de l'Hôtel de Ville. Le prévôt, après avoir
pris les ordres du roi et du garde des sceaux Barentin,
leur refusa cette faveur (27 mai). Thuriot de la
Rosière proposa de se transporter à l'Hôtel de Ville
et « de prendre possession d'un local », mais Dusaulx
décida ses collègues à ne pas employer ce procédé
révolutionnaire. C'est seulement le 25 juin, après le
serment du Jeu de Paume, que les électeurs se rendirent en la salle du *Musée*, rue Dauphine, qui était
alors louée par un traiteur. Une noce s'y trouvait;
elle leur céda la place, après que les convives,
hommes, femmes, et enfants, eurent *embrassé* les électeurs. On était plein d'expansion et de *sensibilité* en
ce temps-là. Deux jours après, le Bureau de la Ville,

après avoir pris les ordres du ministre de Paris, consentait à installer l'*Assemblée des électeurs* à l'Hôtel de Ville, et le procureur du Roi et de la Ville, Éthis de Corny, donnait même une clé de son bureau particulier « pour procurer aux officiers des électeurs un lieu de calme et de silence propre à la rédaction de leurs arrêtés ». La députation de douze électeurs qui vint remercier les magistrats municipaux de leurs dispositions hospitalières dit, dans sa harangue, qu'elle n'attendait pas moins du prévôt des marchands, « un magistrat », porte le procès-verbal, « dont l'affabilité est égale à son zèle pour la chose publique ». C'est de M. de Flesselles qu'il s'agit. De même qu'à l'Assemblée nationale, beaucoup de députés du clergé et de la noblesse s'étaient réunis à leurs collègues du Tiers état, ce qui, dès le 27 juin, avait déterminé la réunion des trois ordres; de même aux électeurs du Tiers étaient venus se joindre, à la même date, plusieurs électeurs privilégiés. Le clergé donna l'exemple dans la personne des abbés Bertolio, Truffer, Le Masson et Moreau. D'autres vinrent ensuite rejoindre leurs collègues installés à l'Hôtel de Ville, et notamment MM. de Lalcu, vicaire de Saint-Eustache, M. Marchais, citoyen noble, l'abbé Fauchet, le marquis de la Salle, l'abbé La Grenée, prieur de Saint-Victor, l'abbé Lefebvre, chapelain de Sainte-Marie-l'Égyptienne, l'abbé de Mazière, vicaire de Sainte-Opportune. Le 14 juillet, dix-sept nobles et vingt-cinq ecclésiastiques étaient réunis aux quatre cent sept bourgeois élus par les districts. Circonstance à noter, ce sont même quelques-uns de ces privilégiés qui montrèrent le plus vif enthousiasme pour la Révolution. Bertolio et

Fauchet furent les plus ardents à réclamer, le 4 juillet, la grâce des gardes-françaises enfermés à l'Abbaye pour avoir fraternisé avec le peuple. Cela ne les empêchait pas d'appeler Louis XVI « le meilleur et le plus chéri des Rois! »

Nous n'insisterons pas sur le rôle des électeurs, suffisamment indiqué par les histoires générales qui ont longuement raconté la journée du 14 juillet[1]. Ce sont eux qui, par arrêté du 13, avaient créé une milice parisienne de 48 000 hommes, divisée en seize légions qui correspondaient aux seize quartiers. Ce sont eux qui, le même jour, avaient nommé un *Comité permanent* où figurait tout l'ancien bureau de Ville, et dont la présidence fut confiée à Flesselles, le prévôt des marchands. Mais la trahison prouvée de Flesselles et le premier coup de canon tiré par la Bastille tuèrent la popularité des électeurs. Malgré l'héroïsme de Thuriot de la Rosière, de l'abbé Fauchet, d'Ethis de Corny, le procureur du Roi et de la Ville, du marquis de la Salle, commandant général de la milice, rien ne put empêcher le massacre de M. de Launey et du malheureux Flesselles. Si les représailles populaires ne furent pas plus sanglantes, c'est que Moreau de Saint-Méry, président des électeurs, et quelques-uns de ses collègues, restèrent en permanence pendant la nuit du 14 au 15, et donnèrent jusqu'à 3 000 ordres! Le lendemain, une administra-

1. Le procès-verbal des séances de l'*Assemblée des électeurs* réunis à Paris le 14 juillet 1789 a été rédigé, depuis le 26 avril jusqu'au 21 mai 1789, par Bailly, et, depuis le 22 mai jusqu'au 30 juillet 1789, par Duveyrier, avocat, secrétaire de l'Assemblée des électeurs et député suppléant. Ce recueil comprend trois vol. in-12. Paris, Baudoin, 1790. Une deuxième édition, abrégée, en a été donnée par Duveyrier fils en 1828. Paris, Aimé André, 1 vol. in-8.

tion nouvelle put s'organiser. Bailly pleura d'attendrissement lorsqu'on le nomma *maire de Paris*. Il est vrai que l'archevêque de Paris avait posé sur sa tête une couronne de fleurs qui venait déjà de servir pour Lally-Tollendal. La Fayette fut, en même temps, nommé commandant général de la milice bourgeoise, en présence de quatre-vingts députés de l'Assemblée nationale qui s'associèrent, en quelque sorte, à l'Assemblée des électeurs. Mais l'autorité des électeurs était bien incertaine, car le peuple arrêta Soulès, le nouveau commandant de la Bastille, et La Fayette en personne dut intervenir pour l'arracher aux mains de Danton, capitaine au district des Cordeliers. L'électeur Deleutre, membre du Comité des subsistances, fut traîné, le 16 juillet, de corps de garde en corps de garde et interrogé comme suspect. La réception faite le lendemain au roi à l'Hôtel de Ville fournit un prétexte aux phrases creuses de Bailly; mais cette cérémonie ne fut, en réalité, qu'une longue humiliation pour le monarque, qui monta le grand escalier de l'Hôtel de Ville sous la voûte d'acier maçonnique des épées entrelacées, et dut mettre à son chapeau la cocarde municipale, comme le duc Charles avait autrefois reçu d'Étienne Marcel le chaperon rouge et bleu [1].

Les électeurs sentaient bien qu'ils ne constituaient pas une municipalité régulière; ils risquaient même d'être chassés à leur tour de la maison de Ville comme Soulès avait été chassé de la Bastille. Il suffisait de l'audace d'une patrouille révolutionnaire. Aussi décidèrent-ils, le 18 juillet, que les soixante districts

1. C'est la scène que M. Jean-Paul Laurens a reproduite dans son remarquable tableau du Salon de 1891.

seraient convoqués et assemblés dans la forme du règlement d'avril 1789, mais sans distinction d'ordres, pour nommer chacun des députés qui formeraient le Corps municipal et auraient à se prononcer sur la légalité des pouvoirs de La Fayette et de Bailly, car ils ne se contentaient pas de la sanction royale. Il y eut d'abord une première élection de députés par les districts pour former un *Comité provisoire*, à raison d'un député par district (19 juillet). Ce Comité, dont la composition était assez aristocratique, confirma les pouvoirs du maire et du commandant général. Bailly et La Fayette n'en restaient pas moins impuissants, et, le 22, ils ne purent sauver ni Foullon ni Bertier. La Fayette, découragé, voulut donner sa démission, et il ne put retenir ses larmes. Pourquoi la Révolution ne réussit-elle pas de suite à briser la monarchie? C'est que, dès le 23 juillet, Bailly mit les districts en demeure de nommer cent vingt personnes, soit deux députés par district, afin de jeter les bases d'une municipalité régulière. Le 25, les cent vingt étaient réunis à l'Hôtel de Ville et maintenaient en fonctions les bureaux administratifs formés par les électeurs. Mirabeau n'en accusa pas moins les électeurs de vouloir s'éterniser à l'Hôtel de Ville, et les traita de « simples particuliers sans délégation, sans confiance, et dont le pouvoir a cessé au moment où leur mission d'électeurs a été consommée ». Ainsi malmenés, les électeurs se hâtèrent de tenir leur séance de clôture, après avoir reçu la visite de Necker, et de s'effacer devant les Cent vingt. Le dernier acte des électeurs de 89 fut de voter des bustes à Necker et à Bailly. Les Cent vingt avaient pris, dès le 25 juillet, le titre d'*Assemblée des représentants de la Commune de Paris·*

« Les rênes de l'administration, comme dit Godard, se trouvèrent sans partage entre les mains de nouveaux élus. »

III

La *Commune provisoire* s'installait à l'Hôtel de Ville dans des circonstances plus que difficiles. La misère du peuple et l'insuffisance des approvisionnements occasionnaient les désordres les plus graves. A Saint-Denis, le maire, Châtel, venait d'être assassiné, et les officiers municipaux étaient forcés de vendre le pain à deux sols. Tous les convois étaient interceptés; il fallut quatre cents hommes et deux pièces de canon pour délivrer, à Vernon, deux électeurs qu'on avait envoyés dans cette ville pour réunir des grains destinés à la capitale.

La Commune provisoire ne se découragea pas. Elle réorganisa tous les comités administratifs : comité des passeports, comité d'administration, comité des travaux publics, comité de police; et, comme ces comités éloignaient de l'Assemblée de la commune une grande partie de ses membres, on se décida, dès le 1er août, à faire nommer par chaque district un troisième député, et à en désigner d'avance un quatrième qui serait convoqué, le cas échéant. Les soixante membres nouveaux se rendirent le 5 août à l'Hôtel de Ville.

La Commune provisoire a siégé du 25 juillet 1789 au 8 octobre 1790[1]. Les documents qui permettent de

1. Le *Procès-verbal des séances de l'Assemblée des représentants de la Commune de Paris* forme un recueil en neuf volumes. On n'en

juger son œuvre administrative, et de se rendre un compte exact de son action politique, étaient restés jusqu'ici à peu près ignorés. Nous en avons récemment publié des extraits importants, en attendant que la Ville de Paris donne une réimpression complète des procès-verbaux de l'Assemblée générale (réimpression déjà décidée et confiée à M. Faucou, conservateur adjoint du musée et de la bibliothèque Carnavalet). On ne peut ici qu'appeler l'attention du public sérieux sur cette contribution nouvelle à l'histoire de Paris, citer quelques faits essentiels et fournir quelques indications générales.

Après l'abolition des institutions séculaires de la Ville, c'est-à-dire de la prévôté des marchands, de l'échevinage et de la juridiction du Bureau (15 août 1789), l'Assemblée de la commune nomma seize commissaires pour jeter les bases d'un plan de municipalité. Le travail des commissaires était rédigé dès le 20 août, et l'exposé des motifs fut présenté par Brissot de Warville. Ce projet comprend dix-huit titres; il divisait Paris en soixante districts, confiait à la municipalité « l'entière direction des gardes nationales parisiennes », fixait à trois cents le nombre des représentants de Paris à faire élire par les districts pour une durée de cinq années, déterminait les attributions du Bureau de Ville et du Conseil de Ville, et remettait

connaît que trois ou quatre exemplaires. La Bibliothèque nationale possède aussi, pour cette période, une série de registres *manuscrits* contenant les procès-verbaux du Conseil de Ville et du Bureau de Ville, à partir du 8 octobre 1789 jusqu'au 17 novembre 1791. Cette précieuse collection, destinée probablement à Bailly, et qui s'arrête à l'élection de Pétion comme maire de Paris, permet d'écrire à un point de vue nouveau l'histoire municipale de Paris pendant la période constitutionnelle de la Révolution.

aux électeurs des districts le soin de nommer le commandant général de la garde nationale. L'administration municipale devait être répartie en huit départements et se compléter par l'institution d'un tribunal
contentieux. Au-dessous, se trouvait l'organisation
des districts ayant chacun un comité, annuellement
élu. Le maire devait être élu pour deux ans par « la
généralité des citoyens assemblés en districts », sur
la présentation de trois membres du Conseil de
Ville, faite au scrutin par l'Assemblée générale de la
commune, trois jours avant l'élection. Mais Bailly,
préludant aux accès d'autorité qui n'allaient pas tarder
à le brouiller avec la Commune, voulut, de son côté,
constituer une municipalité provisoire, à cause de
l'urgence, et, par lettre du 30 août 1789, proposa aux
districts d'élire vingt officiers pour former le Bureau
de la Ville, diriger les départements municipaux et
constituer le tribunal contentieux. Le maire, impa-
tient du contrôle, exprimait cette opinion « que le
pouvoir législatif ne doit point arrêter le pouvoir
exécutif dans sa marche; que ce pouvoir doit être un,
et que, si une partie peut être distribuée entre différents coopérateurs, il faut établir dans le chef *une
supériorité* qui conserve cette unité ». La Commune
ne méconnaissait pas l'urgence d'organiser l'administration municipale, mais elle n'entendait pas laisser
l'exécutif, c'est-à-dire Bailly, se substituer à l'Assemblée générale. Elle arrêta avec le maire, le même
jour, 30 août, que les districts seraient invités, conformément au plan de municipalité qui leur avait été
adressé, à nommer, *dans la huitaine*, chacun cinq
députés, ces trois cents élus devant choisir immédiatement le Conseil de Ville et organiser les différents

départements. En même temps, les districts seraient appelés à désigner leurs officiers de district et leurs comités. Les cent vingt représentants actuels de la Commune continueraient leurs fonctions jusqu'au dépouillement des élections, ainsi que les soixante représentants élus le 5 août.

La nouvelle assemblée des trois cents représentants se réunit, le 18 septembre 1789, dans la grand'salle de l'Hôtel de Ville et Bailly fit prêter serment aux élus. On constata que la majorité des districts leur avait donné le pouvoir d'administrer la Commune et de travailler à la rédaction du plan de municipalité. Mais il était difficile d'accomplir cette tâche avec calme au milieu des émeutes et des troubles de la rue. De la Salle, le premier commandant de la milice, venait de se constituer prisonnier pour sauver sa tête. Durocher, le commandant de la maréchaussée de Chaillot, avait été massacré le 10 août. Deux commissaires de l'Assemblée, MM. Frondeur et Defresne, avaient failli périr, le 28 du même mois, en essayant de réprimer les désordres de la Halle. Aussi La Fayette et la Commune provisoire essayèrent-ils tout d'abord de constituer une force organisée dont les cadres furent fournis par les sergents des gardes-françaises, promus lieutenants et sous-lieutenants de la garde nationale. Le roi mit 6 000 fusils à la disposition du commandant en chef, et M. de Ruthière ci-devant commandant de la garde de Paris, forma une garde nationale à cheval de « 600 maîtres ». Mais des documents précis constatent qu'au mois d'octobre 1789, l'organisation de la garde nationale laissait encore beaucoup à désirer, et que les actes d'indiscipline, de la part des officiers eux-mêmes,

étaient fréquents. La Commune avait commencé
l'élection des chefs des départements municipaux et
déjà mis M. de Vauvilliers à la tête du département
des subsistances quand les événements du 5 octobre
vinrent brusquement interrompre les scrutins. L'Hôtel
de Ville envahi faillit être incendié ; la caisse municipale fut mise au pillage. Cependant, la garde nationale réussit à faire évacuer les bâtiments. L'émeute de
Versailles ne doit pas faire oublier celle de Paris.

Si l'on fait abstraction des désordres presque quoti-
diens qui agitaient la capitale pour s'attacher à l'éla-
boration d'un régime municipal dont chacun comprenait la nécessité, on constate qu'après avoir chargé
les districts de nommer les soixante administrateurs
« dans le nombre de leurs cinq députés », l'Assemblée
générale choisit tous les chefs des huit départements,
ou plutôt ceux des subsistances et de la police (car les
soixante administrateurs, pour plus de célérité, furent
chargés de désigner les six autres chefs de départements). Il y eut ensuite une singulière scission,
plusieurs membres ayant proposé alors « de se retirer
à l'archevêché pour y travailler à l'examen du plan de
municipalité ». Mais la majorité décida qu'elle resterait à l'Hôtel de Ville, et elle nomma La Martinière
pour remplir les fonctions de procureur-syndic de la
Commune (15 octobre); Duport-Dutertre et Mitoufflet
de Beauvais lui furent adjoints en qualité de sub-
stituts.

Ainsi constituée, la partie exécutive de la Commune
fit preuve d'une grande énergie après l'assassinat
du boulanger Denis François (21 octobre) et obtint
de l'Assemblée nationale la proclamation de la loi
martiale. C'est à cette époque que Marat s'enfuit,

après avoir fait des excuses à M. de Joly, secrétaire de la Commune, que l'*Ami du peuple* avait odieuse ment calomnié. Un *Comité des recherches* fut institué pour réprimer et punir les agitateurs. Brissot et Condorcet en faisaient partie, Mirabeau, dans la première séance que tint l'Assemblée nationale à Paris (salle de l'archevêché), prononça une superbe harangue où il constatait la nécessité de *conduire le désordre pour le retenir*, et proposait de voter des félicitations à Bailly et à La Fayette.

La Commune provisoire avait hâte de terminer ses travaux car l'autorité lui échappait et de nombreux districts déclaraient ne reconnaître comme loi municipale que ce qui serait arrêté *par la majorité des districts*. Depuis le 3 novembre, les séances étaient publiques : le peuple pouvait donc exercer une pression directe sur ses représentants. Ils n'osaient rien faire sans recourir au *referendum* : c'est ainsi qu'ils consultèrent les soixante districts, en décembre, sur l'étendue à donner au département de Paris. Après avoir entendu le rapport de Condorcet, la Commune exprima ses préférences dans le sens de la création d'un département de dix-huit lieues de diamètre, avec Paris pour centre administratif. Mais cette docilité ne faisait qu'encourager l'audace des districts, dont les délégués se réunissaient à l'archevêché depuis le 28 juillet 89 et formaient « une espèce de Commune », suivant l'expression de Godard. La réunion de l'archevêché, par ses sommations incessantes, paralysait l'initiative de la Commune légale et hâtait sa dissolution. Loin de soutenir ses collègues, Bailly cessait presque de paraître à l'Hôtel de Ville et faisait cause commune avec les *assemblées partielles*. Le 13 mars 1790, il vint déclarer à la Commune que « la volonté de la pluralité des districts était pour lui *une loi* ». Il le prouva en présentant le 23, une députation « de la majorité des sections à l'Assemblée nationale », et, dans son discours, la qualifia de « *Commune* formée par la majorité des sections ». Que venaient demander ces délégués? Ceci : la permanence des districts. Cette attitude révolutionnaire de la part du maire de Paris est faite pour étonner et n'a pas été mise en relief par les historiens. On se représente généralement Bailly comme un modéré solennel, comme l'homme de la légalité et le type du bon bourgeois libéral : l'histoire de la Commune provisoire démontre, au contraire, qu'il fut le partisan très déterminé de la *permanence des districts*, c'est-à-dire l'ennemi du régime représentatif, dans l'ordre municipal. Il a été victime de sa propre théorie, et, pour n'avoir pas su agir en plein accord avec l'assemblée régulière de la Commune, pour avoir frayé la voie à l'assemblée illégale de l'archevêché, il perdait tout droit de protester plus tard contre le mouvement révolutionnaire d'où sortit la Commune du 10 août. Sa conduite, quoi qu'on en dise, fut même plus incorrecte que celle de Petion, et il ne fit pas moins de sacrifices que lui au désir de conserver sa popularité à tout prix. Son hostilité avouée contre la Commune provisoire décida le 9 avril 1790, les deux cent quarante représentants de Paris à donner leur démission motivée, en expliquant, par l'organe de Godard « que l'assemblée était dépouillée de l'autorité qui lui avait été confiée; qu'elle était placée entre la défiance, le soupçon et l'envie; calomniée dans les papiers publics, outragée par les députations, méconnue par une assemblée qui s'était élevée à côté d'elle, contre le vœu des décrets de l'Assemblée nationale, et *cependant présidée par le chef légal de la municipalité* ». Persistant dans son attitude énergique et indignée, la Commune provisoire décida, le lendemain, « qu'à compter de ce jour le nom de M. le maire ne serait plus apposé, à titre d'honneur, au bas des procès-verbaux et arrêtés de l'Assemblée ». Les districts, surpris de cette brusque résolution, reculèrent et prièrent la Commune de ne pas quitter son poste. Mais elle persista dans le désir « d'abdiquer ses fonctions » et envoya une adresse vigoureuse en ce sens à l'Assemblée nationale (10 avril). Le conflit avec Bailly prit immédiatement un caractère aigu, à l'occasion du scandale dénoncé par M. de Menou (13 mai), qui avait accusé de corruption « M. le maire et le Bureau de la Ville » à propos de l'achat des biens ecclésiastiques par la municipalité ». Mandé à l'Assemblée générale, Bailly prit la plus hautaine attitude et quitta brusquement la salle, laissant M. de Joly échanger avec l'abbé Fauchet les explications les plus vives. Le président de l'Assemblée traita ouvertement Bailly de *despote usurpateur*, parce qu'il refusait d'obéir aux convocations que le Conseil général lui avait adressées. Ainsi, la discussion ne portait plus sur l'honneur du maire et du Bureau de la Ville qui « ne pouvait être l'objet d'un soupçon offensant », mais sur les droits de l'assemblée municipale et sur la prééminence du corps représentatif et délibérant à l'endroit de l'exécutif. Il est curieux de remarquer que les Cordeliers et leur chef Danton s'associèrent au blâme infligé à Bailly et félicitèrent l'Assemblée générale d'avoir avisé les sections des faits dénoncés par M. de Menou et « invité M. le maire à se mieux concilier pour la paix publique avec une assemblée dont il est le membre et le chef, et à mieux vivre avec ses égaux ». Bailly n'accepta pas une aussi dure leçon, et, lors de la fête de la Fédération, il trouva encore moyen de blesser la Commune provisoire en donnant l'ordre au colonel des gardes de la Ville de ne pas escorter l'assemblée municipale plus loin que le boulevard du Temple, ce qui eut pour résultat de l'abandonner au milieu de la foule qui rompit le cortège des membres de la Commune. La Fayette fut au contraire plein d'égards pour eux, et dans leur séance du 23 juillet, ils prodiguèrent les applaudissements au commandant général, lorsqu'il vint les remercier de l'accueil fait par la capitale aux fédérés.

Bien que, le 3 août 1790, la Commune provisoire eût félicité Bailly pour la forme, à propos de sa réélection comme maire de Paris, elle témoigna son ressentiment au chef de la municipalité, le 18 septembre, quand Fauchet opposa la déférence de La Fayette, « à l'aveugle orgueil de Bailly », qui avait refusé de de prêter, en assemblée générale, le serment de « n'avoir rien reçu à raison des fonctions de mandataire de la Commune, à l'exception du remboursement des dépenses justifiées ». Le 6 octobre, elle le dénonça à l'Assemblée nationale comme ayant ordonné l'arrestation arbitraire de plusieurs citoyens.

Cependant l'Assemblée nationale avait commencé, dès le 27 avril 1790, la discussion « sur le plan de municipalité convenable à la Ville de Paris ». Le rapport de Démeunier présente un vif intérêt, en ce qu'il montre ce que pensaient les Constituants du régime auquel il convient de soumettre la capitale. Il développe cette opinion que ce régime doit être exceptionnel, *attendu l'immense population de Paris*; que la *forme* des élections ordonnée pour le reste du royaume était *impraticable* à Paris. « Vous avez senti, dit le rapporteur, qu'il fallait contenir dans les bornes de son pouvoir une municipalité si imposante et, en lui donnant l'activité dont elle a besoin pour maintenir la tranquillité de sa nombreuse population, lui ôter les moyens d'abuser de sa force. » Il engage la capitale à s'abstenir de tous désordres, maintenant que la liberté est établie : « Aujourd'hui qu'on ne peut plus avoir de doutes raisonnables sur cette liberté, il faut qu'elle songe à ses nombreux enfants et qu'elle craigne de les précipiter dans la misère. Après une secousse si forte, après les convulsions qui viennent l'agiter, elle a besoin de calme et de repos : si l'agitation se prolonge, elle perdra ses richesses; son commerce disparaîtra et ses ateliers s'anéantiront; les gens aisés, les hommes paisibles, les étrangers fuiront cette cité orageuse où un zèle malentendu produit une confusion inévitable, et, ce qui serait un grand malheur pour le genre humain, on la verrait un jour regretter sa servitude et maudire sa liberté! »

En conséquence, le Comité de constitution proposait d'approuver le plan suivant qui avait été *adopté* par les députés de Paris : « Le Corps municipal offre dans le plan un maire et quarante-huit officiers municipaux, parmi lesquels seize, sous le nom d'administrateurs, composent le Bureau, et les trente-deux autres le Conseil municipal. Nous demandons quatre-vingt-seize notables. Le Conseil général de la Commune serait donc de cent quarante-quatre personnes ou de cent quarante-cinq, en y comprenant le maire. Ce nombre, auquel on s'est arrêté,

ɪ. — 9

après bien des combinaisons, ne paraît ni trop petit
ni trop considérable, et on a suivi exactement les proportions établies pour toutes les municipalités. »
Quant à l'administration active, confiée au Bureau de
la Ville, elle était répartie en cinq départements :
1° Subsistances; 2° Police; 3° Domaine et finances;
4° Établissements publics; 5° Travaux publics. Telles
étaient les grandes lignes du décret sur la municipalité, dont le dernier article fut voté le 21 mai 1790.
La nouvelle réglementation municipale n'eut pas
l'heur de plaire à Marat, qui, dans l'*Ami du peuple*,
déclama furieusement contre la substitution des
quarante-huit districts aux soixante districts de 1789,
contre la distinction des citoyens actifs et non actifs,
laquelle d'après lui, enlevait aux quatre-vingt-dix-
neuf centièmes des habitants de Paris le droit de
suffrage, tout en permettant aux présidents de districts de regarder comme citoyens actifs ceux qui
auraient un uniforme, c'est-à-dire les gardes nationaux.

Les 11, 12, 13 août 1790, les sections s'assem-
blèrent pour nommer les membres de la municipalité
définitive. Le 6 septembre, l'Assemblée nationale
décréta que, dans le délai de huit jours, les quarante-
huit sections, conformément aux articles 15, 16, 17 du
titre II du décret sur la municipalité, exerceraient leur
droit d'admission ou de *réjection* des cent quarante-
quatre élus. Seul, Danton, élu par la section du
Théâtre-Français, fut rejeté par la majorité des sections, quarante-deux contre cinq (9 septembre). Le
17 du même mois, la section du Théâtre-Français
nomma à sa place Jean-Philippe Garran de Coulon,
avocat au Parlement et député suppléant à l'Assem-

blée nationale. Dès le 2 août, les commissaires des sections avaient procédé au dépouillement des scrutins relatifs à l'élection du maire de Paris. La majorité obtenue par Bailly fut énorme, puisque, sur 14 010 suffrages exprimés, il fut réélu maire par 12 550 voix. Celui qui venait après lui, M. d'Ormesson, ancien contrôleur général, ne réunit que 517 suffrages. Danton figure dans le relevé avec 49 voix et Louis-Philippe-Joseph d'Orléans avec 14! Le Conseil de Ville proclama immédiatement Bailly. Le lendemain, M. Boullemer de la Martinière fut confirmé par 6 875 suffrages dans ses fonctions de procureur de la Commune; le 7; Cahier de Gerville fut confirmé comme premier substitut par 2 961 voix, et, le 10 août, Duport-Dutertre, par 2 332 voix, obtint le titre de second substitut du procureur de la Commune. Il fallut trois tours de scrutin pour nommer les quarante-huit officiers municipaux. Le dépouillement du troisième tour eut lieu le 6 octobre 1790, et la Commune constitutionnelle, définitivement constituée après ces laborieuses opérations, prêta serment et tint sa première séance dans la salle des gouverneurs à l'Hôtel de Ville.

IV

L'élection de la *Commune définitive* marque évidemment un pas en avant dans la voie démocratique et révolutionnaire [1]. La composition de la *Commune pro-*

1. Le fonds des manuscrits français de la Bibliothèque nationale contient plusieurs registres d'un intérêt de premier ordre sur la Commune définitive (n⁰ˢ 11698 à 11707). Nous les avons analysés et nous en avons publié de nombreux extraits. Ils s'arrê-

visoire qui l'avait précédée n'était guère moins que
l'Assemblée des électeurs, l'image exacte des sentiments et de l'esprit de l'élite du Tiers état, fortifiée par
l'adhésion volontaire de quelques représentants de la
noblesse et du clergé. Ce sont toujours les avocats,
les académiciens, les magistrats, les hauts fonctionnaires, les médecins, les notaires qui entrent à l'Hôtel
de Ville. Il nous suffira de citer, pour les académiciens, les noms de la Harpe, Vauvilliers, Dusaulx, de
la Bastide, Ameilhon, Suard, Thouin, Périer, Lavoisier, Vandermonde, Broussonet, Cousin, Condorcet,
de Jussieu ; pour les avocats aux Conseils ou au Parlement, Garran de Coulon, de la Vigne, Brousse des
Faucherets, Cahier de Gerville, Brissot de Warville,
Agier, Darrimajou, Desmousseaux, d'Augy, Canuel,
Bigot de Préameneu, de la Cretelle, Godard, de Joly,
Thuriot de la Rosière, Étienne de la Rivière, de la
Martinière, Dudort-Dutertre, Bureau du Colombier,
Champion de Villeneuve, Lablée et tant d'autres ;
pour les procureurs au Châtelet, Réal, Lambert de
Sainte-Croix, Thorillon ; pour les magistrats et mem-
bres des compagnies souveraines, Puissant, de Mon-
tauban, Lourdet de Santerre, Billeheu de la Bretèche,
de Montaleau, Try, de Langlard, Boivin de Blancmur,
Brierre de Surgy, de Vergennes, de Maissemy, Amelot
de Chaillou, Huguet de Sémonville ; pour les gentilshommes, le marquis de Saisseval, le comte d'Espa-
gnac, le comte de Miromesnil, Moreau de Saint-Méry,
Davous, de la Chesnaye ; pour les militaires, de More-

tent au 18 novembre 1791, date de l'installation de Petion en qualité de maire de Paris. Nous avons publié aussi une grande partie
de la Correspondance inédite de Bailly avec Necker et La Fayette.
(V. la *Revue de la Révolution*, n^os des 14 juillet et 14 septembre 1890).

ton-Chabrian, de la Fère, Guillotte, de Lépidor; pour les fonctionnaires, Le Roulx de la Ville, Langlois, de la Boulaye, Poujard; pour la haute finance, Le Couteulx de la Noraye, de Vaudichon, Trévilliers, Trudon des Ormes, Georges d'Épinay; pour la médecine, la chirurgie et la pharmacie, Quinquet, de Machy, Pia de Grandchamp, Guignard, Peyrilhe, Crohare, Des Essarts, Baignères, Chappon, de Beauchêne; pour le clergé, les abbés Fauchet, Mulot, Bertolio, de Moy, de Montmorency, Des Bois, Poupart; pour les architectes, Quatremère de Quincy, Jallier de Saval, Quin, Cellerier, Gisors, Lenormand. Beaumarchais, cet irrégulier qui contribua tant, mais d'une manière inconsciente, au mouvement révolutionnaire, se rattachait aussi par ses goûts et ses intrigues au monde aristocratique. C'est à peine si quelques noms menaçants se détachent sur ce fond constitutionnel : Danton, Manuel, Bonneville, Léonard Bourdon! Si, au contraire, on jette les yeux sur la liste de la Commune constitutionnelle, on constate aussitôt que la majorité appartient au commerce et aux « hommes de loi » de second ordre. Les académiciens disparaissent presque. Il ne reste que Vauvilliers, qui rompra dès le début de 1791 avec la Commune, Cousin, Dacier et Brongniart. Sans doute, la masse est encore modérée. Champion de Villeneuve, Desmousseaux, Jean-Jacques Le Roux, Perron, feront même preuve dans les troubles civils d'une louable énergie; mais la confiance ira s'affaiblissant tous les jours, et, quand viendra l'assaut des révolutionnaires proprement dits, cette nouvelle Commune cédera sans résistance l'Hôtel de Ville à l'audace obscure des violents. Ce Bailly, qui accepte un traitement de 72 000 livres et réclame prétentieusement de la *vaisselle de terre*, se dépensera en phrases creuses, appellera Louis XVI le *meilleur des rois*; mais, à partir de la mort de Mirabeau (2 avril 1791), il ne défend même plus la légalité constitutionnelle. C'est un personnage en baudruche qui s'affaisse brusquement, tandis que La Fayette découragé offre tous les jours sa démission. Le Conseil général de la Commune sortit brisé de la séance du 21 au 26 juin 1791 qui suivit la fuite du roi; personne ne croyait plus à la bonne foi de Louis XVI qui, à la veille de son départ, faisait écrire à la Commune par son ministre de l'Intérieur pour affirmer sa volonté « d'appliquer la Constitution ». Bailly devient même ridicule quand, à l'occasion de la proclamation solennelle de la Constitution, il parle, le 18 septembre 1791, « de l'accord intime de la Nation et de son roi ». Les coups de fusil du 17 juillet avaient tué définitivement la popularité du héros du Jeu de Paume. Son bras levé retombe pour jamais. Le 19 septembre, il écrit au Conseil général qu'il regarde sa carrière « comme finie » et ne consent à retirer sa démission qu'à la condition de prendre sa retraite définitive en novembre, lors du renouvellement partiel de la municipalité. Le 8 octobre, c'est le tour de La Fayette, qui abdique le commandement de la garde nationale. Le tirage au sort du 6 novembre élimine soixante-douze membres du Conseil général et décapite l'administration municipale. Vauvillers, Brierre de Surgy, Gravier de Vergennes, Davous, de Vaudichon et plusieurs autres donnent spontanément leurs démissions. Le 16 novembre, les commissaires chargés de dépouiller les procès-verbaux relatifs à l'élection du maire constatent que, sur 10632 suffrages, Petion en a obtenu 6728, et que La Fayette, grâce à l'hostilité de la cour, n'en a réuni que 3 000.

Petion entre donc à la mairie. Il y porte encore plus d'emphase, plus de prétention, une personnalité plus creuse que celle de son prédécesseur, une impuissance plus irrémédiable. Tandis qu'il pérore et pontifie, un autre agit et fait mouvoir tous les ressorts de la Révolution. C'est Danton, l'énergique substitut du procureur de la Commune depuis décembre 91. Frappé d'ostracisme par les sections, il était déjà rentré en grâce auprès des électeurs en février 91, et avait été nommé membre du Conseil du département où il restait isolé, attendant son heure, appuyé sur les Cordeliers, sur Marat et sur Desmoulins. Compromis dans l'affaire du Champ de Mars, il reparut après la clôture de la Constituante. Les nouveaux scrutins lui envoyèrent, à la Commune, des auxiliaires ardents, notamment Panis et Sergent. Dès lors, il règne, et Petion n'est là que pour le décor, *ad pompam*. Comme tout se précipite sous cette main puissante! Robespierre a beau jurer comme accusateur public, le 15 février 92, « de maintenir de tout son pouvoir la Constitution »; Danton, lui-même dans son curieux discours d'installation comme substitut du procureur de la Commune (20 janvier 92), a beau « appeler à grands cris la mort sur le premier qui lèverait un bras sacrilège sur cette Constitution, fût-ce son ami, fût-ce *son propre fils* », le vent emporte tous les serments officiels. Dès le 10 mars, la Commune décrète la publicité de ses séances et les tribunes lui font la loi. Collot d'Herbois vient, le 7 avril, présenter à la municipalité les quarante soldats de Châteauvieux, et Petion les couvre de fleurs, en les appelant *soldats de la liberté dont ils ont été les martyrs.* Le Directoire du département est dénoncé à la Législative par la Commune (28 mars), et Barnave, découragé, gagne sa province. Petion, lui, ne voit rien et continue ses parades. Il baptise les enfants avec l'abbé Fauchet! Louis XVI traverse comme un somnambule ces temps tragiques, et, après la démission de Dumouriez, reste seul en face du peuple et de la Commune. Le 20 juin prouvé que la monarchie est perdue, que Petion n'est rien et que Danton est le maître. Santerre, Panis, Sergent exécutent ses ordres, et tout ce que peuvent les Aclocque et les Mandat, avec quelques bourgeois de la garde nationale, c'est d'éviter au souverain les suprêmes violences. Un timide essai de réaction, l'intervention avortée de La Fayette, la suspension de Petion et de Manuel ne font qu'exalter la Révolution. Un instant, la Législative hésite et prête contre la *République* le serment de *Lamourette* (7 juillet). Mais, dans la séance du 13, elle courbe la tête devant Paris et lui rend son maire. A la Fédération du 14 juillet, la grande ville crie tout entière *vive Petion!* tandis que le triste Louis XVI se traîne au Champ de Mars par les rues détournées.

Il restait à donner le coup de grâce à la Royauté. Le Conseil général de la Commune se déclare en permanence et organise la *correspondance des sections.* Les fédérés, accourus de la province, ont aussi leur *Comité central* (14 juillet). Le 28, sur quarante-huit sections, quarante-sept avaient déjà voté la déchéance du roi; le 31, la section Mauconseil « déclare qu'elle ne reconnaît plus Louis pour roi des Français », et convoque, de sa propre autorité, les autres sections pour demander, par voie d'adresse, au Corps légis-

latif « s'il veut enfin sauver la patrie ». Paris, menacé
d'une subversion totale par le manifeste de Brunswick,
si le château est forcé ou insulté, relève le défi et
tourne en grondant autour des Tuileries. La reine
n'ose plus coucher au rez-de-chaussée. Les Marseillais
sont arrivés le 30. A l'Hôtel de Ville, Danton élabore
avec les délégués des sections l'adresse de déchéance
que Petion lui-même porte à l'Assemblée le 3 août. Le
maire refuse d'obéir au Département et au décret
d'annulation des arrêtés de la section de Mauconseil.
Le 6, le *Moniteur* porte ceci : « Les assemblées des
quarante-huit sections sont permanentes. » L'Assemblée législative, qui vient d'absoudre La Fayette
(8 août), est, pour ainsi dire, prisonnière. Robespierre
et Chabot tonnent aux Jacobins et les députés de la
droite courent risque de la vie. Petion se lave les
mains de ce qui va se passer, car, dit-il, la garde
nationale est composée de *citoyens* et forme un corps
« délibérant » depuis la permanence des sections.
D'ailleurs, on se défie du maire et les chefs du mouvement le consignent à l'Hôtel de Ville, d'où les objur-
gations de Mandat réussissent à grand'peine à le faire
sortir pour l'amener un moment aux Tuileries (nuit
du 9 au 10 août).

C'est alors que se forme la Commune révolutionnaire,
en vertu d'un simple arrêté de la section des Quinze-
Vingts, pris à cinq heures du soir et qui réclamait
« la nomination de trois commisaires par section pour
se *réunir à la Commune* et aviser aux moyens prompts
de sauver la chose publique ». Vers minuit, des
émissaires portèrent cet arrêté aux autres sections,
et, bien que beaucoup d'entre elles, à cette heure
tardive, ne fussent constituées que par quelques

personnes, elles nommèrent presque toutes les trois
commissaires. Ils se rendirent à l'Hôtel de Ville, pourtant bien gardé par les soins de Mandat, mais ils purent
passer parce qu'ils étaient sans armes et que, la permanence des sections étant légalement consacrée,
elles avaient le droit d'envoyer, de nuit et de jour, des
commissaires à la Commune. D'ailleurs, qui eût
remarqué ces citoyens, pour la plupart obscurs? Ni
Robespierre, ni Desmoulins, ni Marat ne figuraient
au nombre des délégués présents dans cette nuit
terrible. Danton n'y vint qu'un moment, très tard. A
trois heures du matin, dix-huit sections étaient représentées. Huguenin prit la présidence, assisté de
Tallien. A côté, dans la salle dite du Trône, siégait la
Commune légale, sous la présidence de Cousin, professeur au Collège de France. Jean-Jacques Leroux, Desmousseaux, menacés par les tribunes se firent donner
mission par le président d'aller informer l'Assemblée
législative de l'état de Paris. Alors, sous cette
terrible pression d'un peuple surchauffé, les officiers
municipaux se retirèrent un à un, et quelques autres
allèrent se joindre à l'Assemblée insurrectionnelle qui
siégait dans la salle voisine. Royer-Collard, secrétaire-
greffier, emporta chez lui le dernier procès-verbal et
ne le rendit jamais. La Commune légale avait vécu et
la monarchie allait mourir.

Telle est, résumée à grands traits, l'histoire des
trois premières assemblées municipales de Paris
pendant la période constitutionnelle de la Révolution.
Si ce triple essai d'organisation municipale a échoué,
ce n'est pas la faute des hommes, qui étaient, en
majorité, sages et modérés. Il ne faut en accuser que
des circonstances extraordinaires, l'absence de toute

direction de la part du Pouvoir exécutif, les folles
provocations de la cour, rendues plus folles encore
par l'insuffisance de ses moyens d'action, l'inertie de
Louis XVI, les menaces de l'étranger et des émigrés,
l'opposition ouverte de la reine, qui portèrent jusqu'à
la fureur l'exaltation du peuple. Mais il n'était pas
indifférent de prouver, par l'étude et la reproduction
des procès-verbaux des trois assemblées qui ont précédé la Commune insurrectionnelle du 10 août, qu'elles
méritent de prendre leur place, et une place assez
grande, — dussent s'en étonner les esprits superficiels
ou prévenus — dans l'histoire générale de notre pays [1].

1. Cette étude a fait l'objet d'une lecture à l'Académie des
sciences morales et politiques en 1891.

LE CLERGÉ

ET LA MUNICIPALITÉ D'ERNÉE

D'APRÈS LES PROCÈS-VERBAUX DU DIRECTOIRE
DU DÉPARTEMENT DE LA MAYENNE

(DE FÉVRIER 1791 À JUILLET 1793)

LE CLERGÉ

ET LA MUNICIPALITÉ D'ERNÉE [1]

Si Paris a été le grand foyer de la Révolution et si,
après la Constituante, la Législative et la Convention,
la Municipalité parisienne a joué un rôle prépondérant dans les événements de cette époque tumul-
tueuse et tragique, les archives des départements et
des petites communes ne sont pas des documents à
dédaigner pour l'historien qui cherche à reconstituer
la vie de la France au cours d'une période à jamais
mémorable. Aujourd'hui, la publication des procès-
verbaux essentiels de la Commune de Paris est
achevée, au moins jusqu'au 10 août 1792, et je ne
regrette pas d'avoir consacré deux années d'un travail aride à l'étude des délibérations de la Municipàlité
parisienne, depuis le 14 juillet 1789 jusqu'au renversement de la monarchie. D'autres achèveront ce
monument, et des archivistes consciencieux jusqu'à
la minutie, notamment MM. Tuetey et Tourneux,
dressent, en ce moment, pour les travailleurs le catalogue complet des pièces manuscrites ou imprimées

1. Extrait de la *Revue historique,* t. LVI, 1894.

que renferment nos dépôts publics sur l'histoire de Paris pendant la Révolution.

En province, bien des érudits collaborent à la même œuvre en mettant au jour ce qui nous reste des archives des départements et des communes [1]. Ces documents sont précieux parce qu'ils permettent d'étudier la répercussion des actes du Pouvoir central sur l'esprit des populations éloignées de la capitale, et sur l'attitude des autorités locales, en présence des exagérations révolutionnaires ou des efforts violents des royalistes.

Grâce à l'obligeance éclairée d'un de mes anciens confrères du barreau de la Cour de cassation, M. Renault-Morlière, député de la Mayenne, conseiller général de ce département et maire d'Ernée, j'ai pu parcourir et analyser plusieurs séries de procès-verbaux émanant du Directoire du département de la Mayenne et de la municipalité d'Ernée, où, s'il y a beaucoup à laisser, il y a aussi beaucoup à prendre. C'est le résultat de ce travail d'analyse que nous voudrions aujourd'hui présenter au public, en nous excusant de nous être dispensé d'une reproduction intégrale; mais on a tant abusé, dans ces derniers temps, des reproductions intégrales, dont le moindre défaut est d'occasionner des frais énormes, hors de proportion avec l'intérêt de ce genre de publications, que le public ne nous en tiendra pas rigueur.

---

1. Il a paru, dans la *Collection de documents inédits sur l'histoire de France,* publiée par le ministère de l'Instruction publique, un *Catalogue des procès-verbaux des Conseils généraux de* 1790 *à l'an II.* Il a été préparé par M. Lecestre, archiviste aux Archives nationales. Paris, Imprimerie nationale et librairie Hachette, 1891, in-8° de xiv-182 pages. Voir la critique de cette publication dans la *Révolution française,* n° du 14 décembre 1892, p. 551.

Les documents sur lesquels nous appelons l'attention sont les suivants :

1° Extraits des registres des arrêtés du Directoire du département de la Mayenne comprenant trois séries de pièces, qui vont, la première du 19 février 1791 au 17 novembre 1791 ; la seconde d'avril au 15 août 1792 ; la troisième du 19 mai au 26 juillet 1793 [1] ;

2° Deux registres des procès-verbaux de la municipalité d'Ernée, allant, l'un de ventôse an II (février 1794) au 17 pluviôse an IV (6 février 1796) ; l'autre de frimaire an II (novembre 1793) à ventôse an II (février 1794).

Nous nous proposons d'analyser tout d'abord, au point de vue surtout des rapports du clergé avec les autorités municipales et départementales, les extraits des registres du département de la Mayenne, en ajournant l'examen des registres de la municipalité d'Ernée, qui présentent certes de l'intérêt, mais un intérêt d'ordre plus spécial.

On sait qu'aux termes des lois votées par la Constituante pour réorganiser l'administration de la France et fonder l'unité administrative [2], les électeurs de chaque département, après avoir nommé les députés de l'Assemblée nationale, choisissaient les

---

1. Ces pièces sont des expéditions authentiques, sur feuilles détachées et signées, *pour copie conforme au registre,* par le vice-président et le secrétaire du Directoire.

2. La grande loi du 22 décembre 1789 fut sanctionnée par le Roi le 8 janvier suivant. Les lettres patentes sont datées de janvier 1790 sans indication de jour (coll. Baudoin, p. 171 et suiv.). Le décret du 14 frimaire an II supprima les Conseils de département ; mais le décret du 28 germinal an III rapporta cette loi de frimaire an II et rétablit les administrations départementales comme elles étaient avant le 13 mai 1793. Ils reprirent donc leur existence légale jusqu'à la Constitution du 5 fructidor.

membres de l'administration du département parmi
les éligibles de tous les districts; que chaque administration de département, composée de 36 membres,
se divisait en deux sections; l'une, sous le titre de
Conseil de département, ne tenait qu'une session d'un
mois par an pour régler le budget départemental, mais
devint ensuite permanente; et l'autre, sous le titre
de *Directoire de département*, comprenait 8 membres,
pris dans le sein de l'administration de département
et renouvelés par moitié tous les deux ans. Ce directoire restait toujours en activité pour l'expédition des
affaires. A l'administration du département se trouvait subordonnée celle du district, composée également d'un conseil et d'un directoire. Au-dessous, la
commune, libre en partie et non rattachée aux administrations supérieures, sauf pour ce qui concernait
la répartition des contributions directes, leur perception et leur versement dans les caisses du district, la
régie des établissements d'utilité générale, la surveillance des propriétés publiques, était administrée par
un corps municipal, élu par les citoyens actifs de la
commune et ayant pour chef le *maire*, qu'assistait le
procureur syndic, fonctionnaire électif aussi dont la
mission consistait à défendre les intérêts de la commune.

Au début et pendant presque toute la durée de la
Révolution, les administrations départementales et
communales de la Mayenne paraissent animées d'un
esprit beaucoup plus conservateur que subversif.
Sous les formules qui proclament un dévouement
sans réserve aux principes de la Révolution, apparaît
le désir ardent de maintenir l'ordre public et la légalité, rude et lourde tâche pour les bons citoyens, en

face des foules déchaînées et misérables qu'enflammaient, d'une part, les appels violents de l'ancien clergé, et, d'autre part, les furieuses déclamations des comités révolutionnaires. Placée, comme entre deux étaux, entre la France, républicaine ou qui va bientôt l'être, et la Vendée, cléricale et royaliste, que le 10 août va jeter dans l'insurrection ouverte, la Mayenne ressemble à une île battue de flots terribles, balayée par les vents qui soufflent de tous les points de l'horizon, à un poste d'avant-garde qu'on sacrifie le plus souvent et qui tourne vers Paris, le grand réservoir d'hommes d'où part l'impulsion, où se concentre et rayonne le Pouvoir central, des regards souvent désespérés.

Ces sentiments de justice, de modération, de respect pour la loi éclatent surtout dans les arrêtés du Directoire de la Mayenne qui se rattachent à la question religieuse, la principale cause des guerres civiles de l'Ouest.

On sait que le décret du 12 juillet 1790, connu sous le titre de *Constitution civile du clergé*, avait profondément remanié les institutions ecclésiastiques, en confiant à l'élection populaire la nomination des évêques et des curés, et en obligeant les titulaires élus à prêter serment de fidélité à la Nation, à la Loi et au Roi. Bien que Louis XVI eût donné sa sanction, le 24 août, à la *Constitution civile du clergé*, les déclarations violentes du pape Pie VI, les instructions des évêques avaient poussé le clergé à une résistance ouverte. Le Roi, mentant à ses principes les plus chers et songeant déjà à la fuite, avait bien, le 26 décembre 1790, donné sa sanction au décret du 27 novembre, par lequel la Constituante réitérait l'injonction aux prêtres de prêter serment et ordonnait le remplacement des réfractaires, mais toute la France savait à quoi s'en tenir sur la sincérité du monarque qui, de la même plume qui avait approuvé le décret sur le serment des prêtres, en affirmant « la droiture de son caractère », écrivait au roi de Prusse pour réclamer l'intervention armée de l'étranger. (Lettre du 26 décembre.) Quant aux évêques, ils publiaient des mandements incendiaires, retiraient aux prêtres constitutionnels le droit de confesser et d'absoudre et menaçaient d'excommunication les fidèles qui les reconnaîtraient. La France ancienne se soulevait contre la France révolutionnaire, et nulle part cette guerre civile ne fut plus féroce que dans l'Ouest. Chaque église devenait un champ de bataille, où les prêtres non assermentés, forts des sympathies de leurs paroissiens, disputaient violemment le terrain aux *intrus*, comme on appelait alors les nouveaux curés constitutionnels.

Les registres du département de la Mayenne contiennent sur cette crise religieuse des documents assez caractéristiques.

Le premier est une délibération du Directoire datée du 19 février 1791, — le jour même du départ de Mesdames, tantes du Roi, qui fuyaient Paris pour ne pas avoir à subir l'intervention des prêtres assermentés dans l'accomplissement de leurs devoirs religieux. C'est le moment précis où la Révolution bravée va recourir brusquement aux lois exceptionnelles contre l'émigration et le clergé rebelle :

Le procureur général syndic a dit :
« Messieurs, jusqu'à ce moment, la douceur et la modération ont été les seules armes que vous avez opposées

aux ennemis de la Constitution. Vous avez cru que des
ministres d'un Dieu de paix, faisant un retour sur eux-
mêmes, regarderaient bientost comme un crime leur résistance formelle à la loy ; mais je vous annonce avec chagrin
que vos espérances ont été trompées. L'impunité semble
avoir enhardy les malintentionnés, et on souffle de toutes
parts le feu de la révolte et de la sédition : c'est dans la
chaire, destinée à prescher la morale évangélique, que des
prêtres osent tenir les discours les plus incendiaires.

« Le dimanche 13 février, présent mois, le curé de la
paroisse de Levaré, district d'Ernée, étant monté en chaire
pour publier la loy du 27 novembre que lui avait fait
passer la municipalité, fit suivre cette lecture de celle d'un
prétendu mandement de l'évesque de Bologne. Cet écrit a
été, dès qu'il a paru, dénoncé à l'Assemblée nationale
comme contenant des principes anticonstitutionnels, et ce
fut principalement sur les articles qui sont le plus contraires aux dispositions des décrets de l'Assemblée nationale, acceptés et sanctionnés par le Roy, que le curé de
Levaré s'arrêta davantage, affectant mesme de les relire à
plusieurs reprises.

« Une pareille conduite ne peut tendre qu'à soulever les
peuples contre l'autorité légitime et armer peut-être les
citoyens les uns contre les autres. Vous ne pouvez donc
plus balancer, Messieurs, à armer contre le curé de
Levaré toute la sévérité de la justice. L'article 8 de la loi
du 27 novembre vous le prescrit impérieusement : il veut
que ceux qui s'opposeront à l'exécution du décret soient
poursuivis comme perturbateurs du repos public.

« Je demande donc à être autorisé à dénoncer, poursuite
et diligence du procureur syndic d'Ernée, le curé de
Levaré à M. l'accusateur public près le tribunal de ce district, pour y être poursuivi suivant la rigueur des lois, aux
termes du décret du 27 novembre dernier, accepté le
26 décembre suivant, et que copie de votre arrêtée soit
envoyée à l'Assemblée nationale. » — *Suit un arrêté conforme.*

Après ces grands événements : la fuite du roi
(20 juin 1791), sa déchéance de fait, le conflit san-

glant du Champ de Mars entre la garde nationale de
La Fayette et le peuple (17 juillet), la scission devint
profonde entre les modérés, les constitutionnels et les
Jacobins. Le départ de Monsieur avait activé l'émigration en la transformant en système. En dépit de
l'acceptation par le Roi de la nouvelle Constitution
(13 septembre), le remplacement de la Constituante
par la Législative, où siégeaient des députés plus
jeunes et plus ardents, marquait le déclin du parti
constitutionnel, qu'affaiblit encore la démission de
La Fayette et de Bailly ; la nation se classait, avec une
netteté de plus en plus saisissante, en deux camps,
séparés par l'abîme des haines. Tandis que les nobles
couraient à Coblentz, où trônait Monsieur, les prêtres
soufflaient avec une rage croissante le feu de la
guerre civile. Dans l'Ouest, on rouvrait à coups de
hache les églises fermées par la Révolution ; déjà plusieurs villes étaient assiégées par les rebelles, comme
le prouve l'adresse du Directoire de Mayenne-et-Loire,
lue à l'Assemblée législative le 6 novembre 1791, et
des prêtres conduisaient au pillage de longues pro-
cessions armées. Les pièces que nous analysons
ajoutent certains faits intéressants à ceux qu'a déjà
recueillis l'histoire. Elles prouvent notamment que,
dans plusieurs localités de la Mayenne, les municipalités étaient complices des violences de l'ancien
clergé et de son refus de se soumettre à la loi. C'est
ainsi que, dans la commune de la Pellerine, les officiers municipaux refusèrent d'installer le nouveau
curé, et même d'ouvrir les lettres du District. Il fallut
déléguer deux officiers municipaux d'Ernée, et envoyer
de la garde nationale pour protéger le prêtre assermenté et l'installer dans son église mise à sac. Tel

est l'objet de l'arrêté du Directoire en date du
5 octobre 1791 :

Vu la lettre du sieur Péan, prestre, nommé à la cure de
la Pellerine, en date du premier de ce mois, de laquelle il
résulte que les officiers municipaux de cette paroisse ne
paroissoient pas disposés à assister à son installation,
recevoir son serment et en rédiger procès-verbal ; l'arrêté
du district d'Ernée, du même jour, qui, en conséquence,
prie **deux** officiers municipaux de la ville d'Ernée de se
transporter le lendemain à la Pellerine et d'y procéder à
ladite installation, au refus de ceux de la Pellerine ; la sommation faite, à la requête de ces deux officiers municipaux,
au procureur de la commune d'avertir les autres membres
de la municipalité de s'assembler pour remplir, dans cette
circonstance, les fonctions que leur prescrivirent les
décrets ; l'absence momentanée de ces officiers municipaux ;
la réponse de l'épouse du procureur de la commune à
l'huissier qui a laissé ladite sommation : que son mary
s'étoit absenté, que tout étoit inutile ; que la municipalité
avoit bien reçu une lettre du District, mais qu'elle n'avoit
pas daigné l'ouvrir ; le procès-verbal rédigé par les deux
officiers municipaux commis à cet effet, lequel constate
que le sieur Péan, étant entré dans la sacristie pour y
prendre les ornemens nécessaires à la célébration de la
messe, il avoit vu ouverte et sans clef l'armoire destinée à
renfermer les différents ornements ; que, malgré la vive
impression que cette circonstance lui avoit causée, il étoit
monté à l'autel, où, ayant trouvé le tabernacle fermé, il ne
put dire la messe comme il se le proposoit, par le trouble
où il étoit ;

Vu enfin l'avis du District du 3 de ce mois, arrête, sur
les conclusions du procureur général syndic, que la délibération du district d'Ernée est et demeure confirmée, et
qu'elle sera exécutée, à l'exception néanmoins que, relativement au détachement de garde nationale relaissé au
bourg de la Pellerine pour le maintien de l'ordre et la
sûreté particulière du sieur Péan, il se retireroit aussitôt
que la municipalité de cette paroisse seroit rentrée dans
ses fonctions, et qu'elle auroit déclaré formellement, par

une déclaration prise en conséquence, qu'elle veilleroit à
la tranquillité publique et à la sûreté individuelle du sieur
Péan, curé de la Pellerine ; que, jusqu'à ce, les frais et
dépenses dudit détachement, réglés et arrêtés par le
District, seroient et demeureroient à sa charge ; que le
procureur de la commune seroit tenu de remettre les
clefs manquantes de l'église, du tabernacle et de la
sacristie et de l'armoire y contenue ; sinon, et à faute d'y
satisfaire dans le jour de la notification de la présente
délibération, que le sieur Péan seroit autorisé à en faire
faire de neuves à ses frais ; qu'inventaire et récolement
seroient faits des ornements et effets appartenant à ladite
église, en présence de quatre officiers municipaux de
ladite paroisse à ce appelés ; et, dans le cas de refus de
leur part d'y assister, en celle de deux commissaires que
le district d'Ernée est autorisé à nommer à cet effet ; au
surplus, que la présente délibération sera notifiée, par la
voie du District, à la municipalité de la Pellerine, pour
qu'elle ait à en garder état, la rendant, dès à présent,
garante et responsable des troubles qui pourroient arriver,
par les suites de son absence de la paroisse et l'abandon
coupable de sa fonction dans cette circonstance essen-
tielle.

Ce qui se passait à la Pellerine n'était pas un cas
isolé : les autres municipalités du district se montraient aussi malveillantes à l'égard des prêtres constitutionnels et prêtaient le même appui à l'ancien clergé
qui n'avait pas quitté le pays. Un arrêté du Directoire, en date du 17 novembre, énumère les violences
dont le nouveau curé de Montaudain eut à se plaindre.
Rien n'explique mieux les colères de l'Assemblée
législative, et n'est plus propre à faire comprendre,
sinon à justifier, le décret du 29 novembre 1791, qui
prive les prêtres réfractaires de toute pension, les
répute suspects de révolte contre la loi et permet
aux Directoires de département de les éloigner de

leur domicile, dans les communes où surviendraient
des troubles :

Vu les lettres et requêtes du sieur Chopin, curé de Montaudain, district d'Ernée, desquelles il résulte qu'il est
journellement insulté dans ses fonctions par le juge de
paix du canton, et même quelques personnes attachées à
la municipalité ; que ces invectives, répétées devant les
paroissiens, excitent parmi eux de la fermentation et, en
les attachant de plus en plus à leurs anciens prêtres non
assermentés, toujours habitans de la commune, fait naître
la haine du fanatisme contre le pasteur avoué par la Constitution ; que les sieurs Marchand et Boismotté, prêtres,
anciens vicaires, affectent de sortir de l'église sitôt qu'ils
voyent entrer le sieur Chopin ; qu'ils emmènent avec eux
leurs partisans, qui crient au véritable pasteur : *Sors,
intrus* ; que, sitôt qu'il a quitté l'église, les deux prêtres y
rentrent avec leur suite, qui n'épargne point les injures,
de manière que le sieur Chopin, menacé de pierres et de
coups de fusil, n'a pas la liberté de faire des fonctions
dans son église, lorsqu'il plaît aux prêtres non assermentés
d'y célébrer leurs messes. Vu pareillement l'avis du district
d'Ernée, ouï le procureur général syndic en ses conclusions ; considérant que les outrages et menaces qu'éprouve
le sieur Chopin, et qui ne sont malheureusement que trop
certains, entre autres causes, peuvent être occasionnés
par l'ignorance de la loi et des arrêtés des corps administratifs, qui sont mal présentés aux habitants ou dont on
néglige la publication et l'affiche ; que, néanmoins, quel
qu'en soit le motif, il est du devoir des magistrats du
peuple de faire respecter les ministres qu'il s'est choisis, et
de les mettre à l'abri de la fureur des malveillants, en
provoquant de justes peines contre ceux qui les troublent
dans leurs fonctions, et dont les manœuvres tendent à la
subversion de l'ordre, surtout de cette tolérance sans
laquelle la liberté des cultes ne pourroit jamais se maintenir;

Arrête qu'il est enjoint au procureur de la commune et
à la municipalité de Montaudain de faire lire et publier
avec soin et correction les loix, les arrêtés et instructions

des corps administratifs, le premier jour de dimanche ou
fête après leur réception, de manière que tous puissent en
être instruits, à peine de responsabilité contre cette municipalité et contre le procureur de cette commune ; qu'au
surplus, le sieur Gonault, juge de paix du canton de Montaudain, les sieurs Lemarchand et Boismotté, prêtres,
seront dénoncés à l'accusateur public près le tribunal du
district d'Ernée, à la requête du procureur général syndic,
poursuite et diligence du procureur syndic du District, pour
être poursuivis suivant la rigueur des loix sur les faits rap-
pelés au présent arrêté, ceux que pourra lui fournir le sieur
Chopin, en lui indiquant par ledit sieur Chopin les témoins
qui sont dans le cas d'en déposer ; qu'au surplus, tous les
citoyens sont invités à l'union et à la paix, à laquelle la
diversité des opinions ne devroit pas être un obstacle ;
que la municipalité est spécialement chargée de maintenir
dans la commune l'ordre, d'y faire respecter les personnes
et les propriétés, et surtout les ministres constitutionnels,
sous peine de demeurer responsable des maux qui résulte-
roient ou de son insouciance ou de sa malveillance ; que
l'administration du département, en cas que ses remontrances n'ayent pas l'effet qu'elle en attend, déployera
contre les coupables, et contre la commune de Montaudain
entière, l'autorité qui lui est confiée....

Mais quel effet pouvaient produire les remontrances et les mesures platoniques des administrations départementales, quand on savait partout que
des ministres comme Delessart encourageaient hypo-
critement les pires violences contre les prêtres constitutionnels? On l'avait bien vu à Caen, où, en ce
même mois de novembre 91, un prêtre constitutionnel avait failli être égorgé, lorsqu'on apprit que
le Roi lui-même, conseillé par les Feuillants, oppo-
sait son veto au décret rendu contre les prêtres
rebelles (19 décembre). Déjà de vastes associations
se formaient dans l'Ouest, sous la direction des agents
des princes émigrés, tels que ce La Rouërie, com-

missionné en mars 92 par les frères du Roi et nommé *chef des royalistes de l'Ouest*. Des couvents, des églises, des villages, où les femmes pleuraient leurs pasteurs, un cri de révolte s'élevait. Les prêtres d'Angers, dans une lettre au Roi, datée du 9 février 92, promettent et prédisent une jacquerie de paysans. Des paroisses entières, conduites par lé clergé, se mutinaient et menaient une véritable croisade contre les municipalités soumises à la loi. Dans la Mayenne, le désordre commençait aussi à prendre des proportions inquiétantes. La Chapelle de Vezins, sur le territoire de Saint-Pierre-des-Landes, servait de quartier général aux prêtres réfractaires. A la date du 5 mars 92, le Directoire du département en ordonne, par l'arrêté suivant, la fermeture et la vente :

Vu l'arrêté du district d'Ernée du 3 de ce mois, pris sur ce que le procureur syndic a représenté qu'il étoit informé par la voix publique qu'il se rassembloit en la chapelle de Vesin, située paroisse de Saint-Pierre-des-Landes, plusieurs ecclésiastiques ayant refusé de prêter le serment prescrit par la loy du 26 décembre 1790 ; qu'ils semoient la division dans les esprits en répandant les principes du fanatisme et de l'intolérance dont ils sont imbus ; qu'ils ne cherchoient qu'à soulever le peuple de mille manières ; qu'ils sont d'autant plus dangereux qu'ils sont plus adroits à éluder la loi ; qu'ils exerçoient des fonctions publiques à Vesin et faisoient des progrès funestes par leurs discours, leurs actions inciviques ; que le public, séduit et trompé, en reçoit l'impression avec une confiance aveugle et devient l'ennemi de la chose publique et de la Constitution ; qu'il soustrait aux peines de la loi ses plus détracteurs ; enfin, que le maintien de l'ordre exige que la chapelle de Vesin soit fermée, d'autant mieux qu'elle est supprimée et que les biens en dépendans ont été vendus comme bien nationaux, et qu'elle est elle-même susceptible d'être mise en vente ;

Arrête, sur le rapport de monsieur Jourdain et les conclusions du procureur général syndic, que la chapelle dont il s'agit sera fermée; que défenses seront faites à tout prêtre non assermenté de s'en servir pour y dire la messe ou y célébrer aucuns offices religieux, attendu qu'il est libre aux ecclésiastiques, quoique n'ayant pas prêté le serment prescrit par la loy du 26 décembre 1790, de dire leurs messes dans les églises paroissiales, et qu'ils se rendent pour le moins suspects dès qu'ils cherchent à se dérober aux regards vigilants. des corps administratifs et des municipalités, en se rassemblant clandestinement dans des lieux écartés; et que ladite chapelle sera mise incessamment en vente; en conséquence, que le Directoire du district d'Ernée demeure expressément chargé de prendre les mesures convenables pour la prompte exécution du présent arrêté, et d'employer tous les moyens possibles à l'effet de découvrir les ecclésiastiques et autres qui tiendroient à égarer le peuple et à troubler la tranquillité publique, pour les dénoncer ensuite et provoquer contre eux la rigueur de la loy.

Dans la situation terrible que faisait à la France le traité d'alliance offensive et défensive, signé le 9 février 92 entre l'Autriche et la Prusse, en attendant l'ouverture des hostilités; en présence de la mise en demeure du prince de Kaunitz et du comte de Cobentzel, sommant les Français d'effacer 89 et de rétablir les Ordres du clergé et de la noblesse, la guerre civile, attendue et fomentée par l'émigration et l'étranger, ne pouvait tarder à se déchaîner.

La délibération du Directoire de la Mayenne en date du 14 avril 1792 indique dans quel état de trouble et d'anarchie se trouvait le district d'Ernée à cette époque :

Vu le procès-verbal rédigé le jour d'hier par les administrateurs du Directoire du district, conjointement avec les officiers municipaux de la ville d'Ernée, contenant le

compte-rendu de tous les évènements qui y ont eu lieu
dans le courant de cette semaine, et qui constatent, entre
autres faits, que cette ville étoit dans un état d'insurrection qui déconcertoit tous les bons citoyens ; que l'autorité
des corps administratif, municipal et judiciaire n'y étoit
plus respectée ; que le désordre étoit au comble et les
alarmes universelles ; que le peuple, égaré et séduit par
des ennemis du bien public, s'opposoit ouvertement à la
circulation des grains et enfreignoit tous les décrets y
relatifs ; que, *sous prétexte du maintien de la religion*, il se
portoit aux plus grands excès contre ceux qui avoient ou
paroissoient avoir des principes opposés aux siens, *parce
qu'ils refusoient d'aller à la messe des prêtres assermentés* ;
que, pendant les nuits, on avoit cassé les vitres de différentes maisons ; que, lundi dernier, la veuve Cheminel
s'en revenant de Charné sur les cinq heures du soir, avoit
été insultée par différents particuliers qui s'étoient jetés sur
elle, et que le nommé Ragaigne, l'un d'eux, garde national
de Vitré, lui avoit coupé les cheveux avec son sabre ; que,
le même jour, sur les neuf heures du soir, plusieurs particuliers s'étoient portés chez François Guerrier, et qu'ils
avoient pris à discrétion son pain et son cidre ; que, le
jeudi, le nommé Bertrand, qui, depuis deux mois, se tient
dans un état d'ivresse continuelle, s'étoit transporté, sur
les onze heures du matin, à la prison et y étoit entré, sous
le prétexte qu'on lui avoit ordonné de s'y constituer prisonnier ; que deux officiers municipaux, qui s'y étoient
rendus, avoient eu beaucoup de peine à le faire retirer. Il
étoit pris de vin et dit hautement qu'il étoit rempli d'assignats, qu'il les faisoit et n'en manquoit jamais, ce qui fait
croire que ce particulier, qui est très pauvre, étoit payé et
excité par des ennemis secrets pour semer le trouble et le
désordre ; que, le même jour, ledit Bertrand, redoublant
(*sic*) sur ses pas, avoit été de nouveau à la porte de la
prison ; qu'il avoit à la main une corde, et qu'il disoit hautement qu'il vouloit s'en servir pour pendre à la lanterne
le sieur Duhoux, qui étoit dans la prison ; que, le mercredi, le nommé Dauphin, menuisier, sergent de la garde
nationale, étant à la tête d'une patrouille et passant dans
la rue Neuve, avoit couché en joue le nommé Alaix et sa

femme, marchands épiciers, qui étoient dans leur boutique, et avoit brûlé sur eux l'amorce d'un fusil dont il étoit armé et qui étoit chargé ; que les nommés Poirier, Gautier fils, cordonnier et ouvrier, et Chevrier, composant cette patrouille, en avoient fait leur rapport à l'officier de garde ;

Le Directoire du département de la Mayenne a arrêté, après avoir entendu le procureur général syndic, qu'il seroit pris toutes les mesures capables de rétablir le bon ordre et la tranquillité publique dans la ville d'Ernée ; qu'étant nécessaire de faire un exemple qui puisse intimider les malfaiteurs, et de poursuivre la punition des coupables connus, il dénonçoit au juge de paix d'Ernée et à ses assesseurs lesdits Raigaigne, Bertrand et le Dauphin (*à raison des faits précités*).

Au fanatisme religieux qui agitait les masses, comme aux temps les plus troublés du XVIe siècle, se joignaient d'autres causes de désordre, notamment la crise des subsistances, la crainte de la faim. « A chaque canton ou commune, a écrit M. Taine[1], il faut son pain, son approvisionnement sûr et indéfini. Que le voisin se pourvoie comme il pourra ; nous d'abord, ensuite les autres. Et, par des arrêtés, par des coups de force, chaque groupe garde chez lui les subsistances qu'il a ou va prendre chez les autres les subsistances qu'il n'a pas. » Les blés ne circulent plus parce que les municipalités sont forcées de taxer le pain. Les fermiers cachent leurs grains pour ne pas être contraints de le vendre à perte ou pour éviter les réquisitions violentes. Ils ne vont plus aux marchés ou n'y portent que juste ce qu'il faut pour ne pas être dénoncés et pillés comme accapareurs. Ceux qui vont s'approvisionner aux marchés, en

1. *La Révolution,* t. I, p. 330.

partie déserts, ne sont pas sûrs de rapporter chez
eux les grains qu'ils ont payés. De plus, le blé est
séquestré dans le canton où on le récolte. Malheur
aux étrangers qui veulent s'approvisionner en dehors
de leur commune. Chaque district est en lutte contre
le district voisin; les femmes elles-mêmes s'en
mêlent, et il n'est pas rare de les voir à la tête des
émeutes.

Le Directoire de la Mayenne, plus ferme que beaucoup d'autres, essayait encore, en juin 1792, de faire
respecter la loi et le principe de la liberté du commerce, ainsi que le prouve la délibération du
13 juin :

Vu les procès-verbaux de la municipalité et district
d'Ernée, en date des 4, 8 et 12 de ce mois, desquels il
résulte que l'esprit d'agitation et de discorde, qui semble
malheureusement régner dans la ville d'Ernée, a produit
différens excès répréhensibles qui, s'ils restent impunis, en
promettent de plus considérables encore ; que la vie et les
propriétés des citoyens n'y sont plus en sûreté ; que
l'oubli de la loi et le mépris des autorités constituées y
sont portés au comble ; que, le 31 mai dernier, la gendarmerie nationale, à laquelle la municipalité avoit donné un
réquisitoire pour prêter main-forte au nommé Louis
Chérot, meunier de la paroisse de Chaillant, à l'effet de
faire cesser des obstacles que des malintentionnés avoient
apporté à l'enlèvement des grains par lui achetés au
marché, avoit été insultée et menacée par un attroupement
de différentes personnes ; que les femmes Grousset et
Laigre, qui étoient à la tête de ces attroupemens, s'étant
permis plusieurs excès, furent, sur la dénonciation de la
municipalité et d'après un mandat d'arrêt du juge de paix,
conduites dans la maison d'arrêt ; que, le 4 de ce mois, sur
les six à sept heures du soir, les nommés Bouvier, Laigre,
Fauquet, Droyer fils, Grousset fils, armés de haches et
autres outils, s'étoient portés, suivis d'un rassemblement

considérable, au-devant de ladite maison d'arrêt; qu'ils avoient sommé le concierge de leur en ouvrir les portes et que, sur le refus qu'il en avoit fait, ils étoient venus les enfoncer au moyen des instruments dont ils étoient nantis; qu'ensuite, ils avoient expolié lesdites femmes Laigre et Grousset, sans qu'il fût possible de les en empêcher; que ces bris de prison et exploitation étoient déjà faits lorsque le procureur syndic et le procureur de la commune, prévenus de l'attroupement, se disposoient à l'aller dissiper et à prévenir les violences qui en avoient été les suites ; que ledit Bouvier, ci-devant employé dans les gabelles, se tenoit depuis quelque temps dans un continuel état d'ivresse, malgré son extrême indigence ; qu'il s'étoit permis, en différentes circonstances, d'insulter et menacer d'honnêtes citoyens, même de casser les vitres de leurs maisons; que, le mardi, un jour de marché, il s'étoit formé de nouveaux rassemblements sur la place; que les particuliers qui les composoient s'étoient formellement opposés à la liberté de la vente et enlèvement des grains ; que ledit Bouvier, entre autres, entouré d'un grand nombre de femmes, s'étoit fait donner des grains par violence, au prix qu'il avoit voulu ; qu'il empêchoit les étrangers d'en acheter ; que les représentations du procureur de la commune n'avoient pu l'arrêter, qu'il s'étoit répandu en injures contre lui et avoit poussé plusieurs personnes sur lui ; enfin que, mardi dernier encore, quoique les troubles aient été moins violents, les murmures et les menaces avoient recommencé, et qu'un garçon meunier, qui étoit venu pour acheter des grains, avoit recu dans le tumulte un coup de bâton sur la tête, sans qu'il sache de qui.

Le Département, considérant qu'il est urgent de remédier à de pareils désordres et de sévir contre leurs coupables auteurs ; que les entraves mises à la libre circulation des grains nuisent également à l'intérêt public et particulier ; que, la crainte qu'elles donnent éloignant ceux qui achètent, il en résulte que les marchés ne se trouvent pas approvisionnés ; que les grains augmentent au lieu de diminuer, en sorte que le malheureux en est la première victime.

Le Directoire du département dénonce au juge de paix

*d'Ernée les femmes Laigre et Grousset, lesdits Bouvier,
Laigre et Droyer fils, Fauquet et Grousset fils, leurs complices
et adhérents, à raison des faits susmentionnés.*

L'arrêté ajoute que, « aussitôt les mandats d'arrêt décernés contre les accusés, il sera envoyé, sur la première réquisition, une force armée suffisante pour les faire mettre à exécution ».

Après la haine des prêtres contre la Révolution, après la disette et la faim, le recrutement militaire ne contribuait pas dans une faible mesure à soulever les passions des habitants de l'Ouest, depuis que, le 20 avril 1792, la France avait voté la guerre aux rois, et que les rois, de leur côté, s'étaient rués sur la France. Les masses parisiennes, en forçant les portes des Tuileries le 20 juin, avaient donné un avertissement brutal à la cour, coupable d'applaudir à nos premières défaites de Tournai et de Mons, et de tendre la main à l'étranger. De fait, la situation était terrible. Des nuées de volontaires, pleins d'enthousiasme, mais peu disciplinés pour lutter contre l'invasion, un chant sublime, *la Marseillaise*, et c'était tout! Ni ordres, ni approvisionnements, ni unité dans le commandement. Dans les provinces, chaque Directoire agissait isolément, en général dans un esprit peu sympathique à la Révolution. On le vit bien au nombre des adresses contre-révolutionnaires que les administrations départementales envoyèrent à l'Assemblée après le 20 juin; on le vit bien à l'attitude du Directoire de Paris, qui suspendit Petion et Manuel. Pour briser toutes ces malveillances et sauver la France qui s'abîmait dans l'anarchie gouvernementale, la Législative avait proclamé, le 22 juillet, *la Patrie en danger*. Le décret mettait

toutes les gardes nationales en activité; le nombre
d'hommes à fournir par chaque département devait
être fixé par l'Assemblée; le Département et le District en feraient la répartition; dans un délai de trois
jours, les hommes de chaque canton auraient à désigner entre eux ceux que le canton enverrait au cheflieu du District pour recevoir la solde, la poudre et
les balles.

L'arrêté du Directoire de la Mayenne en date du
21 août 1792 nous apprend comment ces mesures
furent accueillies dans le district d'Ernée :

Vu différentes lettres à nous adressées, desquelles il
résulte que quelques ennemis de la chose publique semblent s'être concertés pour exciter des troubles et empêcher l'exécution de la loi du 22 juillet dernier, de la délibération du Département qui fixe le nombre d'hommes
que doit fournir chaque district, tant pour le complettement du bataillon de volontaires que pour la formation de
cinq nouvelles compagnies et le complettement de l'armée
de ligne, ainsi que de la délibération du district d'Ernée,
qui a fait la répartition de son contingent entre chacun de
ses cantons; que environ trois cents particuliers de Montaudin et Larchamp s'étoient réunis contre les citoyens des
paroisses de Levaré et Saint-Berthevin, qui s'étoient présentés pour concourir à former le nombre d'hommes exigé
du canton; qu'ils les avoient maltraités et obligés de
s'enfuir en menaçant de tuer le premier d'entre eux qui
s'offriroit pour servir sa patrie; que les commissaires
même avoient été exposés de manière à ce que la prudence
leur avoit fait un devoir de renoncer à remplir leur mission, et qu'il leur étoit devenu impossible de rédiger sur
les lieux un procès-verbal de ce qui s'étoit passé; qu'entre
autres, le nommé Louis Charlot, demeurant au lieu de la
Charbonnière, paroisse Montaudin, avoit commencé la
rébellion et à élever la voix contre les ordres des commissaires; que près de deux cents des révoltés s'étoient portés
dans la cour de la dame Lemétayer-Champorinais, dans le

dessein de s'introduire dans sa maison ; que plusieurs y
coururent pour voir si l'on ne verbalisoit pas des différents
excès qu'ils avoient commis ; qu'un grand nombre ensuite
s'étoit rendu au lieu de la Botinière, où demeure le sieur
Le Fizelier, capitaine des grenadiers, à environ un quart
de lieüe du bourg de Montaudin ; qu'ils y avoient pillé et
dévasté le jardin, abattu les fruits du verger, rompu quelques arbres et cassé la porte d'une écurie ; que, ne l'ayant
point trouvé et ayant appris qu'il étoit dans le voisinage
chez la demoiselle Lavigne, où la crainte l'avoit fait se
réfugier, ils avoient été l'y chercher ; qu'ils l'avoient
ramené de force au bourg ; qu'ils s'étoient saisis de la liste
d'inscription des grenadiers qu'il avoit dans sa poche, et
l'avoient déchirée, après l'avoir maltraité et jeté par terre ;
que, comme il étoit aux prises avec l'un d'eux, le nommé
Tronchot, menuisier, demeurant près Marolles-en-Lar-
champ, lui avoit donné un violent coup d'une toise dont il
étoit armé et l'avoit grièvement blessé au côté ; que, rendus
audit bourg, ils s'étoient emparés de la liste des autres
compagnies de la garde nationale et l'avoient lacérée ;
qu'ils avoient même voulu rompre les registres de la municipalité et s'étoient, à cet effet, transportés chez le maire ;
que le nommé Foureau, du lieu de la Gervais-en-Montaudin,
avoit frappé à coups de bâton le sieur Du Domaine, capitaine de la garde nationale ; que les nommés Merlin, père
et fils, le premier présenté par le district et agréé par le
département pour l'un des experts commis aux estimations
qui doivent préparer le repartement des contributions
foncières et mobilières, avoient été poursuivis, ainsi que
plusieurs autres bons citoyens ; et que le sieur Gouault,
juge de paix, témoin de tous ces désordres, et le procureur
de la commune n'avoient pris aucunes précautions ni
employé aucun des moyens prescrits par la loy pour les
arrêter ;

Sur tout quoy le Conseil général du département de la
Mayenne, délibérant, et considérant que la commune de
Montaudin n'a cessé de donner des marques d'incivisme ;
que les bons citoyens y ont toujours été persécutés et
insultés ; qu'il est nécessaire d'y faire rentrer les rebelles
dans l'obéissance à la loy, et d'effrayer par la punition

exemplaire des coupables ceux qui tenteroient de les imiter; considérant, en outre, qu'aux termes de l'art. 28 de la loy du 3 août 1791, le procureur de la commune de Montaudin et le juge de paix du canton doivent se présenter au lieu de l'attroupement et faire les réquisitions prescrites par les articles 26 et 27 de la même loi; qu'ils devoient user de tous les moyens qu'elle leur indique pour prévenir et dissiper les troubles dont il s'agit; que, loin d'y avoir satisfait, il ne paroît pas même qu'ils aient rédigé procès-verbal de ce qui s'est passé, le dit jour 15 de ce mois, au bourg et environs de Montaudin; que cette obligation étoit d'autant plus indispensable pour eux que, d'après la loy du 8 juillet, qui fixe les mesures à prendre lorsque *la Patrie est en danger*, et d'après celle du dix de ce mois, relative à la suspension du Roy, ils étoient tenus de rester à leur poste, en état de surveillance continuelle, et que la circonstance particulière du rassemblement des citoyens du canton capables de porter les armes leur en faisoit surtout un devoir impérieux;

A arrêté, après avoir entendu le procureur général syndic, que lesdits sieurs juge de paix et procureur de la commune sont et demeurent dénoncés au tribunâl criminel, et que les nommés Charlot et Tronchot, pour les faits susmentionnés, et tous leurs complices et adhérens, demeurent dénoncés aux juges qui en doivent connoître, pour être chacun d'eux puni conformément à la loy....

Ces actes d'insubordination, cette violente opposition aux décrets sur le recrutement ne procédaient certes pas d'un inavouable sentiment de lâcheté, mais, après le conflit sanglant du 10 août, après la chute sans remède de cette monarchie sur laquelle s'appuya le prêtre jusqu'au dernier jour avec une illusion fanatique, il y eut dans l'Ouest une commotion violente. L'émeute de Fouesnant près Quimper (juillet 92) n'avait été qu'une tentative toute locale, une sorte de remerciement adressé au malheureux prince qui venait d'écrire au Directoire du Finistère pour réclamer l'élargissement des prêtres réfractaires, emprisonnés à Brest. Quelques gardes nationaux, un peloton de gendarmes avaient eu raison des 500 paysans soulevés par Allain Nedellec. Mais, le 24 août, c'étaient quarante paroisses et 8 000 hommes qui avaient dévasté Châtillon et attaqué Bressuire. Ce mouvement encore avorta, et les gardes nationaux patriotes suffirent à le réprimer. Seulement, on avait pu relever ce fait grave : la connivence de certains magistrats de la Révolution, ainsi Delouche, maire de Bressuire. De même, nous venons de le voir, le juge de paix et le procureur de la commune de Montaudin avaient pris parti pour les rebelles. Le département de la Mayenne allait-il aussi prendre feu et s'insurger contre la Loi? Les pièces que nous allons analyser prouvent que, si la révolte, dans ce département, ne souleva pas les masses, vers ce mois d'août 92, elle aboutit néanmoins à des désordres partiels d'un caractère assez grave.

D'une délibération du Directoire en date du 25 août, il résulte que, le 15, les sieurs Reuzeau père et fils, de la commune de Saint-Ellier, « se sont opposés ouvertement aux recrutement et inscription des volontaires à fournir par ce canton; que même ils ont voulu forcer la garde établie pour maintenir le bon ordre et ont levé le bâton sur elle, en disant qu'ils se foutoient d'elle, ainsi que de ceux qui avoient provoqué l'assemblée; qu'ils ont excité leurs camarades à les soutenir dans leur rébellion et déclaré hautement qu'ils ne s'enrôleroient pas; que c'étoit aux officiers municipaux et aux *acquéreurs de biens nationaux* à marcher les premiers ». Le Directoire ordonna que les deux Reuzeau seraient dénoncés au·juge de paix de Landivy comme « perturbateurs de l'ordre public », avec leurs complices et adhérents; et, comme le juge de paix de Landivy, le sieur Hossard (qui ne fut saisi que le 21 octobre de la dénonciation du Directoire), refusa d'en connaître, sous prétexte qu'il avait été commissaire pour l'exécution de la loi sur le recrutement et avait dressé lui-même le procès-verbal ayant servi de base aux poursuites, le Directoire du département arrêta, le 10 octobre, que Reuzeau père et fils, leurs complices et adhérents seraient traduits devant « le directeur du juré (*sic*) du tribunal du district d'Ernée pour être poursuivis et punis suivant la rigueur des lois ».

A cette époque troublée où les partis s'entre-déchiraient, où les institutions du passé luttaient encore, grâce à l'appui des baïonnettes étrangères, contre la jeune République qui, les pieds teints du sang de Septembre, montrait au monde étonné son front ceint de l'auréole de Valmy, une même fièvre secouait les hommes et les poussait à mourir ou à tuer. Dans les provinces, la main du pouvoir central ne se faisant plus sentir : les prêtres conspiraient, les comités révolutionnaires rêvaient d'imiter les hécatombes parisiennes, et les autorités départementales ou municipales, profondément divisées elles-mêmes, ne pouvaient opposer aux pires excès que des arrêtés dépourvus de sanction et une écharpe qui n'en imposait à personne. Chaque citoyen voulait des armes pour se protéger lui-même ou pour terroriser autrui, et il n'était pas rare que des communes entières fissent des incursions brutales dans les communes voisines, comme ces tribus indiennes que divisent entre elles d'inexpiables haines, et qui vivent côte à côte sur le pied de guerre, en méditant des agressions sauvages.

C'est ainsi qu'en septembre 1792 une troupe de fanatiques de la commune de Saint-Germain-le-Guillaume vint sommer la municipalité de lui délivrer un réquisitoire pour aller désarmer la commune de Saint-Hilaire-des-Landes, et, en présence du refus énergique des officiers municipaux, força le dépôt d'armes qui se trouvait à la mairie; puis, sous la conduite d'un commandant de la garde nationale, ces habitants de Saint-Germain-le-Guillaume se mirent en marche sur Saint-Hilaire, au nombre d'environ deux cents, et, arrivés à l'hôtel de ville de cette commune, allèrent s'emparer de vive force des armes enlevées à leurs administrés *suspects* par les autorités municipales de cette petite localité, en vertu de la loi du 28 août 1792.

La délibération du Directoire du département, en date du 31 octobre, relate les faits et prescrit aux chefs des gardes nationaux de Chailland et de Saint-Germain de rendre les armes dérobées à la municipalité de Saint-Hilaire; mais on devine déjà, à la mollesse et au caractère platonique de la répression, que les autorités départementales de la Mayenne se trouvent débordées et ne sont plus maîtresses de lutter contre les excès de pouvoir imputables à ceux mêmes qui avaient la charge du maintien de l'ordre :

Vu le procès-verbal de la municipalité de Saint-Germain-le-Guillaume, en date du 11 septembre dernier, duquel il résulte que Jean Jouet et André Le Fèuvre fils, à la tête d'une troupe de citoyens armés de cette paroisse, s'étoient présentés à la maison commune, y avoient demandé un réquisitoire pour aller désarmer la commune de Saint-Hilaire-des-Landes ; que, sur les représentations du citoyen Nicolas Lecocq, maire, que la municipalité ne pouvoit accorder un pareil réquisitoire, et que les citoyens d'une paroisse n'avoient pas le droit d'aller désarmer ceux d'une autre commune, ni même de s'y transporter sans un ordre préalable du Département ou du District, ou, au moins, du juge de paix ou du commandant du bataillon du canton, les esprits s'étoient échauffés ; que plusieurs avoient élevé la voix, insulté la municipalité et avoient dit qu'ils lui feroient bien donner un réquisitoire de force, ou, sans quoi, ils la feroient marcher avec eux ; que le maire et les officiers municipaux s'étoient à l'instant revêtus de leurs écharpes et avoient répondu unanimement qu'ils ne donneroient point de réquisitoire et qu'il ne marcheroient pas ; que les insultes avoient redoublé ; qu'au même instant, le tocsin avoit sonné et le tambour battu, et que le maire alors avoit dit à haute voix : « Qu'il vous souvienne, messieurs, que c'est sans ordre de la municipalité que la cloche sonne et que bat le tambour ! » qu'un moment après, un grand nombre de gardes nationaux étoient rentrés et avoient demandé des cartouches ; que, le maire ayant répondu que cela compromettroit la municipalité et la rendroit responsable des délits qui pourroient se commettre, les gardes nationaux avoient dit tumultueusement qu'ils n'en demandoient pas pour commettre des délits, mais afin de se mettre en sûreté pour désarmer la commune Saint-Hilaire, et qu'ils n'entendoient pas tant de raisons ; qu'il leur falloit des cartouches, sinon qu'ils alloient enfoncer l'armoire qui les contenoit et en venir aux plus grands excès contre la municipalité ; que le maire avoit répondu qu'à l'exemple du vertueux Simoneau, il étoit prest à répandre jusqu'à la dernière goutte de son sang pour faire respecter les lois et les propriétés, et pour le soutien de la liberté et de l'égalité ; qu'enfin, il ne consentiroit pas qu'il fût délivré de cartouches ; qu'aussitôt l'on avoit frappé plusieurs coups contre les panneaux de l'armoire ; que plusieurs officiers municipaux observent qu'il étoit plus prudent d'ouvrir l'armoire que de la laisser rompre ; que la réponse du maire fût néanmoins qu'il seroit d'avis de la laisser briser, mais qu'au surplus, et à la force n'y ayant plus de loi, l'on pouvoit l'ouvrir, ce qui, sur-le-champ, fut exécuté ; que chacun ensuite prit les cartouches et que la troupe se mit en marche pour Saint-Hilaire.

Autre procès-verbal rédigé le lendemain de celui susdaté par la municipalité de Saint-Hilaire, lequel constate qu'en vertu de la loy du 28 août dernier, elle avoit fait procéder au désarmement des citoyens suspects de son territoire et déposer les armes trouvées chez eux dans la maison commune ; que les commandants de la garde nationale de Chailland et de Saint-Germain-le-Guillaume, à la tête d'environ deux cents hommes, armés de fusils, piques, broches, fourches et brocs, étoient venus, ledit jour 12 septembre, au bourg de Saint-Hilaire ; qu'ils étoient entrés dans la maison commune, y avoient compté les armes qui y étoient déposées, et qui consistoient en dix-huit fusils et une bayonnette, du nombre desquels dix étoient destinés pour monter la garde, un pistolet et une broche à rôtir ; qu'ils avoient demandé la permission d'entrer au corps de garde, ce qui leur fut accordé ; qu'en étant à sortir, ils ont été, eux commandant et gens de leur troupe, chez plusieurs citoyens ; qu'ils ont pris chez Michel Machard, officier municipal, neuf onces et demie de poudre à canon, avec un pistolet dont il avoit fait déclaration ; chez le nommé Beillard, marchand, qui étoit lors absent, une gourde avec deux livres et demie de poudre et une livre de *postes* (?) ou environ ; que de là ils s'étoient répandus dans la campagne, y avoient désarmé plusieurs particuliers qui avoient déclaré leurs armes, formant dix-huit fusils et cinq pistolets, au greffe de la municipalité, croyant qu'elles y seroient en sûreté, mais que lesdits commandants, étant revenus avec leur suite, sur les six à sept heures du soir, entrèrent de force au corps de garde et emportèrent la majeure partie des fusils et pistolets ; que même ils avoient désarmé quelques citoyens qui étoient lors de garde, desquelles armes la municipalité demande la restitution ;

Vu sur le tout l'avis du district d'Ernée ; considérant que les faits énoncés par les procès-verbaux ci-dessus sont

graves et répréhensibles ; que la conduite des nommés
Jouet et Lefebvre est notamment très coupable, que la
descente illégale et abusive faite dans la paroisse de Saint-
Hilaire paroît avoir été concertée entre les commandants
de Chailland et Saint-Germain ; que, loin de l'autoriser de
leur présence, leur devoir étoit de l'empêcher ;

Considérant qu'aux termes de l'article 1er de la troisième
section de la loy du 14 octobre 1791, les fonctions des citoyens
servant en qualité de gardes nationales sont de rétablir
l'ordre et de maintenir l'obéissance aux loix ; que, suivant
l'article 5 de la même section, les citoyens ne peuvent ni
prendre les armes ni se rassembler en état de gardes
nationales, sans l'ordre des chefs médiats ou immédiats,
ni ceux-ci l'ordonner sans une réquisition loyale dont il
doit être donné communication aux citoyens à la tête de
la troupe ; que les commandants de Chailland et Saint-
Germain n'en avoient sûrement aucune ; que ç'a été de
leur propre autorité qu'ils ont conduit plusieurs de leurs
concitoyens armés dans la paroisse de Saint-Hilaire ; que,
conformément à la même loy, les chefs et officiers de
gardes nationales sont responsables de l'abus qu'ils pourroient faire de la force publique ;

Considérant que les visites domiciliaires dans la commune de Saint-Hilaire ne devoient être faites ainsi que
les désarmements, que par les officiers municipaux de
cette commune ou par des citoyens commis de leur part ;
que ceux de Chailland et de Saint-Germain n'avoient pas
le droit de se porter sur son territoire ; qu'ils avoient
encore moins celui de s'emparer des armes qu'ils y ont
trouvées ; que les inconvénients qui peuvent résulter de
ce que des gardes nationales, sans réquisitions légales, se
permettent d'excéder les limites de leurs communes ont
été si bien sentis que la loy du 14 septembre dernier
défend aux municipalités de donner des ordres, d'envoyer
des commissaires et d'exercer aucunes fonctions municipales, si ce n'est dans leur territoire ; qu'elle défend à tous
corps administratifs ou militaires [1]... hors l'étendue de son

____

1. Il doit y avoir ici plusieurs mots passés. On doit lire sans
doute : « De faire des réquisitions d'armes. »

territoire (*sic*) ; que la même loy porte que, si, d'après sa publication, de prétendus commissaires faisoient de pareilles réquisitions, ils seroient arrêtés et leur procès seroit fait comme coupables d'offense et de rébellion à la loy ;

Considérant enfin que les dispositions de cette loy doivent s'appliquer, à bien plus forte raison, à des commandants de gardes nationales qui, de leur propre mouvement, se transportent, à la tête d'hommes armés, dans une commune voisine et commettent divers actes arbitraires et vexatoires, le Conseil général du département après avoir entendu le procureur général syndic, approuve la conduite tenue par la municipalité de Saint-Germain, improuve celle des commandants de gardes nationales de Chailland et Saint-Germain, qui ont été dans la paroisse de Saint-Hilaire, le 12 septembre dernier, leur rappelle les dispositions des loys citées, pour qu'ils ayent à l'avenir à ne plus s'en écarter, et arrête qu'ils seront tenus, sous leur responsabilité personnelle, de remettre, dans la huitaine de la notification qui leur sera faite de la présente délibération au district d'Ernée, qui les rendra à la municipalité de Saint-Hilaire, toutes les armes et munitions qu'ils en ont enlevées ou souffert enlever, sinon autorise le procureur syndic du district à les poursuivre pour les faire condamner à les restituer et à rendre plainte contre eux à cet effet ;

Arrête au surplus que les nommés Jean Jouet et André Lefebvre fils, ensemble leur complices et adhérents, seront, pour les faits ci-dessus mentionnés, dénoncés à la requête du procureur général syndic, qui indiquera comme témoins les officiers municipaux de Saint-Germain, et qui demeure chargé de veiller à l'exécution de la présente et d'en rendre compte de quinzaine en quinzaine.

En décembre 92, il ne s'agit plus seulement d'attentats isolés : ce sont des paroisses entières qui se lèvent au son des cloches et commencent une véritable guerre. La délibération du Directoire de la Mayenne en date du 28 décembre raconte l'agression commise dans la nuit du 27 contre les brigades de gendarmerie d'Ernée et Gorron, dans les environs de Bourgon, et autorise le citoyen Pottier, un des administrateurs, à diriger sur Bourgon une troupe de 200 gardes nationaux de Laval, avec mission d'opérer de concert avec 100 gardes nationaux d'Ernée, appuyés par la gendarmerie du district, et de désarmer les habitants du Bourgon, après avoir arrêté les suspects et « fait descendre les cloches de cette commune », qu'on enverra ensuite à la monnaie de Nantes.

Sur les six heures du soir, un courrier extraordinaire arrivé d'Ernée a remis sur le bureau un paquet contenant un procès-verbal commencé le jour d'hier et arrêté ce matin à sept heures par plusieurs gendarmes des brigades d'Ernée et Gorron, un avis du district, une lettre du citoyen son procureur syndic, une délibération du Conseil général de la commune d'Ernée et une lettre du maire de cette ville, en date de ce jour ; desquelles pièces il résulte notoirement que les gendarmes des dites brigades d'Ernée et Gorron, ayant été requises par le tribunal du juré près le tribunal du district de Laval contre plusieurs particuliers, prévenus de complicité relativement à l'insurrection qui a eu lieu dans les paroisses de Saint-Ouen et du Bourgneuf les 26 et 27 septembre derniers, s'étoient en conséquence transportés la nuit dernière au bourg de Bourgon ; qu'après avoir fait des perquisitions infructueuses dans les différentes maisons qui le composent, n'y ayant pas trouvé un seul homme, excepté un vieillard infirme, ils avoient dirigé leurs pas vers le Bourgneuf pour y faire également des recherches ; qu'en sortant du Bourgon ils avoient rencontré un jeune homme armé d'un long bâton au bout duquel étoit une pique ; ils lui avoient demandé où il alloit et ce qu'il entendoit faire de ce bâton ; que, sur les réponses suspectes qu'il leur avoit faites, ils l'avoient désarmé ; qu'à peine éloigné d'un quart de lieue de Bourgon et qu'étant alors environ minuit, une décharge de

plus de cinquante coups de fusil avoit tout à coup été
faite sur eux par-dessus les hayes; qu'aussitôt ils s'étoient
occupés à repousser les assaillants et que, pour n'en être
pas enveloppés, ils s'étoient formés en avant et arrière-
garde; que de nouvelles décharges avoient succédé à la
première; que le citoyen Latour, l'un d'eux, avoit été
frappé de deux coups de feu; qu'une balle lui avoit traversé le bras gauche, à la saignée, et qu'il avoit été atteint,
à différentes parties de la tête, avec du gros plomb; qu'une
balle avoit traversé le flanc droit, au-dessus de l'épaule, du
cheval du citoyen Ferrand; que l'avant et l'arrière-garde,
qui, par l'effet de la défense vigoureuse qu'elles avoient
opposée à leurs assassins, s'étoient éloignées l'une de
l'autre, avoient pu se rejoindre; que cependant l'un des
gendarmes de l'arrière-garde étoit venu retrouver ses
camarades, mais que les autres avoient été attendus et
appelés en vain pendant plus d'une heure, au milieu des
coups de fusil redoublés lâchés sur ceux de l'avant-garde;
que, le danger ne faisant qu'augmenter, et que, craignant
de laisser tomber aux mains des assassins le citoyen
Latour, que la perte de son sang affaiblissoit sensiblement,
ils avoient cru devoir s'en retourner à Ernée, où, avec
bien de la peine, ils étoient arrivés sur les cinq heures du
matin; qu'à une heure de l'après-midi, lors du départ du
courrier, l'on n'avoit encore reçu aucune nouvelle des
cinq gendarmes restés en arrière, et que tout faisoit con-
cevoir à leur sujet les plus justes alarmes; que les gardes
nationales d'Ernée se seroient portées sur-le-champ à
leurs secours, mais que les administrateurs du District
avoient considéré que leur nombre de cent cinquante ou
environ étoit insuffisant; que les paroisses de Bourgon, du
Bourgneuf, de Launay, Villiers, de Saint-Pierre-Lacour,
dans son arrondissement, et plusieurs autres voisines de
celui du district de Laval et celle de la Grande et Petite-
Chapelle d'Erbrée, de Saint-Mervé et de Bréard, dans le
district de Vitré, toutes dirigées par les mêmes principes
de l'incivisme le plus déclaré, étoient coalisées; qu'au
premier son de cloche elles se rassembloient et qu'elles
pouvoient former un attroupement de plus de 4 à
5 000 hommes; qu'il falloit absolument employer pour les

réduire une force imposante ; que ces paroisses étoient un
foyer d'insurrections et de révoltes sans cesse renaissantes ;
que, jusqu'ici, il avoit été impossible d'y faire exécuter la
loi et respecter les autorités constituées ; que le temps
enfin étoit venu d'user contre leurs habitants rebelles de
mesures générales et fermes ; que leur désarmement
devenoit un devoir et qu'il falloit enlever leurs cloches,
dont ils s'étoient servis plus d'une fois pour se donner le
signal de rassemblement ; qu'à cet effet, ils demandoient
des secours au département et l'invitoient à envoyer des
forces pour se joindre à la garde nationale d'Ernée.

Sur tout quoy le Directoire du département de la
Mayenne, délibérant, et considérant que les paroisses sus-
dénommées sont depuis trop longtemps dans un état de
révolte ouverte ; que d'autres meurtres et assassinats y ont
été précédemmeut commis, que le règne de la loy y est
entièrement méconnu ; que l'on n'y voit qu'anarchie et
désordre et que le patriotisme y a toujours été persécuté ;
que la coalition de ces paroisses est l'un des fils sans doute
d'un grand complot médité contre la sûreté publique ;
qu'il s'agit de le rompre et détruire jusqu'à cette ressource
des ennemis de la liberté, et que, pour en venir plus
sûrement à bout, il est nécessaire que les moyens employés
soient concertés avec les districts de Vitré et d'Ernée, d'où
dépendent ces communes, et exécutés en même temps
avec unanimité ; a arrêté, après avoir entendu le procureur
général syndic : 1º de nommer le citoyen Pottier l'un des
administrateurs, pour, en qualité de commissaire civil,
partir lundi prochain sur les six heures du matin, escorté
de deux cents hommes au moins de la garde nationale de
cette ville et de la gendarmerie, ayant une pièce de canon,
et se rendre au bourg de Bourgon, où il est nécessaire qu'il
soit arrivé à une heure de l'après-midi ; 2º que le district
d'Ernée y enverra, sous la conduite d'un commissaire civil
pris dans son sein, cent des gardes nationales de son chef-
lieu, ou plus, s'il est possible, avec ceux des gendarmes des
brigades du Gorron et d'Ernée qui restent, qui sont en état
de marcher, et une pièce de canon, pour y arriver aussi à
une heure, ainsi que le détachement de Laval, auquel ils se
réuniront ; 3º qu'étant plus que probable que les hommes du

bourg de Bourgon ne s'en étoient absentés la nuit dernière
que pour former l'attroupement qui a commis l'assassinat
dont il est ci-dessus mention ou en faire partie, le citoyen
Pottier demeure autorisé à arrêter tous les particuliers du
bourg de Bourgon et à faire amener en la maison d'arrêt
de cette ville d'eux d'entre eux que, d'après les renseigne-
mens par lui pris, il jugera susceptibles ; qu'il demeure
également autorisé à faire descendre les cloches de cette
commune pour être conduites en cette dite ville, et de là
envoyées à l'hôtel de la monnoie de Nantes, ainsi qu'à en
faire désarmer tous les habitans indistinctement, des
armes desquels il dressera un état qui en constatera le
nombre et l'espèce ; 4º qu'ensuite, il se portera dans les
communes du Bourgneuf, de Launay, Villiers, de Saint-
Pierre-la-Cour et autres circonvoisines, s'il le juge convenable, pour y opérer le même désarmement et s'emparer
de leurs cloches ; qu'au surplus, il prendra tous les moyens
de précaution et de sûreté que les circonstances et sa
sagesse lui dicteront ; 5º que le district de Vitré sera invité
à envoyer dans les paroisses de la grande et petite chapelle
d'Erbrée, de Saint-Mervé et de Bréard, les mêmes jour et
heure que dessus, une force publique suffisante pour en
désarmer les habitans et enlever leurs cloches et à nommer
un commissaire civil à cet effet ; 6º que les différens déta-
chemens se réuniront au besoin pour dissiper concurremment les attroupemens, s'il s'en formoit de considérables,
et agir de concert ; 7º enfin, que, pour l'exécution de ce
que dessus, copies de la présente seront envoyées aux
districts d'Ernée et Vitré, et que le ministre de l'Intérieur
sera informé du transport de la force publique et de ses
motifs, et des mesures ci-dessus arrêtées.

Le 17 janvier 1793, la Convention nationale avait
condamné Louis XVI à la peine capitale, et, le 20,
décidé que le roi serait exécuté dans les vingt-
quatre heures. Le lendemain, Samson l'exécuteur
avait montré aux Parisiens la tête sanglante du prisonnier du Temple, et cette terrible nouvelle avait
porté au paroxysme la fureur du clergé breton et

vendéen, le véritable instigateur des neuf insurrections qui s'étaient succédé de juin 1791 à la fin d'août 1792. En outre, pour résister à l'Europe coalisée qui venait de lancer sur la France onze armées, au total plus de 375 000 hommes, la Convention avait promulgué, entre autres décrets, celui du 20 février 1793, qui mettait en réquisition tous les Français de dix-huit à quarante ans. *Puisqu'il n'y a plus de roi nous ne devons plus payer l'impôt*, disaient les paysans vendéens. Le jour où fut prescrite la levée de 300 000 hommes, plus de six cents villages se soulevèrent. A ce peuple qui ne veut pas être arraché à son champ, à ses bœufs, frappés, eux aussi, de réquisition éventuelle, le prêtre souffle sa haine farouche. Louis XVI, c'est le second Christ : il faut le venger. Derrière le sacristain Cathelineau il y a le curé Bernier : au Conseil supérieur qui dirige l'insurrection, c'est lui qui est le vrai chef, quoiqu'on ait peut-être exagéré son rôle, comme le démontrent des travaux récents. Après Mâchecoul et Saint-Florent, 100 000 hommes s'assemblent au son des cloches. L'aumônier Barbotin dirige le bras de Stofflet, le garde-chasse, et leurs soldats sont sans peur, parce qu'ils sont confessés et absous; ils tuent pour faire souffrir leurs victimes, comme le curé constitutionnel de Mâchecoul, comme ces deux autres curés que les colonnes de Cathelineau lardèrent longuement à coups de piques le 16 et 17 mars, comme ces malheureux prisonniers de Cholet qui furent immolés dans la semaine de Pâques, comme ces six jeunes gens qu'on fusilla liés à l'arbre de la Liberté.

Quel était l'état d'esprit des autorités municipales des provinces de l'Ouest et des citoyens dévoués à la

République, en présence de ces atrocités dignes de
la Saint-Barthélemy et des beaux temps de l'Inquisition? Les patriotes tombèrent-ils dans la rage antire-
ligieuse? L'implacable fureur du clergé et de ses
bandes eut-elle pour pendant l'athéisme le plus gros-
sier? Répondit-on aux assassins des curés constitutionnels par l'assassinat des curés réfractaires? Cela
put se faire à Paris, mais dans la Mayenne nullement.
L'esprit religieux persiste chez les républicains, et ils
invoquent contre « les brigands » l'aide du Dieu des
armées et de la Vierge Marie : leur religion paraît
même plus orthodoxe et plus authentique que celle
du pseudo-évêque d'Agra ou du curé Bernier.

C'est ainsi qu'à la date du 19 mai 1793, à la veille
de la campagne vigoureuse que les chefs vendéens
Lescure, La Rochejaquelein, Stofflet, Cathelineau
allaient diriger contre Saumur, on voit les officiers et
sous-officiers de la garde nationale de Montenay
prendre la délibération suivante pour ordonner une
procession solennelle à la chapelle de Charné, en vue
d'obtenir du ciel le succès des armes républicaines,
« la conversion des brigands et leur retour au giron
de la mère patrie ».

Aujourd'hui 19 mai 1793, l'an IIe de la République française, sont comparus à la maison commune les citoyens
commandant, officiers et sous-officiers de la garde nationale de cette commune, lesquels ont représenté que la
patrie pouvoit sans doute compter beaucoup sur l'énergie
des républicains, ses vrais enfants, mais que tous les élans
et les efforts du patriotisme seroient impuissants s'ils
n'étoient secondés par la protection du Dieu des armées;
que, pour l'intéresser en faveur de la cause commune, ils
croyoient ne pouvoir mieux réussir que par l'entremise de
Marie; qu'en conséquence, ils demandoient qu'on allât

processionnellement à la chapelle de Charné, et qu'il fût dit une messe pour implorer la miséricorde de Dieu, et lui demander le succès de nos armes sur nos ennemis extérieurs et intérieurs, et, plus encore, pour obtenir de sa bonté paternelle la conversion des brigands et leur retour au giron de notre mère patrie par des sentiments de paix et de fraternité.

Sur quoy, la municipalité, assemblée en Conseil permanent et applaudissant au zèle patriotique et religieux des pétitionnaires, considérant qu'il n'est point de plus vrai civisme que celui qui a pour base la religion catholique, parce qu'elle fait un précepte rigoureux d'aimer sa patrie et de lui sacrifier ses biens et sa vie même, et le procureur entendu, a averti que la dite procession aura lieu le lundi 27 de ce mois, jour fixé par le citoyen curé, que tous les citoyens de cette paroisse seront invités d'y assister ; que le luminaire de la messe sera fourni du produit de la charité des fidèles, et qu'à cet effet, il sera fait une quête dans cette église, en même temps que celle que l'on fera demain dimanche prochain pour aider nos frères d'Ernée à payer le canon, affût et train d'artillerie dont ils ont fait l'emplette pour le service public, et spécialement pour la sûreté de ce district, soit en imposant aux malveillants, soit en les repoussant, en cas d'attaque....

Le Directoire de la Mayenne ne se montra pas animé de sentiments plus révolutionnaires, et cela dans le temps même où un clergé fanatique et farouche, le véritable instigateur de l'insurrection vendéenne, tendait la main à l'étranger, appelait une invasion anglaise et voulait lui ouvrir la porte de la France par l'entrée de la Loire, en dirigeant contre Nantes une formidable attaque; à l'heure où les brigands de Charette jetaient dans les puits les soldats républicains, les enterraient vifs ou en faisaient d'horribles chapelets... pour plaire à Dieu. Les autorités départementales de la Mayenne répondaient à ces barbaries en protégeant contre les persécutions

du maire d'Ernée, Quantin, un prêtre de quatre-vingt-
six ans, nommé Adrien Deslandes, assermenté et parfaitement inoffensif, qu'on avait arrêté chez son
neveu, le citoyen Dodard, juge au tribunal de district
d'Ernée. Il n'est pas sans intérêt d'analyser les documents qui se rapportent à cette affaire.

Le 19 mai 1793, le Directoire du département de
la Mayenne était saisi d'une requête du citoyen Dodard,
juge au tribunal de district d'Ernée. Ce magistrat
exposait qu'Adrien Deslandes, son oncle, « prêtre
âgé de quatre-vingt-six ans, qui avait remis, il y a
environ huit ans, entre les mains du ci-devant évêque
du Mans la cure de Châtillon près Mayenne, avait été
arrêté le 15 de ce mois à Marolles, paroisse de Larchamp, chez le citoyen Desloges, son neveu, quoiqu'il
eût prêté, le 20 mars dernier, le serment prescrit par
la loi du 15 août dernier ». Le citoyen Dodard joignait
à sa requête un certificat des officiers municipaux de
la commune de Larchamp, district d'Ernée, qui attes-
tait qu'Adrien Deslandes avait prêté le serment « de
maintenir la liberté et l'égalité » dans les termes de la
loi du 15 août 1792. Sur quoi le Directoire, prenant
acte de ce serment et considérant « qu'aucune plainte
n'était parvenue contre le citoyen Deslandes, que la
paix et la tranquillité règnent dans la commune de
Larchamp », arrête que « ledit Deslandes, prêtre,
sera renvoyé chez son neveu Desloges, où il trouve
tous les soins qu'exigent son âge et ses infirmités ».

Mais la délibération du Directoire ne fut pas exécutée par le citoyen Quantin, maire d'Ernée, qui en
avait cependant délivré un reçu, et, le lendemain
même de la réception de l'ordre d'élargissement
signifié par le Directoire, avait fait arrêter de nouveau

par la garde nationale le malheureux prêtre. Le Directoire rappelle, dans une nouvelle délibération qui porte la date du 21 mai, les faits déjà relevés dans celle du 19. Il constate que le citoyen Deslandes avait cessé d'être fonctionnaire plusieurs années avant la Révolution ; qu'en conséquence, il n'avait pas prêté le serment prescrit par la loi du 26 décembre 1790, parce qu'on n'avait pas eu à le lui demander, mais qu'il avait prêté celui *de liberté, d'égalité*, conformément à la loi du 15 août 1792, et ce avant le 23 mars dernier ; « que son grand âge, la conduite qu'il avait toujours tenue, le patriotisme reconnu du citoyen Desloges dont il habitait la maison le mettaient à l'abri de tout soupçon, qu'aussi personne ne l'avait dénoncé ». Le Directoire consentait « à fermer les yeux sur la manière illégale dont avait agi le maire d'Ernée, qui avait donné seul un réquisitoire et avait fait marcher la force armée sur la commune de Larchamp, où il n'avait aucune autorité ». L'administration départementale « s'était contentée de déclarer que le citoyen Deslandes n'était pas dans le cas de détention et avait ordonné son élargissement ». Mais le maire d'Ernée, de concert avec le juge de paix, n'avait tenu aucun compte de cet ordre et, de son chef, avait maintenu ou renouvelé l'arrestation du malheureux vieillard, alors qu'aux termes de la proclamation de novembre 1789, la moitié des membres plus un du corps municipal eût été nécessaire pour prendre une délibération. Le maire tombait donc sous le coup de la loi du 16 octobre 1791, laquelle prononçait la peine de la dégradation civique contre le président d'une assemblée municipale qui aurait donné suite à des actes annulés. Ce maire méritait par suite d'être dénoncé aux tribunaux, après avoir été suspendu provisoirement de ses fonctions, et le juge de paix s'était mis dans le cas d'être déféré par l'accusateur public au tribunal criminel, conformément à l'article 3 du titre 4 de la loi du 27 septembre 1791. Toutefois, le Directoire, avant de prononcer, jugeait sage de « s'assurer d'une façon positive de qui avait émané l'ordre de se saisir du citoyen Deslandes ». Mais il ne croyait pas empiéter sur le pouvoir judiciaire en ordonnant l'élargissement immédiat de Deslandes, puisque ce dernier n'avait pas été mis à la maison d'arrêt et qu'on l'avait seulement « mis dans l'endroit que le District a désigné pour la réclusion momentanée des personnes suspectes ». En conséquence, le Directoire chargea le procureur syndic du district d'Ernée de sommer les gardes nationaux qui avaient arrêté Deslandes « de communiquer, sous le reçu de l'administration, le réquisitoire ou l'ordre en vertu duquel ils avaient agi, et, en cas de refus de leur part, de les dénoncer et poursuivre devant les tribunaux, pour être punis comme ayant attenté arbitrairement à la liberté d'un citoyen ». La délibération du Directoire renouvelait, en terminant, l'ordre de mettre sur-le-champ en liberté le citoyen Deslandes.

Le maire d'Ernée ne s'inclina pas volontiers devant la décision de l'administration départementale et persista dans son attitude aussi violente qu'illégale. Lorsque le Directoire du district d'Ernée reçut l'arrêté pris le 21 mai, il manda les gardes nationaux qui s'étaient rendus coupables de la deuxième arrestation de Deslandes, et, après un premier refus, ces gardes nationaux communiquèrent le réquisitoire en vertu duquel ils avaient agi. Ce réquisitoire était signé du maire Quantin, du sieur Clément, juge de paix, et de « quelques autres officiers municipaux ou notables ». En le transmettant au Département, l'administrateur et procureur syndic d'Ernée joignait un rapport constatant « que le sieur Quantin, maire, semblant chercher toutes les occasions d'aller contre les arrêts des corps administratifs auxquels il est subordonné, avait fait remettre à la maison destinée aux personnes suspectes le nommé Pottier, auquel le Département, par son arrêté du 18, avait permis d'aller pour huit jours auprès d'un de ses enfants, lors attaqué de la petite vérole; que le sieur Quantin ne s'en est pas tenu là; que, de concert avec le sieur Clément, juge de paix, il a parcouru la ville d'Ernée, s'est répandu en propos et en invectives contre le Département et le District; qu'il a excité ouvertement les citoyens à se soulever contre ce dernier corps; que les choses ont été poussées au point qu'un des administrateurs a donné sa démission; que les autres, craignant pour leurs jours, demandent à être autorisés à quitter Ernée et à porter dans une autre commune le siège de l'administration; qu'un membre a, au même instant, déposé sur le bureau une requête des officiers municipaux de Saint-Pierre-des-Landes, par laquelle il exposait que, depuis quelques jours, le sieur Quantin s'est transporté sur leur territoire et a fait désarmer deux d'entre eux dont le patriotisme n'a jamais été équivoque... ».

Pour faire cesser de pareils excès de pouvoir et réprimer les violations des lois du 16 octobre 1791 et du 14 septembre 1792, le Directoire du département arrêta que Quantin serait déféré aux tribunaux, comme ayant, à deux reprises différentes, donné suite à des arrêtés annulés par le Département en ordonnant l'arrestation des sieurs Deslandes et Pottier, et pour s'être transporté et avoir donné des ordres dans des communes étrangères, notamment à Larchamp et à Saint-Pierre-des-Landes, fait désarmer des officiers municipaux et avoir cherché à soulever des citoyens contre l'administration du district. Considérant, en outre, que des renseignements pris il semblait résulter que les sieurs Clément et Quantin avaient surpris des signatures apposées au bas du réquisitoire en vertu duquel Deslandes avait été incarcéré pour la deuxième fois, le Directoire du département chargeait le district d'Ernée de provoquer les déclarations des signataires, et enjoignait au procureur syndic de dresser à cet égard un procès-verbal qui serait transmis au procureur général syndic du département. Ce dernier magistrat était chargé, conformément à l'article 3 du titre 4 de la loi du 20 septembre 1791, de déférer le juge de paix Clément au tribunal criminel, pour être poursuivi « comme ayant concouru à l'arrestation illégale du citoyen Deslandes et ayant excité les citoyens à se soulever contre l'administration du District ». Enfin, par application de la loi du 26 août 1790, le Directoire suspendait provisoirement de ses fonctions le maire Quantin, jusqu'à ce que les tribunaux eussent prononcé sur son sort, faisait défense aux gardes nationaux et aux citoyens d'Ernée de le reconnaître comme maire, et ordonnait son remplacement par le plus ancien officier municipal. L'huissier Desmoulins, qui avait fait une signification comme huissier sans avoir de certificat de civisme, était en outre dénoncé comme coupable du crime de faux au directeur du jury, et il était enjoint aux administrateurs

du district d'Ernée de ne pas quitter leur poste, car
« ils avaient fait serment de mourir plutôt que de
l'abandonner », attendu que « c'est avec du courage
et de la fermeté qu'on peut venir à bout de vaincre
les anarchistes et de faire respecter la loi ».

Comment se termina ce conflit violent entre le
Directoire du département de la Mayenne et le maire
d'Ernée? Le dernier mot appartenait au Pouvoir central, représenté par le ministre de l'Intérieur. Une
délibération du Directoire, en date du 26 juillet 1793,
nous apprend de quelle manière le ministre Garat
soutint l'administration du département dans sa lutte
contre l'illégalité. Le jury acquitta le maire Quantin,
qui reprit ses fonctions de maire sans aucune autorisation, et le Département dut s'humilier en ratifiant
la réinstallation du magistrat municipal qui s'était
mis en révolte ouverte contre la loi :

Il a été donné lecture d'une lettre du ministre de l'Intérieur, en date du 22, par laquelle il annonce que le
Pouvoir exécutif verra avec plaisir que le Département
réintègre dans ses fonctions le citoyen Quantin, maire
d'Ernée, qui avoit été suspendu de ses fonctions par
arrêté du 25 mai, attendu, marque le citoyen Garat, « que
ce fonctionnaire paroît n'avoir été entraîné à une faute
que par un zèle inconsidéré ».

Le Département, considérant que la réintégration du
citoyen Quantin dans ses fonctions de maire pouvoit n'être
pas nécessaire, puisqu'il les avoit reprises immédiatement
après la déclaration du juré sans aucune autorisation, sous
prétexte vraisemblablement qu'il demeuroit suspendu
jusqu'à ce que les tribunaux eussent prononcé sur son
sort, a arrêté, après avoir entendu le procureur général
syndic, qu'il n'y a aucun empêchement à ce que le citoyen
Quantin continue comme par le passé ses fonctions de
maire d'Ernée.

Ainsi l'anarchie triomphait, et la ferme conduite du Directoire de la Mayenne recevait un blâme indirect du Pouvoir central.

Il n'en reste pas moins, — et c'est la moralité de notre travail, — que, de février 1791 au mois de juillet 1793, l'administration d'un département aussi exposé aux violences d'une insurrection terrible, en même temps qu'aux fureurs des Jacobins exaltés, sut conserver une modération patriotique, une correction absolue, et multiplia ses efforts pour concilier l'ordre et la liberté. Si les documents qu'on vient de lire présentent quelque intérêt pour l'histoire locale de la Mayenne, et même pour l'histoire générale, on nous saura gré peut-être de les avoir exhumés des modestes archives de la mairie d'Ernée.

LA CORRESPONDANCE

DE BAILLY ET DE LA FAYETTE

LA CORRESPONDANCE

DE BAILLY ET DE LA FAYETTE [1]

La Bibliothèque nationale possède la copie d'une intéressante correspondance [2] de Bailly avec La

<hr>

1. *Revue de la Révolution française,* 10° année, n° du 14 juillet 1890.

2. Bibliothèque nationale, manuscrits français, n° 11697. — *Correspondance de M. Bailly avec M. de La Fayette, à commencer du 5 août 1789 au 11 août 1791.* C'est un volume de 279 pages, plus les feuillets A préliminaire et 59 *bis.* Les feuillets 173, 175 sont blancs. Le faux titre porte les mentions suivantes : « Correspondance de de M. Bailly avec M. de La Fayette, élus, le 15 juillet 1789, l'un maire de Paris et l'autre commandant général de l'armée parisienne. » Au-dessous, une trompette avec une bannière où est inscrit ce quatrain dont nous respectons la forme plus patriotique que littéraire :

> Leur sublime vertu, dans ces temps malheureux,
> Où l'aristocratie (*sic*), sans respecter nos lois,
> Allait nous mettre aux fers et commander nos rois,
> Renversa ses projets et nous rendit heureux.

M. Alexandre Tuetey, notre savant collègue de la *Commission municipale des recherches,* a consciencieusement dépouillé les deux registres de la Bibliothèque nationale qui contenaient la correspondance de Bailly avec La Fayette, M. de Gouvion, M. Lajard, Necker, M. Dufresne, et il a mentionné l'objet de plusieurs lettres de Bailly à la Fayette, dans le premier volume, qui vient de paraître, de son *Répertoire des sources manuscrites de l'Histoire de Paris pendant la Révolution française,* Paris, imprimerie nouvelle, 1890, in-8.

Fayette. Ce sont surtout de courts billets par lesquels Bailly et La Fayette traitent de questions concernant le service des gardes nationales parisiennes et le maintien de l'ordre public. Nous ne reproduirons que ceux de ces billets qui présentent un intérêt général ou fournissent des renseignements utiles sur les institutions municipales et l'état de Paris, du 5 août 1789 au 11 août 1791.

BAILLY A LA FAYETTE (31 octobre 1789).

La police à Paris.

Je suis instruit, monsieur le marquis, et je sais même pour l'avoir observé, que l'on rencontre peu de patrouilles dans la ville de Paris, la nuit comme le jour. Lorsque le guet à cheval était composé de moins de 300 cavaliers, on rencontrait fréquemment des brigades qui faisaient la patrouille. Aujourd'hui, nous avons une troupe de 600 hommes à cheval : je n'en rencontre pas une. On m'assure que ce service ne se fait pas. Il est cependant essentiel pour la sûreté publique, surtout dans les longues nuits où nous arrivons. Je vous prie, monsieur le marquis, d'y faire la plus sérieuse attention et de donner vos ordres pour que ce service se fasse exactement, et c'est comme maire de Paris que j'ai l'honneur d'écrire à monsieur le commandant général. Si le détail des patrouilles de l'infanterie dépendait des districts, je vous prie de me le mander, parce que j'écrirais aussitôt une lettre circulaire aux districts. Je vous demanderai tous vos soins pour cet objet important qui intéresse la sûreté publique dont nous sommes l'un et l'autre chargés, et je vous demande en grâce de m'instruire des dispositions que vous aurez faites à ce sujet.

RÉPONSE DE LA FAYETTE (31 octobre 1789).

J'ai déjà remarqué, monsieur, ainsi que vous et tout le public, qu'on ne rencontre pas assez de patrouilles, soit d'infanterie, soit de cavalerie, pour assurer la tranquillité de Paris et pourvoir à sa sûreté. Je me suis bien souvent plaint, à l'ordre, de l'inexactitude avec laquelle on fait celles d'infanterie. Je le répéterai encore aujourd'hui, et j'espère que mes représentations auront l'effet que nous devons en attendre l'un et l'autre.

Je vous observerai que la cavalerie a encore beaucoup de monde dehors; qu'elle fournit journellement 3 piquets, dont un de 25 hommes pour la garde du Roi, qui a constamment deux patrouilles de nuit et deux vedettes à la porte du Roi; le piquet à l'Hôtel-de-Ville est de même force. Je viens de donner des ordres à M. de Rhullières pour que ce piquet ait aussi une patrouille de jour et deux de nuit; celui de l'Assemblée nationale, qui est de 20 hommes, ne peut rien détacher et est là à poste fixe; le reste de la cavalerie de service est reparti par détachement de 8 hommes dans les anciens corps de garde, et j'ai recommandé à M. de Rhullières de surveiller avec le plus grand soin l'exactitude de leurs patrouilles; il y a eu un temps où le service extraordinaire auquel la cavalerie était obligée, était si considérable qu'elle ne pouvait pas fournir à un seul corps de garde; mais il rentre de temps en temps des détachements et bientôt nous pourrons non seulement garnir les anciens corps de garde, mais même les augmenter beaucoup.

Ce n'était pas seulement à Paris qu'il fallait réclamer le concours de la garde nationale. La municipalité la mettait en réquisition pour protéger les convois de blés et les magasins établis jusqu'en Picardie. C'est ainsi qu'à la date du 17 novembre 1789, La Fayette, sur la demande de Bailly, envoie un détachement d'infanterie à M. Le Fèvre de Gîneau, chargé d'établir un magasin au château de Ham. Le 13 du même mois, Bailly se fait l'écho des plaintes du chapitre de Paris qui signale « la dévastation des bois qui lui appartiennent à Sucy-en-Brie [1] » et

1. Le pillage des bois les plus voisins de Paris passa d'ailleurs

demande pour l'empêcher qu'on lui accélère un détachement de la garde de Paris. Ces actes de pillage compromettaient gravement l'approvisionnement de la capitale. La Fayette en convient et, par lettre du 15 novembre, promet de prendre des mesures. Mais les voies les plus fréquentées de la capitale avaient bien besoin aussi de la police. Bailly écrit, le 14 décembre 1789, au commandement général qu'il n'y a point de corps de garde dans l'étendue des boulevards. Il fait remarquer que « si personne ne veille sur cette promenade, elle sera bientôt dégradée et que les chevaux, les voitures passent, à ce qu'on lui a dit, par les contre-allées[1] ». La Fayette mit deux corps de garde à Chaillot et aux Champs-Élysées (lettre du 12 décembre 1789)[2]. Mais il avait aussi des

en habitude. C'est ainsi que, le 12 octobre 1790, Bailly signale à La Fayette « les dégâts commis dans le bois de Romainville ». La maréchaussée reçut l'ordre d'y faire circuler des patrouilles le plus souvent possible. Le 27 octobre, la mairie signale les dévastations commises au bois de Vincennes. On emporte du bois « par charretées ». La Fayette répond, le lendemain, qu'il enverra des patrouilles et prendra, d'accord avec le maire, d'autres mesures, s'il y a lieu. Le 7 novembre 1790, la municipalité de Passy se plaint « des dégâts qui se renouvellent dans le bois de Boulogne ». Bailly demande à La Fayette d'ordonner des patrouilles de cavalerie.

1. Il se commettait aussi des vols, favorisés par l'absence de surveillance sur les boulevards. Bailly en signale un, par lettre du 28 décembre 1789; il avait eu lieu dans la boutique d'un fourreur « et, ce crime restant impuni, dit le maire, il est à craindre qu'on se porte à en commettre de plus grands ».

2. Cela n'empêcha pas les désordres de se reproduire. Par lettre du 6 avril 1790, Bailly demande qu'on place un poste de six à huit hommes au bas de Chaillot « parce que les malintentionnés guettent le moment du passage des patrouilles et savent adroitement en saisir les intervalles pour faire leurs coups ». Dans une autre lettre, datée du 21 mai de la même année, le maire prie La Fayette d'augmenter la garde des Champs-Élysées : « Les plaintes réitérées, Monsieur le marquis, de vols et de désordres

plaintes à formuler contre l'administration municipale. C'est ainsi qu'il écrit ce qui suit, le 19 décembre 1789, pour se plaindre de l'extinction des réver-
bères :

> J'ai l'honneur de vous envoyer, monsieur, le rapport de la
> garde, dont vous avez dû recevoir le double. J'ai représenté
> depuis longtemps les inconvénients de la négligence sur
> les reverbères. Permettez-moi de vous faire observer qu'il
> est impossible de répondre de la sûreté de Paris si, à
> toutes les différences qui existent entre cet hiver et l'hiver
> dernier, on joint l'extinction des reverbères. Je vous
> supplie, au nom de la garde nationale parisienne, de vou-
> loir bien recommander cet objet au bureau de police.

La garde nationale avait également à surveiller
certaines catégories sociales plus ou moins en lutte
avec la loi. Les boulangers, par exemple, vendaient
en fraude de la farine aux amidonniers, et les amidonniers refusaient de recevoir les employés et de
payer les droits sur les produits de leur fabrication.
Il fallut que Bailly demandât à La Fayette de prêter
main-forte aux percepteurs (lettre du 2 janvier 1790).

La police des prisons causait aussi de grands
embarras. L'encombrement du Châtelet avait motivé
le transfert d'une assez grande quantité de prisonniers au dépôt de mendicité de Saint-Denis; mais, par
suite de l'insuffisance de l'effectif des gardiens, plusieurs évasions s'étaient produites. Le maire demande
à La Fayette d'envoyer à Saint-Denis 40 hommes de

---

commis dans les Champs-Élysées, malgré la vigilance des postes
déjà établis pour y maintenir la police et la sûreté publiques,
prouvent assez qu'ils sont insuffisants ». Bailly propose d'employer
à la surveillance les *Volontaires de la Bastille* et ajoute que les
habitants « de ce canton » sont disposés à fournir le logement au
nouveau détachement.

troupes soldées, qui viendront renforcer le piquet de la maréchaussée (lettre du 9 janvier 1790). Le commandant général répond le lendemain « que, jusqu'à présent, la garde nationale parisienne s'est portée avec le plus grand zèle dans tous les lieux où son secours a été jugé nécessaire, soit pour ramener l'ordre et la tranquillité, tel que dans les villes de Versailles, Vernon, Saint-Denis, Brie-Comte-Robert, etc., soit pour tous les convois et dans tous les postes que l'on a établis dans la capitale, la garde des prisons et même la conduite des criminels lors de leur exécution ». Mais il ne peut envoyer des détachements à Saint-Denis. Le service est trop assujettissant et il craint des réclamations des gardes nationaux. La surveillance du dépôt de mendicité revient à la maréchaussée et à la garde nationale de Saint-Denis.

Un autre objet de souci pour le maire, c'est l'audace des crieurs qui violent ouvertement les règlements. Bailly, par la lettre suivante, prie La Fayette de faire arrêter les contrevenants et de les envoyer aux districts :

LE CRIAGE DES JOURNAUX ET FACTUMS (10 janvier 1790).

Vous n'ignorez pas sans doute, monsieur, qu'il a déjà été fait un règlement de police pour empêcher de crier dans les rues autre chose que ce qui émane de l'autorité publique, savoir : les décrets de l'Assemblée nationale sanctionnés par le Roi, les arrêtés de la Commune de Paris et les jugements des cours, quand elles en ont ordonné la publication. C'est avec le plus grand étonnement que j'entends, chaque jour, publier des pamphlets, plus séditieux les uns que les autres; tantôt, c'est la frénétique production d'un folliculaire audacieux ; tantôt, ce sont des récits aussi calomnieux qu'incendiaires ; quelquefois, sous le titre imposant de la bienfaisance du Roi, on va jusqu'à publier l'anéantissement des droits sur le sel et le tabac, et la suppression des barrières.

Le règlement qui a prohibé ces funestes publications ne peut pas être illusoire ; je vous prie de le faire rigoureusement exécuter. La conservation de la chose publique exige que les colporteurs de nouvelles soient sévèrement punis. Il doit être enjoint à toutes les patrouilles de les arrêter et de les conduire aux différents districts, et vous jugerez comme moi que les dispositions doivent être demain mises à l'ordre. Vous jugerez sans doute aussi qu'il serait utile que l'ordre que vous donnerez fût imprimé et affiché dans tous les corps de gardes de Paris. Je ne veux pas, monsieur, vous dissimuler que les précautions que j'ai l'honneur de vous indiquer ne peuvent être prises que dans la journée de demain.

Cependant, j'ai plus d'une raison de désirer qu'elles soient mises en activité, au moins dès aujourd'hui, au Palais-Royal ; c'est là que se trouve ordinairement le foyer de la sédition ; c'est là que l'espèce de délit dont je me plains se commet plus particulièrement, et c'est aussi là qu'il doit être le plus promptement réprimé. Je m'en rapporte entièrement à votre sagesse sur les précautions à prendre en ce moment et je me borne à vous recommander une grande activité.

Bailly a La Fayette (21 janvier 1790).

Exécution du décret de prise de corps contre Marat.

J'ai l'honneur de vous prévenir, monsieur le marquis, que, ce matin, un huissier porteur du décret décerné contre le sieur Marat, s'est présenté chez moi. Il m'a donné une requête tendant à ce que, de la part de la garde nationale, il lui fût prêté main forte jusqu'à ce que force demeure à justice (ce sont les expressions de la requête). J'ai donné un ordre dans lequel j'ai eu soin de viser et le décret et la requête présentée par l'huissier qui en était porteur. Quoique cet ordre soit adressé à M. le commandant général, je l'ai envoyé cependant à M. de Gouvion pour que son exécution ne fût point ralentie[1].

1. Voici le texte de l'ordre auquel Bailly fait allusion : « Vu le

BAILLY A LA FAYETTE (10 février 1790).

Le carnaval.

Au milieu des précautions que nous prenons, vous et moi, monsieur le marquis, pour assurer la tranquillité publique, je ne peux m'empêcher de vous observer que c'est demain le jeudi gras ; que, parmi le peuple, l'explosion de la joie est plus forte ce jour-là que les autres jours de l'année. Vous penserez comme moi que, pour arrêter la licence, il faut prendre des précautions extraordinaires. Vous croirez sans doute convenable d'augmenter le nombre des patrouilles, de les multiplier non seulement pendant le jour, mais encore pendant la nuit.

Je n'ai pas besoin de vous observer que ces précautions ne peuvent manquer d'être renouvelées dans les autres jours gras.

Le retour de la liberté a quelquefois engendré une licence au moins momentanée. J'ignore si l'usage d'insulter les passants pendant le carnaval, soit en criant après eux, soit en leur appliquant au dos des formes de rats, imprimés avec du blanc d'Espagne, est entièrement abrogé ; mais je ne doute pas que vous penserez que cet abus doit périr avec beaucoup d'autres, et je vous serai obligé de mettre à l'ordre des défenses expresses contre l'abus que je vous dénonce.

BAILLY PROTECTEUR DE LA LIBERTÉ INDIVIDUELLE.

L'action du chef de la garde nationale, déjà rendue difficile par le manque de discipline de ses hommes, trouvait d'autres entraves dans des difficultés de

décret de prise de corps en date du 8 octobre dernier, ensemble la requête du sieur Ozanne, huissier, porteur dudit décret, tendant à ce que pour l'exécution dudit décret, il lui fût donné main-forte en nombre suffisant pour que force demeure à justice ;

« Il est ordonné à M. le commandant général de donner, pour l'exécution dudit décret décerné contre le sieur Marat, main-forte pour que force demeure à justice. »

compétence. Bailly et La Fayette échangèrent plusieurs lettres, en février 1790, sur le cas d'un nommé Pellier qu'un conseil de surveillance de la garde nationale avait condamné à une détention de six mois à Bicêtre. Bailly, armé du règlement militaire et sur les réquisitions du procureur de la Commune, proteste, en faisant remarquer que les comités de surveillance n'ont jamais le droit de prononcer des jugements définitifs, surtout quand il s'agissait d'une peine privative de la liberté, et qu'on aurait dû, dans l'espèce, assembler un conseil de guerre, et rendre compte au maire, ainsi qu'au Conseil de ville (article 20 du règlement militaire provisoire arrêté par la Commune). La Fayette répond, le 23 février, en termes assez embarrassés. Il avoue « qu'il lui est arrivé quelquefois de recevoir la décision d'un conseil de surveillance, de la suivre, parce qu'elle paraissait fondée en principe; d'autre fois, d'ordonner la tenue d'un conseil de guerre », dont il atténuait ensuite les jugements; il ajoute qu'il est d'accord avec le procureur de la Commune de Paris pour reconnaître que l'*opinion* d'un comité de surveillance ne peut être assimilée à un jugement définitif, et *qu'un citoyen* ne peut être exposé à perdre son honneur, sa liberté, son état que par un jugement des juges compétents.

Mais il y a de fréquents vols d'effets et, comme les coupables, bien que traduits au Châtelet, en sont sortis, La Fayette a cru devoir les envoyer devant un conseil de surveillance, et ensuite devant un conseil de guerre. Les individus reconnus coupables ont été renvoyés avec une cartouche jaune [1].

1. Dans une lettre du 3 mars 1790, La Fayette annonce à Bailly qu'il n'a pas *approuvé en entier* deux jugements de conseil de

Quant au nommé Pellier, il résulte d'une lettre de Bailly, datée du 26 février 1790, que le Bureau de Ville, saisi de son cas, décida qu'il resterait en prison jusqu'à l'organisation définitive de la municipalité.

En général, Bailly se fait le défenseur de la liberté individuelle. Il veut aussi assurer le maintien des prérogatives et immunités des agents diplomatiques des puissances étrangères. C'est ainsi que, dans une lettre du 1er mars 1790, il proteste contre la violence faite au comte de Mercy, ambassadeur de l'Empire :

Violation des immunités diplomatiques.

Les ambassadeurs et les ministres étrangers, monsieur le marquis, ayant conçu quelques inquiétudes sur le décret de l'Assemblée nationale relatif aux visites qui pourraient être faites dans certains cas, même dans les maisons privilégiées, ont cru devoir donner à M. le comte de Montmorin un mémoire qui contient leurs réclamations à cet égard. Ce mémoire a été mis sous les yeux de l'Assemblée nationale, et il a donné lieu à un décret par lequel il a été décidé que..... [1] la demeure de MM. les ambassadeurs et ministres étrangers devait être renvoyé au Pouvoir exécutif; mais que, dans aucun cas, l'Assemblée n'avait entendu porter atteinte par ces décrets à aucune de leurs immunités.

guerre, condamnant, le premier, un délinquant à être chassé de la garde nationale et banni de Paris; l'autre, un second coupable à être chassé de la garde nationale et enfermé à Bicêtre.

La Fayette, au lieu d'appliquer ces deux peines, dont la première (l'exclusion de la garde nationale) ne lui paraît pas suffisante, a pris le parti de renvoyer au Châtelet tous les hommes accusés de vol. Il faut retenir de cette lettre que le Commandant général exerçait, en matière de discipline, un pouvoir assez arbitraire et sujet à bien des variations.

1. Il y a ici évidemment plusieurs mots passés sur le registre. On doit lire, je pense : « *Il a été décidé que le mémoire relatif à la demeure, etc.* »

M. le Président a été autorisé à communiquer cette réponse au ministre des affaires étrangères. M. le comte de Saint-Priest m'a adressé une copie collationnée du décret, et j'ai donné les ordres nécessaires pour la transcription sur les registres de la municipalité.

Cependant, ces précautions n'avaient pas encore été prises et le décret de l'Assemblée nationale n'était pas encore intervenu lorsque M. le comte de Mercy a été arrêté à la barrière et forcé de descendre de sa voiture pour laisser faire la visite. Il s'est plaint avec raison de cette offense, dont il a été sur-le-champ donné connaissance à M. le Contrôleur général, qui a fait passer aux préposés de la ferme des ordres capables de faire conserver le respect dû aux personnes des ambassadeurs. Si la perception des droits est confiée aux gens de la ferme, elle est particulièrement assurée par les détachements de la garde nationale et par les chasseurs placés aux barrières de Paris. Pour qu'il y ait unité de procédés, il doit y avoir unité de principes. Je pense donc, monsieur le marquis, que ce sera faire une chose que vous approuverez que de vous prier de donner à la garde nationale des ordres et des instructions capables de faire respecter le caractère des ambassadeurs et rendre leurs personnes inviolables. Je vous serai obligé de réunir vos efforts aux miens pour prévenir et empêcher que, par le fait de qui que ce soit, on puisse renouveler un procédé de la nature de celui dont M. l'ambassadeur de l'Empire a cru avoir le droit de se plaindre.

Aux excès de zèle de la garde nationale s'ajoutaient souvent de l'insubordination et un grand laisser aller dans le service. Tantôt Bailly se plaint à La Fayette (lettre du 3 mars 1790) de ce que la garde nationale s'ingérait sans droit dans le fonctionnement du corps des pompiers dirigé par M. Morat; tantôt, le maire signale la mauvaise tenue des officiers et hommes de garde. Voici notamment une lettre du 4 mars 1790, dans laquelle Bailly parle de la manière dont l'Hôtel de la mairie était gardé par les soldats-citoyens :

Le service de garde a l'Hotel de la mairie.

J'ai déjà eu, monsieur le marquis, bien des occasions de me plaindre de la manière dont se fait, à l'Hôtel de la mairie, le service de la garde nationale. Tantôt, un officier et partie des soldats quittent leurs postes ; plusieurs fois, la garde n'a été relevée qu'après plusieurs jours; dernièrement, un officier n'est venu prendre le poste qu'au milieu de la nuit. Aujourd'hui, la garde n'est composée que de soldats de remplacement, c'est-à-dire de soldats qui, n'étant pas attachés aux compagnies du centre, ne sont soumis à aucune inspection, à aucune subordination ; qui ne sont pas connus, parce qu'ils ne sont pas domiciliés, et sur l'exactitude desquels il ne peut pas être permis de compter. Indépendamment de ce que la sûreté du poste de la mairie exige qu'il soit surveillé plus qu'aucun autre, il peut, monsieur le marquis, m'être permis de dire que c'est un poste d'honneur, et je me permettrai de vous observer que la distribution de la garde qu'on y envoie devrait être faite avec toute sorte d'égards et de précautions.

Citons, par contre, une lettre du 1er juin 1790 dans laquelle Bailly, s'adressant à La Fayette, insiste sur la satisfaction que faisait éprouver au roi la manière dont elle remplissait son service de garde auprès de lui, et porte à la connaissance du commandant en chef les témoignages de sa satisfaction :

Je viens de recevoir, Monsieur, une lettre de M. le comte de Saint-Priest par laquelle ce ministre m'annonce que le Roi est dans l'intention d'aller passer quelques jours à Saint-Cloud, et que Sa Majesté désire qu'il y soit envoyé un détachement de la garde nationale. Je vous prie de vouloir bien donner les ordres nécessaires pour le départ du détachement destiné à la garde du Roi et de la famille royale pendant leur séjour à Saint-Cloud.

Je suis aussi chargé, Monsieur, de faire connaître à la garde nationale toute la satisfaction du Roi pour le service qu'elle fait auprès de sa personne. Je m'applaudis de remplir en ce moment la plus douce comme la plus honorable de toutes mes fonctions en vous priant de faire part de cette nouvelle preuve de la bienveillance de Sa Majesté à la garde nationale, dont le patriotisme, la prudence et le courage sont le rempart le plus sûr de notre liberté.

Si le témoignage des bontés du Roi peut acquérir auprès de l'armée parisienne un nouveau prix, ce sera sans doute lorsque le général qui est l'objet de son amour, comme il est celui de la reconnaissance et de l'admiration de tous les bons citoyens, sera chargé de les lui transmettre. Je vous serai obligé, Monsieur, de vouloir bien adresser à chacun de MM. les commandants de bataillon et chefs d'escadron, copie de la lettre que j'ai l'honneur de vous écrire et que je vais moi-même prendre soin de rendre publique.

Dès le début de juin 1790, Bailly s'occupe de préparer la fête de la Fédération. Il écrit, le 8, à La Fayette une lettre non officielle où il l'appelle « mon cher ami » et qui a pour objet de faire l'éloge des Volontaires de la Bastille. « Ils méritent bien, dit le maire, que l'on fasse enfin quelque chose pour eux soit en honneur, soit en argent[1] », et il réclame en leur faveur « une place distinguée à la Fête de la Fédération ». Le 10 juin, Bailly exprime le désir « de chercher à trouver réunis les défenseurs des propriétés et de la liberté de tous », cette garde natio-

---

1. Cela n'empêcha pas les *Vainqueurs de la Bastille* de devenir un peu plus tard un sujet de préoccupations pour la municipalité. Une de leurs assemblées devait servir de prétexte à une tentative contre la Force pour y trouver de prétendus espions cachés au milieu des prisonniers, à ce que prétendait Marat. De là on serait allé au Châtelet pour mettre en liberté le sieur Rotondo. Bailly, par lettre du 28 décembre 1790, dut prier La Fayette de prendre des précautions militaires pour protéger l'Hôtel de la Force et le Châtelet. En outre, le corps municipal interdit l'*assemblée des Vainqueurs de la Bastille*. (Lettre du 6 janvier 1791.)

nale « qui est tous les jours l'admiration des bons citoyens ». Il prie La Fayette de réunir, le dimanche suivant, au Champ de Mars, les trois premières divisions de l'armée parisienne, pour qu'il puisse leur exprimer « la reconnaissance des citoyens de Paris ». Ainsi, le vent a tourné et le maire couvre de fleurs la milice contre laquelle il récriminait naguère avec aigreur. C'est qu'il s'agissait de donner un grand éclat à la fête du Pacte fédératif, et que le concours de la garde nationale était absolument nécessaire à la municipalité. Ce concours était d'ailleurs réclamé à chaque instant par la mairie, pour garder les prisons (lettre du 3 août 1790), pour dissiper les attroupements de mendiants (30 juillet et 5 décembre), pour escorter les personnes arrêtées (10 août), pour assurer la perception aux barrières (11 et 13 août)[1]. Cette dernière mission n'était pas la moins lourde, à en juger par cette lettre du 13 août 1790 :

Contrebande de la barrière de Belleville.

On m'assure que, depuis quelques jours, monsieur, les contrebandiers dirigent principalement leurs efforts vers la barrière de Belleville, dont ils forcent la garde. Il s'y fait impunément une contrebande énorme. Ils menacent de pendre les préposés, ce qu'ils auraient peut-être exécuté, si M. le commandant du bataillon de Belleville n'avait prêté main-forte et fait patrouille depuis 9 heures du soir jusqu'à 1 heure du matin qu'il s'est retiré, croyant le danger dissipé. Ils ont reparu avec plus de furie que jamais,

---

1. Dans une autre lettre, datée du 2 novembre 1790, Bailly propose à La Fayette de créer une place de commandant des chasseurs chargés de la garde des barrières. Ils étaient divisés en huit compagnies avec huit capitaines indépendants. De là un manque absolu d'unité dans le service.

forcé la barrière et introduit une grande quantité de marchandises sans payer les droits. La violence est portée au point que la garde ordinaire sera obligée de quitter le poste, si elle n'est promptement renforcée. Je vous serai donc obligé, monsieur, de vouloir bien, dès la présente reçue, donner des ordres et faire faire les dispositions nécessaires pour qu'il soit placé à la barrière de Belleville un nombre d'hommes suffisant pour empêcher la contrebande et repousser les attaques des contrebandiers. Vous êtes le maître de faire les informations nécessaires pour vous assurer si le rapport qui m'a été fait est exact.

Surmenés, les gardes nationaux manquaient parfois de sang-froid : c'est ce qui résulte du billet ci-dessous, envoyé par Bailly à La Fayette le 25 août 1790 :

Manque de sang-froid des gardes nationales.

Je viens d'apprendre que, la nuit dernière, un soldat volontaire du bataillon des Capucins Saint-Honoré a tiré aux Champs-Élysées sur un particulier qui n'était prévenu d'aucun délit et qui fuyait. Je prie monsieur le commandant général de mettre à l'ordre du jour de ne jamais tirer en pareil cas et lorsque la patrouille n'est pas attaquée, et de ne pas permettre de coucher en joue, même avec la seule intention d'effrayer, parce qu'un soldat mal instruit peut alors lâcher son coup.

Au fond, la bonne intelligence régnait entre le maire et le commandant général, et ils concertaient ensemble les dispositions à prendre lorsque la sûreté publique semblait menacée. Voici un billet confidentiel, daté du 3 septembre 1790, qui prouve la permanence de cet échange de vues :

Accord de Bailly et de La Fayette.

Je crois, mon cher ami, qu'il est à propos, comme je vous l'ai dit hier, de montrer une force imposante, afin que la tranquillité se rétablisse. Je crois aussi qu'il est bon de mettre à l'ordre que les citoyens soient en uniforme. J'espère que, s'il y a quelque mouvement aujourd'hui, vous voudrez bien, mon cher ami, vous rendre chez moi, afin que nous concertions les dispositions. Ce n'est pas seulement la forme que je réclame; vous savez combien je me repose sur vous, mais c'est pour n'être pas exposé à donner des ordres qui croisent les vôtres, et que, d'ailleurs, tous les ordres doivent passer par vous.

Je me propose de faire éclairer les fenêtres ce soir. Croyez-vous que, relativement à toutes ces motions d'aller à Saint-Cloud, il ne serait pas prudent d'engager le Roi de revenir à Paris ?

Cet autre, daté du 8 septembre 1790, est plus éloquent que bien des traités sur la vanité des grandeurs humaines :

L'ESCORTE DE NECKER, DÉMISSIONNAIRE.

Je prie M. de La Fayette de vouloir bien, s'il n'y trouve pas d'inconvénients, donner à M. Necker les deux cavaliers de la garde nationale qu'il demande pour l'accompagner jusqu'à la frontière, en uniforme et en armes. Ces cavaliers sont nommés Antoine Blot et François Dujardin.

Si quelques hommes de la garde nationale pouvaient efficacement protéger un citoyen, il suffisait du caprice d'un officier pour faire mettre au poste les particuliers les plus honorables sur une dénonciation suspecte. La lettre de Bailly du 21 octobre 1790 prouve que de pareils abus se produisaient malgré les protestations des officiers municipaux :

ABUS DE POUVOIRS DES OFFICIERS DE LA GARDE NATIONALE.

J'ai l'honneur, monsieur, de vous faire part d'une dénonciation que je reçois à l'instant et qui m'est faite par une

personne dont le caractère y ajoute un grand poids : celle
de M. Joly, administrateur. Il me dénonce que la liberté,
qui est le droit le plus précieux de tous les citoyens, a été
violée dans la personne de M. Constant de l'Isle, procureur
au Parlement, par la garde nationale même qui devait, au
contraire, le mettre à l'abri de toutes espèces d'insultes.

Il passait dans son cabriolet par la rue de l'Ancienne
Comédie française. Un petit domestique, qu'il avait chassé
depuis plusieurs jours, a couru au corps de garde et en a
requis l'assistance pour faire à son ancien maître l'affront
d'arrêter sa voiture, sous le prétexte qu'il ne l'avait point
payé de la totalité de ses gages. Le corps de garde a
exécuté contre un domicilié ce dont il était requis par un
homme que l'on peut dire sans aveu. Le citoyen a été
arrêté. L'officier de garde a ordonné que M. Constant serait
mené au district. Un officier municipal, qui accompagnait
M. Constant, a vainement représenté à l'officier qu'il était
sans pouvoir pour donner de tels ordres. Les représentations ont été inutiles. Je vous prie, monsieur, de donner
des ordres capables d'empêcher ces abus : il n'est point
de citoyen qui puisse sortir de chez lui avec l'assurance de
n'être point insulté. Si des gages étaient dus à ce domestique, les tribunaux seuls en pouvaient connaître. C'est ce
dont il est important de bien convaincre la garde nationale.

Parfois la garde nationale s'amusait. C'est ainsi
qu'elle observait la consigne de visiter les fiacres
fermés, après onze heures du soir. Bailly proteste
dans une lettre du 23 décembre 1790 :

VISITES NOCTURNES DES FIACRES.

Nous recevons, monsieur, des plaintes de plusieurs
endroits au sujet d'une consigne que l'on respecte avec
peine, tant elle semble contraire aux principes qui nous
dirigent actuellement. Cette consigne est celle de visiter les
fiacres fermés après 11 heures du soir. Elle s'exécute particulièrement au cimetière Saint-Jean, avec une rigueur
qui ajoute à sa défaveur. On ne peut point se dissimuler

qu'une voiture occupée par un citoyen doit être aussi inviolable que la personne qu'elle renferme; c'est une conséquence des droits du citoyen ; il ne peut y être dérogé qu'autant que des dénonciations le rendent indispensable pour la sûreté générale. D'après toutes ces considérations, je vous prie de vouloir bien lever cette consigne.

A mesure que s'accentue la marche de la Révolution, le rôle de la garde nationale grandit de plus en plus. Dès les premiers mois de 1791, c'est la famille royale qu'il faut directement protéger contre les défiances du peuple et la violence de ceux que Bailly appelle les *malintentionnés*. Le 21 février, il écrit à La Fayette :

MANIFESTATIONS CONTRE MESDAMES.

Je reçois à l'instant, monsieur, des avis qui annoncent que le peuple de Paris veut se porter à Bellevue pour arrêter et conduire ici les voitures d'équipage de Mesdames. Je viens d'en donner avis à M. le procureur-général-syndic du Département, et j'ai l'honneur de vous en prévenir, pour que vous soyez prêt à exécuter les ordres que le Département croira devoir vous donner.

Le 26 février, Bailly félicite la garde nationale de son attitude aux Tuileries dans la journée du jeudi précédent. Le corps municipal est forcé d'ordonner qu'on pose des factionnaires le long de la terrasse du château pour empêcher les groupes de stationner et d'insulter le Roi. (Lettre du 26 février. Bailly à La Fayette.)

LE ROI INSULTÉ.

Le Corps municipal, instruit, monsieur, de l'attroupement et du bruit scandaleux fait sur la terrasse des Tuileries et sous les fenêtres mêmes du Roi, a cru devoir, par quelques précautions, empêcher qu'une scène aussi indécente pût jamais être renouvelée. En conséquence, il a arrêté que, sous le bon plaisir du Roi, il serait posé des sentinelles en nombre suffisant le long de la terrasse du château, et que chacun des factionnaires aurait pour consigne de laisser passer tout le monde, mais en empêchant qui que ce soit de s'arrêter. J'ai l'honneur de vous faire part de cette décision du Corps municipal et je vous serai obligé de donner les ordres nécessaires pour en assurer l'exécution.

Le tribunal de police insulté.

D'ailleurs, on ne respectait pas beaucoup plus les élus du peuple que la famille royale. Une lettre de Bailly, datée du 26 février 1791, constate avec douleur que « les juges du tribunal de police et les officiers municipaux ont été insultés », faute d'avoir sous la main une garde suffisante.

Jeudi dernier, monsieur, il s'est passé au tribunal de police les scènes les plus scandaleuses. Sur le compte qui en a été rendu au Corps municipal, il a été arrêté qu'on établirait dans la salle d'audience une garde qui serait toujours, autant que faire se pourrait, composée de grenadiers. Cette décision du Corps municipal dont j'ai, monsieur, l'honneur de vous faire part, me fournit l'occasion de vous observer que, jeudi dernier, la réserve de l'Hôtel-de-Ville n'était pas garnie, que le désordre n'a pu être réprimé, que des juges et des officiers municipaux ont été insultés, et je vous serai obligé de faire recommander à l'ordre, d'une manière particulière, l'exactitude la plus entière pour le service de la réserve de l'Hôtel-de-Ville. Quant à la garde demandée par le tribunal de police, je dois vous faire observer que, le jeudi excepté, il y aura audience tous les jours de la semaine.

Par lettre du lendemain, La Fayette accorda une garde de douze hommes à placer dans l'antichambre du Tribunal, et une autre garde de douze hommes à placer dans la salle d'audience.

DÉSORDRES A VINCENNES.

Dès le 26 février 1791, la municipalité apprend, par une lettre de M. Dumont, commissaire de police de la section de Montreuil, que la population du faubourg Saint-Antoine veut se porter sur le donjon de Vincennes pour le démolir; Bailly répond, le lendemain, au sieur Dumont pour lui expliquer quelle est la raison d'être des travaux en cours au donjon. Avec l'autorisation de l'Assemblée nationale, la municipalité faisait disposer des locaux pour décharger de son trop-plein le Châtelet de Paris, qui regorgeait de prisonniers, ainsi que la Force et Bicêtre. Le maire prie Dumont de donner ces explications au peuple et de les répandre le plus possible. Il espère que, quand on sera instruit de la vérité, « les honnêtes gens ne conserveront plus d'inquiétudes ». Il promet de prendre des précautions contre les *malintentionnés.*

Le dimanche 27, à huit heures du soir, les officiers municipaux de Vincennes adressent à la Municipalité de Paris un plus pressant appel. Un sieur Cagne, capitaine du district des Enfants-Trouvés, accompagné d'une douzaine de chasseurs, avait donné avis que le faubourg Saint-Antoine avait eu l'intention de marcher sur le donjon et de s'en emparer le jour même, mais que « sur les observations du sieur Cagne, les habitants du faubourg avaient remis *leur démarche* à demain lundi dans la matinée ». Les officiers municipaux de Vincennes craignent que, sous prétexte de prendre possession du donjon, « les gens malintentionnés » ne pillent les maisons, et peut-être n'attentent aux jours des officiers municipaux et à ceux de leurs concitoyens ».

Bailly répond, à la même date du 27, pour rassurer les édiles de Vincennes, et leur répète « qu'il y aura à la porte de Saint-Antoine des troupes qui, au moindre mouvement, seront prêtes à marcher ». Elles seront aux ordres de la munieipalité de Vincennes, qui devra aussi mettre sous les armes la garde nationale de l'endroit. Mais les administrateurs de Vincennes n'ont pas confiance. Ils demandent, par une nouvelle lettre portée par exprès à quatre heures un quart du soir, que le maire de Paris leur envoie « au plus tard avant le jour, force suffisante pour en imposer au grand nombre ». Bailly fit droit à cette requête et chargea M. Champion de la direction des opérations militaires, en lui prescrivant de se trouver à Vincennes avec ses troupes à huit heures au plus tard.

Le lendemain 28, on reçut de bonne heure un premier rapport de M. Champion qui annonçait « que tout était tranquille à Vincennes, et qu'il espérait que la journée se passerait paisiblement ». Gouvion, major-général de la garde nationale, fut sur le point de faire contremander les troupes concentrées à la place Royale. Mais, à onze heures du matin, Bailly envoie l'ordre de marche à ces forces.

Le faubourg commençait à s'agiter. A midi, les officiers municipaux de Vincennes écrivent au maire de Paris un billet, qui n'arriva qu'à trois heures et demie, et qui porte « qu'on assure que le tocsin a sonné au faubourg, que Santerre, commandant audit faubourg, pérore les séditieux, mais qu'ils ne paraissent pas l'écouter ». La municipalité de Vincennes demande

« des forces, et surtout de la cavalerie, pour en imposer aux séditieux ». Quant à la garde nationale de Vincennes, « elle est bien sur pied, mais peu expérimentée et presque sans armes et munitions ». Desmottes, aidé de camp de La Fayette, transmet à Bailly la réquisition du maire de Vincennes et met les troupes en marche. Son billet constate « que les séditieux arrivent en très grand nombre pour démolir le donjon ». Enfin, voici e dernier billet de M. Champion, qui sert de conclusion à cette correspondance sur l'affaire de Vincennes et prouve que les officiers municipaux de cette ville n'avaient pas tort de demander avec instance qu'on hâtât l'envoi des troupes parisiennes, puisquelles arrivèrent trop tard pour prévenir le désordre :

28 *février* 1791. — On démolit le donjon ; nous attendons de la garde... et il n'en vient pas. Il faut hâter les secours. Si la force publique n'aide le pouvoir civil, la loi ne peut être respectée.

Quand l'émeute eut été réprimée, il fallut résister aux tentatives qui avaient pour but la délivrance des individus arrêtés à Vincennes. Prévoyant une manifestation contre l'assemblée de département, Bailly, par lettre du 3 mars 1791, prie La Fayette « de recommander au bataillon de Henri IV une surveillance continuelle, de telle manière qu'à tout instant on puisse dissiper tout attroupement qui pourrait se former, soit auprès de la Conciergerie, soit auprès de l'Hôtel de la ci-devant première Présidence ».

Il rappelle à La Fayette la « nécessité de mettre à l'ordre de la manière la plus expresse que, lorsque, par l'ordre des officiers, les citoyens soldats ont mis la baïonnette au canon, ils ne doivent jamais la retirer *à la voix du peuple* ». Le 20 mars, Bailly informe La

Fayette de l'arrêté du Corps municipal qui « a pour objet la formation sans délai d'un comité de surveillance de toute l'armée parisienne pour prendre connaissance seulement des faits contraires aux règles du service militaire qui ont pu avoir lieu dans les différents détachements qui se sont portés à Vincennes, le 28 février ». Nous avons dit ailleurs qu'on s'en prit surtout à Santerre.

Cette répression ne calma pas les défiances populaires, et elles se traduisirent bientôt par des tentatives violentes contre les maisons religieuses. A la date du 11 avril 1791, Bailly est obligé de réclamer le concours de la garde nationale pour « prévenir et réprimer les excès auxquels quelques malintentionnés s'étaient portés en forçant les portes des maisons religieuses et en se livrant à des violences contre différentes personnes ». Le Corps municipal dut renouveler ses arrêtés portant « défense à toutes personnes de s'attrouper devant les maisons et églises de communautés religieuses ». Bailly recommande particulièrement à La Fayette de protéger les sœurs de la charité :

Je n'ai pas besoin de vous observer, dit-il, combien il serait fâcheux qu'en les abreuvant de dégoût, on les déterminât à abdiquer leurs respectables fonctions. Leur intelligence à gouverner les pauvres malades, les tendres soins qu'elles sont dans l'heureuse et douce habitude de leur prodiguer, pourraient être difficilement suppléés. On ne suppléerait pas davantage à l'instruction publique, à laquelle elles se livrent gratuitement dans les différentes écoles attachées aux paroisses ; et, en un mot, la faiblesse de leur sexe et le respect dû à leur caractère et à leur profession exciteront de votre part un intérêt particulier, auquel nous nous livrerons d'autant plus volontiers que la loi nous fait à tous un devoir de la protection que je vous demande.

A la fin d'avril, la suppression des droits d'entrée aux barrières provoqua aussi une effervescence considérable. Dans sa lettre du 27, Bailly exprime la crainte qu'on ne détruise « les bâtiments des fermes et les murs qui entourent Paris. Cependant l'Assemblée nationale en a décrété la conservation, pour en faciliter la vente. Les ouvriers des ateliers se proposent, dit-on, dans la journée du samedi 30 avril, d'arrêter les premières voitures de vin pour boire toute la nuit, *par forme de réjouissance...* ». Le 29 et le 30, le maire envoie d'autres billets au commandant de la garde nationale pour appeler toute sa vigilance sur les mouvements qui se produisent aux barrières. Puis, le 25 mai, en exécution des arrêtés du Directoire de département et du Corps municipal, qui portaient création dans les différentes sections de bureaux pour échanger librement des assignats contre de l'argent, l'affluence du public à ces bureaux d'échange nécessita encore le concours de la garde nationale. A partir du 16 juin [1], la propo-

---

1. La correspondance de Bailly avec M. de Gouvion, major-général de la garde nationale, correspondance qui est mise à la suite de celle du Maire avec La Fayette, atteste que l'agitation s'était manifestée dès le commencement de mai, tantôt autour de l'Assemblée nationale, à l'occasion de la discussion sur le droit de pétition (9 mai), tantôt à l'occasion des opérations des changeurs au Palais-Royal (15 mai). La manufacture des glaces dut être protégée contre les ouvriers « réformés des travaux publics », 15-18 mai. L'Hôtel de Ville fut même menacé. (Lettre de Bailly à Gouvion du 21 mai.) Le 1er juin, M. de Gouy, député, fut arrêté au moment où il sortait en voiture avec sa femme et ses enfants, sous prétexte qu'il plaçait mal la cocarde nationale à son chapeau. De Gouy écrit à Bailly pour se plaindre et demander qu'on le protège : « Le peuple est trompé, dit-il ; je le lui dis, mais il faudrait qu'il connût les séducteurs, et ces scélérats échappent ici pour aller commettre un autre délit là-bas. »

sition faite à l'Assemblée nationale de supprimer les ateliers publics et de congédier les ouvriers produisit la fermentation la plus grave. Bailly, dans une lettre du 16 juin, confie ses craintes à La Fayette : « Déjà, dit-il, on voit souffler l'esprit d'insurrection. Nous vous prions, monsieur, de tenir auprès des ateliers des forces capables d'en contenir les ouvriers ».

La fuite, puis l'arrestation du roi et de la famille royale aggravèrent singulièrement l'effervescence des Parisiens. Il ne faut pas chercher de grands détails à cet égard dans la correspondance de Bailly avec La Fayette et M. de Gouvion. Les procès-verbaux du Conseil général sont bien plus explicites et nous y renvoyons. Un billet du maire à Gouvion, daté du 7 juillet, rapporte qu'on a vu « des soldats des compagnies soldées se rencontrer avec les ouvriers et boire avec eux ». Un autre, daté du 13 juillet, exprime la crainte qu'on ne force les portes de l'Assemblée. Le 14, les officiers municipaux envoient au commandant général un billet ainsi conçu :

Dans le cas où les ennemis de la chose publique se porteraient aujourd'hui aux Tuileries pour y contrevenir à l'ordre public et constitutionnel établi, nous autorisons M. le commandant général à employer les moyens nécessaires pour rétablir l'ordre, et même à repousser la force par la force.

A Paris, le 14 juillet 1791.

Signé : BAILLY, JOLY, TRUDON et LEROUX.

Plus bas, est écrit :

M. Gouvion est chargé de l'exécution de cet ordre.

Signé : LA FAYETTE.

Dans un billet, daté du 15 juillet, Gouvion indique au maire toutes les précautions militaires qu'il a prises pour protéger l'Assemblée nationale. En dehors de la garde nationale, il avait même mis en réquisition « des forts de la Halle, des plumets, des hommes avec des piques, des forts du port au Blé, tous gens sûrs, dont les commandants de bataillon lui répondent ». Mais, dans une note du même jour, le major général avoue « qu'il ne sait à quel point compter sur la troupe... qu'il a été obligé de renvoyer des hommes qui étaient en réserve, attendu que les têtes fermentaient sur le décret de ce matin ». Il termine en disant : « Je suis toujours prêt à tout faire, mais mes moyens sont épuisés ».

Le 16 juillet, à une heure et demie du matin, Bailly écrit à La Fayette la lettre suivante, dont le ton est plus ferme que le langage du chef de la garde nationale :

M. de Sillery, Monsieur, sort de chez moi. Il m'informe qu'un très grand nombre de personnes se sont portées hier soir aux Jacobins et y ont annoncé le projet d'un grand rassemblement au Champ de Fédération pour y signer une pétition qu'ils doivent porter en force à l'Assemblée nationale. Je vous prie, Monsieur, *de vous mettre en état de la recevoir* avec des forces suffisantes. Je sais que vous êtes déjà instruit de ces détails. Vous jugerez quel peut être, en effet, ce rassemblement et ce que la circonstance exige de précautions. Ne pourriez-vous pas réunir autour de l'Assemblée la cavalerie, les chasseurs soldés, les enrôlés des frontières, et faire garnir de canons toutes les avenues de l'Assemblée et des Tuileries? Notre ordre d'hier vous autorise, en cas de besoin, à battre la générale, et je le renouvelle autant que cela peut-être nécessaire. Un mouvement extraordinaire exige des précautions extraordinaires. Quand nous les aurons prises, quand nous serons dans un

état de défense respectable, l'Assemblée recevra la pétition,
si elle le juge à propos, et en décidera dans sa sagesse. C'est
à nous de tout disposer pour que ses décrets soient exécutés. Je vous prie de m'accuser sur-le-champ la réception
de ma lettre, et de me faire savoir si vous avez déjà fait
quelques dispositions.

Et voici la réponse de La Fayette, datée du 16 :

J'ai reçu la lettre de M. le maire. M. de Gouvion lui
rendra compte dans une heure des dispositions que nous
comptons faire pour exécuter ses ordres.

On sait le reste.

La correspondance de Bailly avec La Fayette
s'arrête au 11 août 1791. La dernière lettre est un
billet qui invite le commandant général à déjouer les
manœuvres « pour compromettre l'ordre public en
mettant la division et en troublant l'harmonie qui
existe entre les Suisses et la garde nationale ».

La correspondance avec M. de Gouvion se prolonge
jusqu'au 4 septembre 1791.

CORRESPONDANCE DE BAILLY
AVEC NECKER

CORRESPONDANCE DE BAILLY
AVEC NECKER [1]

Nous avons déjà publié, dans la *Revue* du 14 juillet dernier, des fragments de la correspondance inédite de Bailly avec La Fayette, d'après le manuscrit de la Bibliothèque nationale. On ne lira peut-être pas avec moins d'intérêt les extraits suivants de la correspondance de Bailly avec Necker et autres, depuis le 4 août 1789 jusqu'au 7 mars 1791 (Bibliothèque nationale, Manuscrits Fr. 11 696, 1er registre) :

LETTRE DE NECKER A BAILLY (20 août 1789).

M. Necker étant dans son lit, indisposé, a l'honneur de faire ses compliments à M. Bailly, et de lui recommander M. Virion, commandant des volontaires de la Basoche, du zèle et des soins duquel il a été extrêmement content dans l'affaire de l'approvisionnement des grains : il serait charmé que M. Bailly voulût bien lui donner des marques [2] de bonté et d'intérêt dans les élections qui vont se faire.

---

1. Extrait de la *Révolution française*, n° du 14 septembre 1890.
2. Le manuscrit porte des *moyens* de bonté, etc. C'est un *lapsus* évident.

Lettre de Virion sur les transports de grains
(21 août 1789).

Je n'ai pas perdu un instant pour me rendre à Saint-Germain et y attendre l'arrivée du petit convoi de Pontoise qu'il avait été arrêté que je ferais filer à Paris. Je suis parti de Versailles aussitôt après avoir quitté MM. Deleutre et Buffault, chez M. le directeur général des finances. Il était alors minuit. En chemin faisant, j'ai rencontré deux voitures de farine venant de Mantes, et qui avaient destination pour Versailles. J'ai fait changer la route [1]; elles seront à Paris pour cinq heures du matin. Arrivé au haut de la montagne Saint-Germain, j'ai trouvé sept autres petites voitures chargées de farines venant aussi de Mantes; j'ai fait éveiller les voituriers qui s'étaient couchés, dans la confiance qu'ils n'iraient qu'à Versailles. Ce petit convoi ne partira pas avant quatre heures; on le recevra à la Halle à huit ou à neuf heures, au plus tard. Restait après cela le convoi de Pontoise qui m'inquiétait, et je craignais bien de ne pas le recevoir assez promptement pour suffire à des besoins que je sais si pressants. Heureusement, comme je descendais au Pecq, j'ai rencontré ce convoi, composé au total de sept voitures chargées de farines, que j'ai fait arrêter sur le champ et auxquelles j'ai fait prendre à l'instant la route de Paris; elles partent à trois heures et seront rendues à la Halle à huit heures au plus tard; j'ai donné les ordres nécessaires pour que la marche fût faite avec la plus grande célérité. Le total de ce dernier convoi est de cent sacs, du poids de 217 livres chacun, qui, ajoutés aux cent autres sacs qui doivent partir de la halle de Versailles, ainsi qu'il a été arrêté hier chez M. le directeur général des finances, combleront le déficit du convoi de Vernon, qui, mal à propos, avait été conduit à Versailles. Outre cela, nous avons eu un petit secours, auquel nous

1. Ce procédé paraît plus ou moins correct. Vers la fin d'octobre 1789, Necker écrit à Bailly pour lui signaler une voie de fait analogue à l'acte du protégé du ministre. Un détachement de la milice parisienne arrêta à Conflans un bateau de blé acheté à Soissons pour l'approvisionnement de Versailles.

ne nous attendions pas : c'est celui des neuf voitures venant
de Mantes que j'ai rencontrées sur ma route et auxquelles
j'ai fait prendre route pour Paris. Je désire bien que cela
puisse contribuer à calmer un peu les justes inquiétudes
que donne la position actuelle de la halle au blé de Paris.
Soyez persuadés, Messieurs, que je continuerai de faire
tous mes efforts pour calmer ces inquiétudes. Je ne puis
vous exprimer combien m'a fait souffrir l'état dans lequel
j'ai trouvé M. le maire, lors de mon arrivée à Paris, en lui
apprenant la mauvaise nouvelle du malentendu d'hier,
dont je n'ai eu connaissance que beaucoup plus tard. Il
faut espérer que pareille erreur n'arrivera plus désormais ;
du moins, je ferai mon possible pour l'éviter.

La correspondance entre Bailly et Necker n'est
qu'une longue suite de constatations douloureuses,
relativement à l'approvisionnement de Paris, en
farines, en bois, en charbons et à la pénurie de la caisse
municipale. Le 29 août 1789, Necker écrit : « Qu'il ne
reste plus à Rouen que 10 000 à 12 000 setiers, et que
la municipalité de cette ville ne les laissera pas
passer ; qu'il reste peu de chose au Havre et, quoique
les secours attendus encore de la mer s'élèvent à
100 000 setiers, comme ils arriveront successivement
et que les besoins de la Normandie en consommeront
une grande partie, il devient urgent que le comité
des subsistances se pourvoie de blés dans la généralité de Paris ou celles qui l'avoisinent. L'étranger est
absolument épuisé et ne fournira presque rien
jusqu'à l'époque des secours que produira la nouvelle
récolte : ainsi, ce n'est point une ressource prochaine. »

De son côté, Bailly écrit, le 5 septembre 1789, à
Necker que « la caisse de la Ville est épuisée ; qu'indépendamment des dépenses innombrables qui se font
journellement, le caissier de la Ville a été obligé

d'accepter pour 226 974 l. 15 s. 6 d. de lettres de change pour prix de subsistances ». Le caissier de la Ville était en avance de 176 591 l. 18 s. 5 d. sur la caisse de secours établie à l'Hôtel de Ville. Le roi devait à la Ville 1 153 005 l. 13 s. 10 d., y compris 72 207 l. 18 d. qui constituaient un excédent de dépenses, avancées par la Ville. Bailly faisait donc un pressant appel aux secours de l'État et demandait pour la caisse municipale un versement immédiat de 150 000 livres et un versement mensuel de 100 000 livres. Quelques jours après, le 13 septembre, Bailly signale à Necker l'intention où sont les habitants de Troyes de démolir la vanne Saint-Julien et les travaux faits pour le flottage sur la Seine « des bois destinés pour Paris ». Cette destruction eût privé la capitale de 40 000 voies de bois, et Bailly soutient qu'elle n'est nullement motivée, car des procès-verbaux authentiques établissaient « que ce flottage ne nuit en aucune façon aux moutures, papeteries, blanchiries et autres usines ». Le maire réclame l'intervention de Necker auprès des habitants de Troyes. Necker répond le même jour que « la réquisition de Bailly lui paraît de toute justice, et qu'il écrit en conséquence à la municipalité de cette ville (Troyes) pour la presser de renoncer à ses projets ».

Le lendemain, 14 septembre 1789, nouvelle lettre de Bailly à Necker pour insister sur la détresse de la caisse municipale :

J'ai eu l'honneur de vous l'écrire plusieurs fois, c'est absolument impossible que la caisse de l'Hôtel de Ville fournisse ce qu'elle devra payer, si le gouvernement ne vient point à son secours. Il faut envoyer très promptement de l'argent dans le Soissonnais, dans la Beauce, à

Provins, partout enfin où il y a des acquisitions à faire.
Il faut payer des négociants de Dieppe ; il faut ordonner de
nombreux détachements pour assurer le transport des
convois; et la seule idée des dépenses que nécessitent ces
dispositions doit vous prouver, Monsieur, que ma demande
de 250 000 livres ne peut jamais paraître exagérée. Je vous
prie donc de me permettre de sortir de l'inquiétude où je
suis placé, en me mandant promptement que vous agréez
ce prélèvement de 250 000 livres commandé par la plus
étroite nécessité, et dans quelle caisse seront versés les
fonds.

Necker répond, le même jour, qu'il accorde les
fonds et charge M. Dufresne de s'entendre avec Bailly
sur la caisse qui payera les 500 000 livres. D'ailleurs,
Necker paraît se lasser d'une correspondance aussi
active et prie Bailly « pour sa commodité, de correspondre avec M. Dufresne, directeur du Trésor royal,
de tous les objets momentanés d'argent qui inté-
ressent la Ville ».

Mais Bailly, dès le 16 septembre, adresse une nouvelle et très longue lettre à Necker pour lui exprimer
encore ses vives inquiétudes :

Je ne vois pas, Monsieur, sans une sorte d'effroi, les
approches de l'hiver. Si l'on a de la peine à assurer les
subsistances de Paris, dans un temps où les journées sont
longues, où les routes sur lesquelles passent les convois
peuvent être fréquentées sans danger, où les moutures
sont faites, que sera-ce donc, Monsieur, lorsque les nuits
auront pris la place des jours, lorsque les chemins seront
devenus impraticables et que les glaces auront pu rendre
les moutures impossibles? Quand je pense que, dans
deux mois peut-être, nous touchons à ce terme fatal, je
sens redoubler mon effroi!

Et Bailly tourne avec effarement ses regards vers
tous les pays d'Europe. Le nonce lui a assuré que le

pape pourrait *venir au secours* de Paris et lui adresser
40 000 setiers de froment : Necker s'est-il adressé à
Naples, à la Sicile, à la Sardaigne [1] ? Necker répond
le 18 septembre. Il a prié M. de Montmorin de donner
des instructions aux ministres de France à Rome,
Naples et Turin « pour obtenir l'extraction d'une certaine quantité de grains ». Il a donné, à Hambourg, à
Amsterdam, des ordres d'achat portant sur 40 000 setiers de farine. Il a chargé un négociant de Marseille
« très intelligent » de faire toutes les démarches nécessaires pour se procurer 20 000 autres setiers. Mais
quand ces grains arriveront-ils ? Ceux d'Amsterdam
sur la fin d'octobre ou dans le commencement de
novembre ; ceux de Hambourg viendront plus tard,
peut-être à la fin de décembre. Necker voulait faire
arriver les approvisionnements par le Havre et Rouen.
Bailly proposait Saint-Valery-sur-Somme ; mais le
ministre objecte « que les arrivées dans ce port sont
fréquemment difficiles, à cause des barres qui se
trouvent à l'entrée de la Somme » et de l'insuffisance
des magasins [2].

1. On s'explique l'hésitation des négociants étrangers à traiter
avec la Ville de Paris, quand on sait que M. Dufresne, le directeur du Trésor, avait toutes les peines du monde à faire passer
de l'argent en Hollande pour payer les chargements de blé. C'est
ainsi qu'à la date de juillet 1789, il écrit à Bailly, et lui demande
de faire escorter la diligence de Valenciennes qui allait emporter
100 000 francs destinés à la maison Hoggner, Grand et Cie, négociants à Amsterdam. « Je crains, dit-il, qu'un plus long retard
n'inspire de la défiance à MM. Hoggner, Grand et Cie. »

2. Dans une longue lettre à Bailly, datée du 3 octobre 1789,
Necker expose les mesures qu'il a prises pour assurer l'approvisionnement de Paris. Il a fait à Hambourg deux commandes, de
20 000 setiers chacune, par l'entremise du ministre de France.
Les négociants d'Amsterdam sont obligés d'interrompre leurs
envois, vu la pénurie et la détresse du marché de cette ville. Les

Le maire de Paris est hésitant de sa nature. Il consulte le ministre à toute heure, sur des questions de détail et d'interprétation. Necker impatienté rappelle, le 26 septembre, à Bailly qu'il l'a déjà renvoyé à M. Dufresne : « Je vous avais prié, monsieur, de vouloir bien correspondre et vous concerter avec le directeur général du Trésor royal, au sujet des fonds qu'exigent les achats de grains nécessaires pour la subsistance de Paris, et de ceux que produisent les ventes de la Halle... », et il lui redit la même chose à la fin de sa lettre : « Encore une fois, monsieur, veuillez, je vous prie, concerter avec M. Dufresne ce qui vous paraîtra devoir être pris sur le Trésor royal; il m'en rendra compte et j'approuverai certainement tout ce qui sera convenable et possible dans ces circonstances ». Alors Bailly fait porter sur d'autres questions ses confidences à Necker. C'est ainsi que, le 28 septembre 1789, il l'avise de l'arrestation des sieurs Agasse frères, fabricants de faux billets et de

---

États de la Méditerranée ne peuvent guère fournir que 20 000 setiers, au prix de 50 livres le setier. Les envois ne pourraient arriver qu'en février. On ne veut rien laisser sortir de la Flandre autrichienne; ce pays donne même des primes pour l'importation. C'est surtout sur les négociants anglais qu'on doit compter. MM. Bourdieu et Millet ont demandé en Amérique, par les ordres de Necker, et avec leur garantie, 30 000 barriques de farine. La Bretagne et le Poitou ne laissent pas exécuter les commandes faites par le gouvernement dans ces provinces.

A la fin d'octobre, la situation n'est pas meilleure. Bailly écrit, le 25, à Necker, qu'il a chargé un sieur Mosneron d'acheter 4 000 quintaux de riz, au prix de 20 francs, à un négociant de Lorient; Necker approuva, mais Mosneron n'ayant pas reçu assez vite confirmation de l'ordre, fait marché avec « des maisons de Paris ». Sur la demande de Bailly, Necker affirme, par lettre du 8 novembre, qu'il ignore quelles personnes ont acheté ce riz à M. Mosneron.

fausses actions de la Caisse d'Escompte : Bailly ne sait que faire des prisonniers. Faut-il les garder à l'Hôtel de Ville? Faut-il les remettre aux mains des juges ordinaires?

Je vous observe, Monsieur, que, si la crainte de l'alarme que ces faux billets pourraient répandre dans le public vous faisait penser qu'il y aurait du danger à les laisser à la justice ordinaire, cependant il serait impossible de les laisser libres, et que, ne pouvant user d'ordres arbitraires, il faudrait laisser le crime impuni ou en faire justice, et d'une manière éclatante. Je vous avoue que ce dernier avis est entièrement le mien. Je n'ai pas dû non plus me dispenser de vous référer d'une affaire aussi importante pour les fonds publics.

Necker raille doucement Bailly de sa candeur. L'affaire est ébruitée : il n'est donc plus temps de l'étouffer et il ne reste qu'à saisir les tribunaux.

L'affaire de cette falsification, Monsieur, étant en ce moment répandue, ce serait inutilement qu'on chercherait à l'éteindre, et je pense comme vous, Monsieur, que l'ordre public exige qu'elle soit remise aux juges ordinaires.

Cependant la misère ne fait qu'augmenter. Tandis que les uns fabriquent de faux billets, d'autres, plus honnêtes, en viennent, pour se procurer des ressources, à porter leur vaisselle d'argent à la Monnaie. Comme cet établissement se trouve vite encombré, on cherche des expédients, et voici comment s'y prit le directeur du Trésor. Il l'expose dans une lettre à Bailly, datée du 1er octobre 1789 :

J'ai l'honneur de vous prévenir, Monsieur, que, pour soulager la Monnaie de Paris de l'encombrement de vaisselle dont elle serait inutilement surchargée pour le moment, M. le premier ministre des finances a jugé nécessaire de commettre secrètement M. Auguste, orfèvre du roi, pour acheter des particuliers toute la vaisselle qui lui serait offerte, afin de la fondre et d'en faire l'envoi dans les Monnaies les plus voisines de Paris. J'ai cru devoir, Monsieur, vous prévenir de cet arrangement, et vous prier de donner des ordres les plus précis et les plus prompts pour que ces matières sortent librement, tant de la maison de M. Auguste, que de l'affinage de Paris, dont il est le fermier, afin qu'elles parviennent promptement à leur destination. J'ai, au surplus, l'honneur de vous assurer que M. Auguste est effectivement la personne choisie par le ministre pour cette opération, qu'il n'y a aucun intérêt personnel, et que le seul motif qui le fait agir dans ce moment, n'est que le désir qu'il a de répondre à la confiance qu'on lui accorde et qu'il mérite. Ces mesures n'ont été adoptées que pour empêcher, du moins en partie, les manœuvres qui furent faites en 1759 par plusieurs orfèvres qui achetèrent une quantité immense de vaisselle qu'ils réduisirent en lingots et firent passer ensuite à l'étranger. Il est nécessaire, Monsieur, que la mission donnée à M. Auguste reste secrète, afin que les personnes qui lui apportent leur vaisselle ne se détournent point de lui.

La correspondance officielle entre Bailly et Necker constate que, si les boulangers étaient souvent victimes d'actes de violence commis par le peuple, ils ne se montraient pas plus scrupuleux au regard des facteurs et de l'administration. C'est ce qui résulte d'une lettre adressée par Necker à Bailly, sous la date du 1er octobre 1789 :

Je suis instruit, Monsieur, que certains boulangers de la ville de Paris ont profité de quelques moments de trouble, pour enlever et s'approprier, à leur passage dans les rues, des farines appartenantes à l'administration, qui étaient transportées à la Halle pour y être vendues, et que d'autres ont employé et emploient encore quelquefois des moyens de force pour enlever des places de facteurs *sans les payer*.

Il est on ne peut plus urgent, Monsieur, de remédier à des abus aussi criants, et de faire restituer par les boulangers qui s'en sont rendus coupables la valeur des matières qu'ils se sont indûment appropriées. Je vous prie, en conséquence, de faire faire par les facteurs les déclarations de ceux de ces enlèvements frauduleux dont ils ont connaissance, de tâcher de vous procurer des renseignements sur ceux qui ont été faits dans les rues, et d'exciter sur ces deux objets la vigilance de M. le procureur du roi au Châtelet de Paris. Il ne serait pas moins nécessaire que vous voulussiez bien faire donner une garde suffisante pour la Halle, de façon que les pillages qui y ont été faits cessent d'avoir lieu [1].

LETTRE DE BAILLY A NECKER SUR LES ATELIERS DE CHARITÉ (1er octobre 1789).

Je ne peux pas vous peindre, monsieur, le nombre étonnant de malheureux qui nous assiègent! Tout est, à Paris, dans un état de langueur qui fait frémir, surtout quand on pense qu'il doit en résulter que la majeure partie des ouvriers de cette grande ville est réduite à une inactivité absolue qui présage, l'hiver dans lequel nous allons entrer, une détresse d'autant plus effrayante qu'elle frappera sur la classe la plus indigente et la plus prompte à s'enflammer. Vous avez eu la bonté de préparer l'établissement d'ateliers de charité; mais le nombre des malheureux qui y sont employés n'est porté qu'à 4 000 : il serait bien à désirer que le nombre fût augmenté; qu'il fût même porté jusqu'à 8 000, en prenant la précaution de les diviser et de les éloigner les uns des autres. Je vous parle, monsieur, au nom de la Commune; c'est elle qui m'a chargé de cette réclamation. Je vous prie de la mettre promptement en état de lui rendre compte du succès de nos démarches.

Necker répond, le 15 octobre, « qu'il ne peut que déférer au désir que témoigne la Commune, et qu'il

1. Cela n'empêche pas Necker d'accorder, par lettre du 22 octobre 1789, sur la demande de Bailly, des secours en argent destinés « aux boulangers les moins aisés ».

prendra des mesures pour assurer le payement de cette augmentation de dépenses ». Il invite seulement le maire « à faire diviser les ateliers autant qu'il sera possible, à les éloigner les uns des autres, et à prendre des ménagements pour que le nombre des ouvriers ne revienne pas au point où il était ci-devant ».

Tantôt Bailly s'adresse à Necker pour le pavé de Paris, et le prie de lui faire envoyer par M. de la Millière, « qui avait ce département », toutes les pièces qu'il peut avoir dans ses bureaux (lettre du 20 nov. 1789); tantôt il lui demande un entretien pour la voirie (*Ibid.*); tantôt il appelle l'attention du ministre sur des citoyens méritants ou malheureux. C'est ainsi que, par lettre du 13 novembre 1789, il prie Necker de demander au roi une récompense honorifique pour M. Jacques-François Cassier, de Poissy, qui avait arraché un fermier de cette ville des mains « d'une populace irritée[1] ». Une autre fois, le maire recommande au ministre le chimiste Quinquet, qui avait été victime de la haine des fraudeurs :

MALHEURS DU CHIMISTE QUINQUET (25 novembre 1789).

Il existe, monsieur, un citoyen honnête, représentant de la Commune, qui, par un très bon mémoire contre des plâtriers fraudeurs, s'est formé des ennemis de cette classe d'hommes que le Comité de police a arrêté de faire sortir de Paris où ils s'étaient introduits, au grand désavantage de la ferme générale. Des malintentionnés contre M. Quin-

____

1. Le roi autorise la remise à Cassier d'une médaille d'or rappelant sa belle action et qu'il aurait le droit de porter à la boutonnière. Du moins, Necker avait fait la proposition au roi. Bailly rappelle cette promesse au ministre par lettre du 11 février 1790.

quet, chimiste (c'est le nom et la qualité de ce citoyen), l'ont excessivement maltraité, ont mis le feu à sa maison, lui ont gâté pour quatre à cinq mille francs d'effets, et volé huit à neuf mille francs en argent, qu'il avait destinés à un remboursement exigible à la fin de ce mois. J'ai écrit à M. Vente et à M. Lavoisier pour les prier d'engager la Ferme à venir au secours d'un honnête homme qui ne souffrait que parce qu'il cherchait à conserver ses droits. M. Vente, convaincu de la justice que je demandais, après en avoir conféré avec sa compagnie, a été chargé de vous en référer. Je vous demande, monsieur, pour M. Quinquet, vos bontés et votre justice. Il a travaillé pour le bien commun et pour celui de la Ferme ; c'est pour eux qu'il a souffert. Il doit espérer du secours de ceux auxquels il a cherché à rendre service.

LES MOULINS A BRAS ET LA POMPE A FEU DE CHAILLOT.

De temps en temps, Necker se déclare effrayé des dépenses de la municipalité parisienne. Il termine ainsi une lettre à Bailly, datée du 10 décembre 1789 et qui est relative à la commande faite à M. Perrier de 300 nouveaux moulins à bras, et d'une nouvelle construction à la pompe à feu de Chaillot pour recevoir 12 meules. Coût 750 000 francs. « Les dépenses pour Paris sont immenses; mettez-y, je vous prie, Monsieur, toute la modération et toute la réserve possible. » Ces conseils étaient faciles à donner, difficiles à suivre, en présence de l'affluence des pauvres qui accouraient à Paris et encombraient les ateliers de charité. Bailly avait trouvé un moyen très simple de diminuer l'encombrement : il consistait à payer des indemnités de route aux pauvres employés dans les ateliers, qui consentaient à retourner chez eux; mais les nécessiteux avaient trouvé un procédé plus ingénieux encore, qui consistait à recevoir les frais de route et à revenir ensuite à Paris. Necker le fait remarquer doucement à Bailly, dans une lettre du 28 décembre 1789.

Vous me faites l'honneur, monsieur, de me proposer d'accorder 3 sols par lieue à ceux des ouvriers employés dans les ateliers de charité qui paraissent désirer de retourner dans leur province; mais il me semblerait à propos de déterminer, au moins par aperçu, la quotité de cette dépense, et surtout de convenir des précautions qu'il y aurait à prendre pour empêcher ceux à qui l'on donnerait ce secours, de revenir ensuite à Paris, comme l'ont fait, pour la plupart, les ouvriers des anciens ateliers de Montmartre. Je présume, monsieur, que vous applaudirez vous-même à ces mesures préalables ; aussitôt qu'il y aura été satisfait, je mettrai l'objet sous les yeux du roi et je ne doute pas que, lorsqu'il n'y aura plus d'abus à craindre, Sa Majesté ne se porte avec satisfaction à ce nouvel acte de bienfaisance.

Bailly s'incline, sans bien saisir l'ironie ministérielle, et répond : « Je ne présume pas que cet objet de dépense soit considérable, et il en résultera un grand avantage pour la ville de Paris. On n'oubliera pas d'insérer dans leurs passe-ports que ce passe-port ne leur servira pas, et qu'il ne leur sera rien payé *pour le retour* ». Dans une autre lettre, datée du 27 décembre 1789, le maire assure « que 600 ouvriers sont prêts à se rendre au canal de Bourgogne, et qu'un grand nombre d'habitants de ce canton manquant de moyens pour se procurer la subsistance, il serait intéressant de les employer pour prévenir les mouvements qu'il en pourrait résulter (*sic*) ».

Il est évident que les ouvriers sans ouvrage continuèrent à s'entasser dans les ateliers de charité, car, dans une lettre du 7 février 1790, Bailly demanda au ministre, en invoquant « l'idée déchirante des besoins toujours renaissants de la classe malheureuse qui habite les faubourgs », l'autorisation de prélever sur les fonds de la caisse du commerce une somme de 100 000 francs, « que l'on destinerait à faire travailler les malheureux à des ouvrages d'un usage journalier ». Necker refuse d'accorder cette autorisation (lettre du 16 février), car ni l'état de la caisse du commerce ni celui du Trésor ne permettaient « d'accueillir cette vue de bienfaisance publique ». Alors Bailly se rabat sur un programme de travaux publics et demande au ministre d'accorder aux ponts et chaussées un fonds de 650 000 livres, pour la construction du pont de Louis XVI (1er mars 1790). Necker répond qu'il va prendre les ordres du roi « pour effectuer le paiement de cette somme aux époques nécessaires ».

Malgré ces travaux, et d'autres encore, le nombre des ouvriers indigents ne diminue pas, car Bailly, dans la lettre ci-dessous, peint à Necker la situation des faubourgs sous les couleurs les plus sombres. Non seulement les ouvriers veulent être nourris, mais ils réclament du bois pour cuire le riz qu'on leur distribue, et 750 francs par semaine « pour subvenir aux frais de la cuisson[1] ».

---

1. Lettre de Bailly à Necker, du 14 mars 1790 :

« J'ai reçu, ce matin, monsieur, une députation des trois districts du faubourg Saint-Antoine. Les députés m'ont peint avec les plus vives couleurs la situation affligeante d'une multitude d'ouvriers réduits à une inaction totale. Ils m'ont demandé un secours extraordinaire des riz que le roi a fait venir pour le soulagement des malheureux et dont il a eu la bonté de me confier la distribution. J'ai cru, néanmoins, devoir me rendre à leur prière. Je leur ai fait délivrer quelques voies de bois pour la

Fraudes sur l'Octroi.

A côté de cette misère, qui devenait une charge ruineuse pour les finances de l'État et celles de la Ville, les sources de revenus se tarissaient, par suite notamment de la difficulté de percevoir les droits d'entrée, et de l'incertitude de la ligne de démarcation de l'octroi qui serpentait à travers des rues parallèles, des passages et des jardins communiquant entre eux. Le seul moyen de remédier à la contrebande était évidemment d'établir une enceinte qui fixât la limite de l'octroi. C'est ce qu'avait prescrit une ordonnance du bureau des finances, en date du 16 janvier 1789, qui établissait de plus une servitude *non ædificandi*, au delà et en deçà de la clôture et permettait la perception des droits hors barrières. Les murs avaient été faits, mais les servitudes, comme aujourd'hui les servitudes militaires, causaient un préjudice énorme aux propriétaires des terrains, notamment à ceux de

cuisson du riz qui leur était accordé. Les députés m'ont représenté que, pour que ce secours, que les circonstances rendent indispensable, ne fût pas infructueux, ils auraient besoin d'une somme de 750 francs par semaine *pour subvenir aux frais de la cuisson*. J'ai promis, Monsieur, de devenir leur organe auprès de vous, et j'attendrai votre autorisation pour faire payer aux malheureux habitants du faubourg Saint-Antoine la somme de 750 francs par semaine que votre humanité vous portera sans doute à leur accorder. »

On conçoit que de pareilles dépenses aient fort effrayé les agents du Trésor public. Aussi, vers le début de novembre 1790, M. Dufresne écrivit-il à Bailly pour le prier « de vouloir bien mettre en règle la comptabilité des sommes considérables qui ont été dépensées pour les ateliers publics ». Bailly transmit cette pressante invitation à M. Celerier, en rappelant que cet administrateur avait donné sa parole de présenter ses comptes à bref délai. Mais, le 7 mars 1791, Dufresne écrivit à Bailly qu'il n'avait rien reçu de Celerier.

la Chapelle qui adressèrent, le 2 avril 1790, un long mémoire à Bailly pour exposer leurs doléances. Dans sa réponse, datée du 9 avril 1790, M. Vente estime que l'octroi doit être reporté aux murs de la nouvelle enceinte et que toute la population *intra muros* doit être assujettie aux droits « si l'on veut profiter de la dépense des murs ». M. Vente réclame une loi et dit « que la commune perd au moins 400 000 francs de rente par le retard de cette loi ». La régie, par la plume de M. Vente, trace des développements de la fraude un tableau pessimiste :

On ne pense pas que la suppression des droits sur ce qui est *extra muros* fût un moyen d'anéantir la fraude, ainsi qu'on l'avance dans le mémoire ; mais, si l'on supprime les droits hors barrières, il est naturel d'y assujettir tout ce qui se trouve *intra muros*, et alors on ne fait nul doute que la fraude ne devînt presque nulle par les barrières, ainsi qu'on l'annonce. La confusion qui a régné jusqu'à présent entre les maisons taillables et celles sujettes à l'entrée a seule occasionné la fraude énorme qui augmente chaque jour ; une ligne de démarcation bien décidée et assez éloignée peut seule la faire cesser. La fraude actuelle se commet par la facilité qu'ont donnée les faux passages, la contiguïté des maisons de deux rues parallèles, dont l'une non sujette à l'entrée et l'autre y sujette, entre lesquelles se trouvent des jardins et communications intérieures, le voisinage des maisons de la même rue, dont un côté est sujet et l'autre non sujet aux entrées, et enfin la facilité d'établir des tuyaux souterrains qui se posent en deux ou trois heures et qui se retirent en une minute, s'ils sont découverts. La Régie est sans force vis-à-vis de toutes ces facilités. Une armée de 50 000 hommes ne pourrait arrêter la fraude qui passe par-dessus plusieurs murs communiquant de l'un à l'autre des terrains non sujets à celui qui y est sujet. Que ferait-elle contre des tuyaux souterrains ?

Et M. Vente conclut en demandant « une décision

générale qui fixe la ligne de démarcation entre le terrain sujet et celui non sujet aux murs de clôture, et
peut-être aux 50 toises au delà des murs. Il n'y aura
nulle difficulté à accorder la demande faite par le
mémoire ci-joint, aussitôt que la clôture des murs,
faite en totalité, le permettra; l'architecte qui en est
chargé annonce qu'elle sera bientôt parfaite ».

Bailly transmet à Necker le mémoire des habitants
de la Chapelle, avec la réponse de M. Vente, et le ministre, après s'être concerté avec le contrôleur général,
assure que « tout est disposé pour la loi concernant
les barrières », mais que le moment favorable pour
s'en occuper sera « l'époque prochaine de la formation des arrondissements de Paris ».

En attendant, la pénurie était telle à l'Hôtel de Ville
que Bailly ne peut payer à M. Aclocque une somme de
9 997 livres, avancée par lui pour la formation de son
bataillon, bien que Necker eût transmis (le 28 avril 1790)
à la mairie la réclamation du commandant du
bataillon de Saint-Marcel en ajoutant « qu'il lui
paraissait de toute justice que la commune vînt au
secours d'un citoyen qui a fait preuve d'autant de
zèle et de patriotisme ». Aclocque dut prier le maire
de renvoyer les pièces à Necker pour aviser aux
moyens de régler les avances faites dans l'intérêt
public par un bon citoyen [1].

En revanche, Bailly demande, par un billet de six
lignes daté du 26 juillet 1790, que le ministre donne

1. Aclocque, dans sa lettre du 22 avril, proposait de compenser
jusqu'à due concurrence les droits dont il était débiteur envers
la ferme générale pour la fabrication de la bière de sa brasserie
avec les 9 997 francs, montant de ses avances. Il paraît très fami-
lier avec Necker, car il l'appelle « Necker » tout court, sans
ajouter monsieur, dans sa lettre à Bailly du 29 mai 1790.

l'ordre de lui compter 800 000 francs « pour le pacte fédératif ».

DÉPENSES POUR LE PACTE FÉDÉRATIF.

Je vous prie, monsieur, de vous rappeler que vous m'avez promis 800 000 francs pour le pacte fédératif. Il m'est absolument nécessaire de les avoir aujourd'hui. Je vous serai, en conséquence, obligé de faire donner vos ordres à M. Dufresne à qui j'écris en ce moment.

Necker répond le même jour :

Il m'est impossible, monsieur, de prendre sur moi d'aller au-delà de 100 000 francs, en tout. La créance que vous mettez en avant est susceptible d'observations et serait plus que balancée par d'autres objets. Je vous prie, monsieur, de nouveau, de vouloir bien former à l'Assemblée nationale la demande de la créance dont la Ville a besoin ; c'est l'unique moyen de prévenir votre embarras et d'éviter de me compromettre.

LES VAINQUEURS DE LA BASTILLE HABILLÉS PAR LA NATION.

Bailly essuyait souvent de ces rebuffades, motivées par son empressement à faire largesse à ses administrés. C'est ainsi qu'à la date du 16 juillet 1789, il s'était adressé à M. Camus, président du Comité des pensions, pour faire délivrer aux citoyens qui s'étaient distingués lors du siège de la Bastille, non seulement un habillement et un armement complets, aux frais du Trésor, mais « des bas, souliers, chemises, etc., enfin tout ce qui constitue l'habillement du soldat ». Un décret de l'Assemblée nationale avait bien accordé à ces héros un habillement et un armement complets, mais les constituants ne s'étaient pas occupés de l'exécution et cela regardait le pouvoir exécutif. C'est

ce que fait observer Camus dans une lettre assez
sèche, écrite un an après, le 30 juin 1790 :

Quant à la manière de réaliser le don fait par l'Assemblée, vous savez aussi bien que nous, monsieur, que c'est
au Pouvoir exécutif à donner les ordres nécessaires pour
le payement des sommes que la fourniture de l'habillement et de l'armement exigera. Le Comité ne doute pas
qu'il ne seconde votre empressement et vos désirs.

DIFFICULTÉS ADMINISTRATIVES — PÉNURIE DE LA CAISSE MUNICIPALE ET DU TRÉSOR.

La correspondance de Bailly avec M. Dufresne
contient de nombreuses traces de ces froissements
administratifs, qui ne présentent d'ailleurs qu'un
intérêt relatif pour l'histoire. Dufresne se plaint à
maintes reprises du peu d'ordre que les officiers
municipaux apportent dans leurs opérations pour
l'achat et le paiement des grains en province. Nous
n'en voulons pour preuve que ce passage d'une lettre
de Dufresne à Bailly, en date du 10 novembre 1789 :
« Il est véritablement indispensable que vous ordon-
niez, monsieur, l'établissement d'un bureau de comptabilité pour cette partie, afin que je puisse suivre
l'emploi des fonds que je donne, et connaître, tous les
huit jours, la situation des approvisionnements en
nature et des fonds qui servent à les former ». Les
administrateurs municipaux perdent la tête devant
des besoins urgents, et quand les envois de moutures
arrivent, ils n'ont pas de quoi payer les meuniers.
C'est ainsi que Lefèvre de Gineau écrit à Bailly, probablement fin novembre 1789 [1] : « J'ai recours à vous

---

1. La lettre n'est pas datée, mais elle s'intercale dans le registre

pour de l'argent. Les convois nous arrivent de Rouen tous les jours; les bateaux arrivent de Soissons; les meuniers pressent de tous côtés pour le prix de leurs moutures, et nous n'avons point d'argent... Je ne sais où donner de la tête, si vous ne venez pas à notre secours ». Dufresne, d'autre part, fait remarquer, dans une lettre à Bailly datée du 15 novembre, qu'il est surpris « que M. Lefèvre de Gineau ait écrit au maire de Paris, au lieu de s'adresser à M. de Cizancourt, maire de Noyon et receveur particulier des finances », qui était chargé de payer sur ses mandats les envois de grains faits de Soissons. Il ajoute dans un billet non daté : « Je dois prévenir M. le maire qu'on se plaint en Picardie (et ce sont des gens sensés) que M. de Gineau opère d'une façon peu convenable ».

Si les officiers municipaux appellent le maire à leur secours, Bailly, de son côté, invoque à chaque instant l'assistance pécuniaire de M. Dufresne et du Trésor royal. Il écrit, le 30 janvier 1790, pour prier le directeur du Trésor de payer « un mandement de 300 000 livres », et il motive ainsi sa requête : « La caisse de la municipalité est dans une telle disette que, si ces 300 000 francs n'y rentraient pas, il serait impossible de continuer les payements. Vous concevez combien cette suppression serait nuisible dans les circonstances où nous sommes; et on ne pourrait l'éviter, puisque, d'ici au 6 février, il y a 160 000 francs de lettres de change à acquitter ». Dufresne paya les 300 000 francs (lettre du 11 février). Le 23 mars 1790, il dut encore fournir un bon de 50 000 francs, pour les travaux du pont Louis XVI, à valoir sur le crédit

à la suite d'une lettre du 15 novembre dans laquelle Dufresne parle de M. de Gineau et de ses embarras.

de 650 000 francs que Bailly avait demandé le 19 mars
dans le dessein de « venir au secours des pauvres
ouvriers sans travail et d'empêcher les matériaux destinés au pont de se détériorer ». Mais les 50 000 francs
sont en papier : « Quant à du numéraire effectif,
écrit Dufresne, il m'est impossible de lui en procurer,
car je suis moi-même aux expédients pour cela ». En
juillet 1790, la mairie et le Trésor sont tellement
épuisés que Dufresne écrit, le 23, à Bailly : « Il est
nécessaire, monsieur, si la Ville a réellement besoin
de secours, que vous obteniez un décret de l'Assemblée nationale qui l'accorde et qui en fasse la somme ».
De temps à autre, on annonce pompeusement à l'Hôtel
de Ville une largesse royale. Le 20 septembre 1790,
par exemple, M. Dufresne fait savoir aux sections
que le roi, ayant eu l'occasion de donner de l'ouvrage
aux ouvriers ébénistes du faubourg Saint-Antoine,
qui se plaignaient d'en manquer, Sa Majesté a autorisé une distribution gratuite d'objets mobiliers entre
les 48 sections de la capitale.

DISTRIBUTION DE CHAISES, LITS, TABLES ET COUCHETTES.

Vous connaissez, messieurs, les secours que la bienfaisance du roi verse depuis longtemps sur les pauvres de la
capitale. Un des moyens qui ont paru propres à rendre ces
secours utiles à l'industrie a été d'occuper les ouvriers en
bois et en ébénisterie du faubourg Saint-Antoine, qui
manquaient d'ouvrage. Parmi ceux qu'ils ont faits, il y a
déjà une quantité de chaises de paille, de tables, de lits de
sangle et de couchettes qui pourraient être, aux approches
de l'hiver, d'une ressource précieuse pour les pauvres. Sa
Majesté touchée de cette considération et toujours disposée
à donner à ses sujets des marques de bonté, m'a autorisé
à faire une répartition gratuite et égale de ces meubles

entre les 48 sections de la capitale. Je me fais un plaisir, messieurs, de vous en informer. M. Gerdret, commandant de bataillon de la 6e division, demeurant rue des Bourdonnais, est chargé de vous faire délivrer cent vingt-cinq chaises de paille, vingt-trois tables, vingt-huit lits de sangle et trente couchettes en bois de différentes largeurs. Je ne puis que m'en rapporter à vous, monsieur, pour la sage distribution de ces secours.

Et Bailly répond avec onction :

J'ai l'honneur de vous remercier, monsieur, d'avoir partagé avec moi le plaisir d'apprendre aux sections le nouvel acte de bienfaisance du roi. Je me suis empressé de leur faire parvenir votre lettre ; cette nouvelle marque de bonté ne pourra que justifier leur amour pour Sa Majesté, mais ne peut ajouter à sa vivacité.

Manque d'espèces. — Crise économique.
L'approvisionnement de Paris en bois flotté.

Mais la distribution de 23 tables et de leurs accessoires n'était pas suffisante pour conjurer la crise économique. Le 24 septembre 1790, M. de Juscourt, agent général du commerce de bois flotté pour Paris, développe, dans une longue lettre adressée à Bailly, les difficultés insurmontables que rencontrait cette branche importante de l'approvisionnement de la capitale, si l'on ne pouvait plus payer les ouvriers en écus. Or, depuis le 20 septembre, les agents du Trésor refusaient de faire le change des billets avec le département des subsistances de la ville de Paris. M. de Juscourt dépeint la situation en ces termes :

D'abord il reste encore deux cents trains environ à venir, pour lesquels le commerce va être obligé d'acheter à grands frais les écus nécessaires pour payer les compagnons de rivière qui les ont amenés ou les amèneront, les ouvriers qui les rentreront dans les chantiers et ceux qui les empileront; et vous savez, monsieur, que les bénéfices de ce malheureux commerce sont si restreints qu'il est impossible, sans une perte réelle, qu'il puisse payer des écus au prix où ils sont. Vous savez de même que l'on ne peut payer les ouvriers avec des assignats : il faut donc indispensablement des écus. Le commerce doit-il, à ses dépens, approvisionner la capitale? Vous êtes le père né, le protecteur des citoyens, et, plus spécialement encore, celui de ceux qui approvisionnent votre ville de denrées de première nécessité; ils vous prennent pour leur juge, et ils vous prient de les juger promptement.

Par rapport à l'influence défavorable que le défaut d'écus peut avoir sur l'approvisionnement de 1791, si la municipalité ne vient pas au secours du commerce, il aura l'honneur de vous observer que, pour que la ville de Paris ait son approvisionnement de l'année prochaine, il faut, sous trois semaines, les premières pluies advenantes, commencer dans le fond du Morvan, du Nivernais, à jeter les bois dans les petits ruisseaux naturels ou artificiels, et en faire écouler jusqu'aux ports flottables en trains la plus grande partie possible, afin de pouvoir en faire les tirages, triages et la mise en état avant les neiges et les glaces. Si l'on manque cette occasion, un hiver sec compromettra l'approvisionnement et la disette sera inévitable, surtout cette année 1791 qui ne peut être approvisionnée que de bois de flots fort éloignés : car l'on commence à brûler les bois neufs, destinés pour l'ordinaire 1791, l'hiver dernier s'étant passé sans neiges et le printemps ayant été sec, les flots n'ont pu se rendre.

Pour commencer cette urgente opération, pour laquelle l'on dépensera de cinq à six cent mille livres, il faut, monsieur, autre chose que des assignats; l'ouvrier a besoin, chaque jour, de son salaire pour avoir du pain; depuis l'instant où l'on met la cognée dans le pied de l'arbre jusqu'à celui où il entre à Paris, dans les chantiers, il est passé dans les mains de dix ouvriers différents, de différents pays, qui tous ont des besoins journaliers. Comment voulez-vous que les marchands puissent subvenir à un achat d'argent aussi conséquent? Cela est de toute impossibilité.

Le commerce, plein de confiance en votre justice, monsieur, vous dépose ses alarmes et ses besoins ; il ose espérer que vous voudrez bien calmer les unes et faire cesser les autres, en obtenant que le Trésor royal ou la municipalité continuera l'échange accoutumé pour le restant des arrivages des trains, et celui que nécessitera la manutention prochaine des bois destinés à l'approvisionnement de 1791.

Bailly transmit, le 2 octobre 1790, cette intéressante communication à M. Dufresne, ou plutôt il l'analysa. Le Trésor (lettre du 7 octobre) délivra à Bailly « un mandat pour la conversion de 20 000 livres d'assignats en numéraire », mais il déclara, en même temps, que « cette facilité ne pourrait être renouvelée ». On n'arrivait que difficilement à payer la solde des troupes. « Vous savez, Monsieur, dit l'agent de la direction générale, combien le Trésor public éprouve d'embarras pour se procurer les espèces suffisantes pour la solde des troupes et des ateliers publics. S'il sacrifiait à d'autres usages les écus nécessaires pour des services aussi impérieux, la tranquillité publique serait évidemment exposée : il est bien plus naturel et il est, je crois, parfaitement juste que l'embarras des circonstances soit partagé par les personnes qui trouvent dans leur commerce, je ne dis pas des bénéfices abondants, du moins l'indemnité de pertes passagères que des profits précédents les mettent en état de supporter et dont ils seront dédommagés lorsque nous aurons atteint des moments plus heureux [1]. »

La charité particulière voyait s'épuiser ses res-

---

1. Malgré les termes si explicites de cette réponse, Bailly revint à la charge le 18 décembre 1790 et demanda encore à Dufresne « de faciliter aux *spéculateurs* en bois qui fournissaient Paris les moyens de convertir, *tous les mois*, en espèces pour 40 000 livres de

sources en même temps que s'aggravait la détresse des caisses de l'État et de la Ville. Le 4 novembre 1790, M. Pancemont, curé de Saint-Sulpice, écrit à Bailly :

J'ai l'honneur de vous envoyer les mémoires dont je suis convenu ce matin ; ils vous convaincront et de ma détresse extrême et de l'impossibilité où je me trouve de renouveler cet hiver les bienfaits dont les pauvres ont joui l'année dernière jusqu'au mois de juillet 1790. J'ai eu le bonheur de nourrir habituellement huit mille personnes en leur donnant une livre de pain chaque jour, outre le soin des malades, des enfants et des écoles ; j'étais heureux de voir les pauvres soulagés et satisfaits. La rigueur des circonstances et ma situation est telle que je crains tous les jours de n'être plus en état de secourir les malades et les apprentis. Vous êtes charitable, monsieur le maire, et j'ai lieu d'espérer que vous déterminerez le Conseil municipal ou à venir à mon secours par des sommes dont je lui rendrai le compte le plus circonstancié, ou à se charger de cette multitude de bonnes œuvres qui surpassent mes forces....

Bailly s'adresse à son tour à M. Dufresne et sollicite « l'aumône du roi », qui est d'autant plus nécessaire au curé de Saint-Sulpice que, « par l'absence de beaucoup de ses paroissiens, il est forcé de retirer presque tous les secours qu'il donnait aux pauvres ». Il résulte de cette lettre de Bailly, datée du 5 no-

billets, afin de pouvoir payer les ouvriers employés à l'écoulement, au tirage, triage et mise en état des bois sur les rivières affluentes médiatement ou immédiatement à la Seine ».

Dufresne répondit, le lendemain, à peu près dans les mêmes termes que la première fois. Il promit cependant d'écrire au receveur général des finances de fournir aux marchands « tous les écus qui ne seront pas indispensablement nécessaires pour la solde des troupes ». Mais les marchands de bois ne reçurent pas satisfaction, car, dans une lettre du 23 novembre 1790, Bailly dit à Dufresne que le défaut de numéraire « est au moment de leur faire abandonner les travaux du port qui servent aux flots de bois ».

vembre 1790, que, tant que Necker avait été ministre, il avait fait compter au curé de Saint-Sulpice une somme de 899 francs par mois, sur les aumônes du roi [1]. On lui avait supprimé, en outre, une rente de 1 260 francs, à prendre sur les théatins, une autre de 240 francs sur le clergé, et une troisième de 4 600 francs sur les économats.

Enfin, par suite de la détresse générale, les fournisseurs de l'équipement et de l'armement des Vainqueurs de la Bastille, qui auraient dû être payés deux mois plus tôt, se plaignaient, le 14 décembre 1790, de n'avoir rien reçu et, comme ils avaient de leur côté, contracté des engagements, à raison de leur confiance dans le crédit public, ils étaient forcés « de recourir aux ressources les plus ruineuses » (lettre de Bailly à Dufresne, 14 décembre 1790).

1. Rappelons ici que Necker avait donné sa démission le 4 septembre 1790 parce qu'il était suspect au peuple et sans influence sur l'Assemblée. Ce n'est pas sans difficulté qu'il avait pu gagner la Suisse.

Dans une seconde lettre, datée du 12 novembre 1790, le curé de Saint-Sulpice, en réponse aux questions de M. Dufresne, qui n'avait jamais entendu parler des 899 francs par mois comptés au curé par Necker, donne les renseignements suivants à Bailly : « Tout ce que je puis dire, c'est que, tous les mois, je voyais arriver chez moi un domestique de M. le curé de Saint-Eustache, m'apportant une grande feuille à signer, intitulée *Aumônes du Roy*; j'y étais colloqué pour ma paroisse de 899 francs 14 sols 6 deniers. Je signais à côté et la somme m'était délivrée. Dans le cours de l'année dernière et de celle-ci, il n'y eut qu'une seule fois un retard d'un mois; j'ai parlé à M. Necker qui a eu la bonté de faire cesser ce retard ». Bailly, avec son esprit minutieux, s'adressa le 13 novembre 1790 au curé de Saint-Eustache pour connaître la source exacte de ces distributions de fonds, et M. Poupart, curé de Saint-Eustache déclara, par lettre du 24 novembre, que ces aumônes provenaient bien du roi. Les curés de Saint-Eustache et de Saint-Jean-en-Grève en étaient les distributeurs, d'après un tableau arrêté par eux, de concert avec l'archevêque de Paris.

LE CERCUEIL DE MIRABEAU

LE CERCUEIL DE MIRABEAU

Un grand nombre d'érudits et d'historiens se sont passionnés à propos de la dépouille mortelle de Mirabeau. Charles Nodier avait reçu les confidences du père Lelièvre qui, le 21 septembre 1794, avait inhumé au cimetière de Clamart, le cerceuil de l'illustre tribun et risqué lui-même de rouler dans la fosse, tant était lourde l'enveloppe de plomb. Michelet, en 1847, affirmait aussi, d'après le dire du docteur Serres, professeur au Jardin des Plantes et directeur de l'amphithéâtre de Clamart, que le cercueil reposait vers le milieu de l'enceinte. Le même directeur avait dit à M. G. Pouchet qu'à l'époque où l'on construisit les pavillons de l'amphithéâtre, on trouva, en creusant les fondations, le cercueil de Pichegru, sur le crâne duquel pendaient encore ses cadenettes et le *cercueil de Mirabeau*, qui ne fut pas ouvert, mais bien identifié, car il portait une plaque de cuivre avec le nom du mort. M. Serres assista à l'exhumation, et il ajoute que le cercueil fut de nouveau inhumé dans l'alignement ou le voisinage d'une allée d'arbres qui existait encore en 1868. Bien que Mirabeau n'ait pu être inhumé dans la partie de l'enclos où s'élèvent aujourd'hui les bâtiments de l'amphithéâtre d'anatomie, car on n'enterrait plus à cet endroit depuis la fin de 1793, ainsi que l'ont fait remarquer avec raison Maxime Du Camp et M. G. Pallain [1], tout portait à croire que les restes de Mirabeau étaient restés dans l'enclos voisin du cimetière fermé, c'est-à-dire dans l'enclos dit cimetière Sainte-Catherine où l'on a continué les inhumations jusqu'en 1814. Et l'usage courant confondait les deux enclos. Ce qui donnait une consistance particulière à cette hypothèse, c'est que le cercueil de Pichegru, que recouvraient une pierre en forme de corbeille et un casque de style antique, avait déjà été retrouvé, exhumé en présence des descendants du général, et transporté à Arbois. La pierre tombale a été déposée au musée Carnavalet.

Je ne connaissais que très vaguement tous ces détails lorsqu'en juillet 1889, je reçus la visite de mon ami Auguste Provotelle, professeur à Rouen, qui était fils d'un ancien employé de l'amphithéâtre de Clamart. Se sentant très malade, il voulait se décharger sur moi du secret dont il se croyait à peu près unique dépositaire; et voilà pourquoi j'allai visiter avec lui l'enclos Sainte-Catherine. A la suite de cette visite, j'écrivis au directeur du *Temps* la lettre suivante [2] :

Monsieur le Directeur,

Au moment où l'on va transporter au Panthéon les cendres de Marceau, Hoche, Baudin et La Tour d'Auvergne, il

---

1. *Les cendres de Mirabeau.* Mémoire adressé à M. Bourgeois, ministre de l'Instruction publique en 1890. Il existe un tirage à part : Typographie Plon.

2. Voir *le Temps* du 31 juillet 1889.

est fort intéressant de rappeler l'attention publique sur un autre mort illustre qui, le premier, a été jugé digne des honneurs du Panthéon (alors appelé le *Nouvel édifice de Sainte-Geneviève*) par le décret du 4 avril 1791.

C'est un fait qui résulte du procès-verbal de l'huissier chargé « de l'expulsion » en 1794 que Mirabeau est enterré à l'ancien cimetière de Clamart, entre la rue du Fer-à-Moulin et le boulevard Saint-Marcel. On a déjà fait des fouilles inutiles, il y a quelques années, pour retrouver son corps, et ces recherches ont été conduites avec plus ou moins d'habileté, car Mirabeau a été enterré à deux pas du lieu où Pichegru reposait. Or, le cercueil de Pichegru a été retrouvé et exhumé, en présence de ses descendants. Pourquoi n'a-t-on pas été aussi heureux en ce qui touche Mirabeau? C'est que l'ancien directeur de Clamart, M. Serres était mort, et M. Serres était croyait-on, le seul qui possédât le secret de la sépulture de Mirabeau. Sous Louis-Philippe et Napoléon III, on eût été, d'ailleurs, mal venu à provoquer une exhumation de celui qui a renversé l'ancien régime, sauf à essayer un peu plus tard d'enrayer la Révolution.

Il est superflu de démontrer que le moment actuel se prête admirablement, au contraire, à la révélation d'un secret qui n'est pas mort, comme on pouvait le craindre avec ses premiers détenteurs. Le fossoyeur qui a confié à la terre le cercueil de Mirabeau s'appelait le père Lelièvre ; il avait transmis l'indication de la place où dormait le grand orateur à M. Serres, directeur de Clamart. Mais deux autres personnes ont eu connaissance de ce curieux renseignement. C'est d'abord le fils du fossoyeur Lelièvre qui habitait le cimetière Montparnasse (partie occupée par les morts des hôpitaux), et c'est ensuite mon ami A. Provotelle, fils d'un modeste employé de Clamart, qui est sorti de l'École normale et a été reçu le premier, je crois, à l'agrégation de grammaire. Il est aujourd'hui professeur au lycée de Rouen.

Au cours d'une conversation avec M. Provotelle, cet excellent camarade me révéla son secret, qui risquait de se perdre avec lui, et me proposa d'aller visiter Clamart, se faisant fort de m'indiquer la place où reposait Mirabeau. J'acceptai très volontiers et, quelques moments après, nous roulions vers ce coin funèbre dont tout le monde parle et que peu de gens ont visité. Au premier abord, il ne présente, en effet, qu'un médiocre intérêt. Une porte verte, banale, donnant sur la rue du Fer-à-Moulin, derrière l'hôpital de la Pitié, à deux pas du Jardin des Plantes. Nous sonnons et l'on nous introduit dans le bureau du directeur, qui vient nous recevoir, d'un air un peu méfiant. Provotelle se nomme et le directeur vérifie sur un registre que le père de mon ami a bien servi dans la maison. Alors notre visite commence. Nous tournons autour d'un bâtiment sans caractère, qui n'a pas été modifié depuis l'enfance de mon ami. Il fait un pèlerinage au grand peuplier (il y en avait trois naguère) qui se balance au-dessus d'autres sépultures historiques, et nous cherchons la place où est Mirabeau; mais une déception nous attend. L'ancien cimetière, où l'on n'enterre plus personne depuis 1814, a été coupé en deux. Il n'en reste qu'un petit mur à hauteur de main, bâti avec d'anciennes dalles funéraires; l'autre partie donne sur le boulevard Saint-Marcel et a été livrée à l'Assistance publique pour construire une école. Un grand mur bête sépare l'école des bâtiments dont nous venons de faire le tour. Or c'est de l'autre côté que se trouve le cercueil du tribun de la Révolution. Nous remontons en voiture, après avoir pris congé du directeur très intrigué, qui se doute peut-être de l'objet de notre recherche, et nous allons frapper à la porte de l'école du boulevard Saint-Marcel. Une bonne femme nous guide, sans défiance cette fois, et nous nous dirigeons à main droite dans la cour de l'école communale. Pour retrouver le lieu précis de la sépulture de Mirabeau, Provotelle s'oriente rapidement, car il le connaît depuis l'âge de dix ans. Il tire une ligne droite à partir de l'ancienne porte encore existante et voisine du dépôt, en la dirigeant le long du mur de ce dépôt à une distance de deux mètres. Il en tire une autre perpendiculaire à l'extrémité de la précédente et passant à travers la nouvelle école; puis une troisième partant de la dernière fenêtre de la grande classe de l'ancienne école des frères. Le point d'intersection est l'endroit cherché, à un ou deux mètres près, en allant vers le boulevard Saint-Marcel. Pour être sûr de ne pas se tromper, il faudrait savoir de l'architecte combien chacune des trois classes avait de fenêtres, puisque c'est la dernière fenêtre de la grande classe qui doit guider les recherches.

Le cercueil se trouve, selon toute probabilité, ou sous le trottoir de la cour ou sous la classe neuve qui touche le trottoir. Il y a cinq longues fosses parallèles, perpendiculaires au boulevard. En les comptant à partir du mur où se trouve maintenant la fontaine et les cabinets d'aisances, Mirabeau est dans la deuxième ou la troisième, mais pas dans les autres. Si le service d'architecture se souvient de la place où était le tombeau de Pichegru, celui de Mirabeau se trouve à environ deux mètres, à droite, en faisant face au boulevard. La fosse est une fosse commune *qui a au moins 6 pieds de profondeur.* Elle était pleine de cadavres enterrés sans cercueils, l'usage étant alors d'enterrer ainsi les pauvres gens. *Le cercueil de Mirabeau est en plomb, tout à fait au fond* : Si l'on rencontre ailleurs des cercueils de plomb, ils doivent se trouver presque à la surface, car ils appartiennent à des concessions à perpétuité qui n'occupaient que le dessus des fosses. M. Serres a maintes fois indiqué à Provotelle la place tant cherchée depuis et, la frappant du pied, s'écriait : « C'est là que se trouve Mirabeau! »

Certes, la construction de l'école complique un peu les recherches, qui, sans cela, seraient très faciles avec des indications si précises, et il faut espérer que les entrepreneurs et les architectes n'ont pas remué le sol à six pieds et ont construit au-dessus du cercueil de Mirabeau, car le préau est de construction légère. Nous croyons d'ailleurs qu'on n'a trouvé, lors des dernières fouilles, qu'un *cercueil de plomb,* rencontré d'un autre côté de la cour de l'école, et ce cercueil renfermait une jeune fille. La découverte, d'un autre cercueil de plomb n'eût pas manqué d'attirer l'attention. Il y a donc tout lieu de croire que Mirabeau est toujours à Clamart, attendant la justice des hommes!

Cette lettre fit un certain bruit et le Président de la République, M. Carnot, voulut bien, sur ma demande, prescrire au ministre de l'Instruction publique des recherches qui sont demeurées infructueuses.

C'est ce que j'ai eu l'occasion d'expliquer, en septembre 1904, dans une lettre au journal *l'Éclair*, lequel avait repris l'étude de la question.

Voici la lettre dont il s'agit[1] :

Mon cher confrère,

On me communique, à mon retour de Suisse, *l'Éclair* du 21 septembre qui contient un article sur la sépulture de Mirabeau. Le rédacteur de l'article m'invite très courtoisement à prendre connaissance d'un croquis communiqué

---

1. Voir *l'Éclair* du 21 septembre 1904. On trouve un *Bulletin municipal officiel* de la Ville de Paris du 30 janvier 1906 une note de M. Yves Barré, ancien fonctionnaire de la Ville, qui confirme pleinement les détails que j'ai donnés moi-même sur l'aspect de l'ex-cimetière au moment des fouilles de 1890.

Je reproduis cette note, adressée à la Commission du Vieux Paris :

Paris, le 24 septembre 1904.

. . . .

« J'étais, à cette époque (1890), sous-chef à la mairie du V⁰ arrondissement et je fus envoyé à cet établissement scolaire pour enquête, à propos des émanations signalées par des voisins de l'immeuble.

« A mon entrée dans la cour de récréation je vis M. Trélat qui me montra les cercueils en question, que l'on avait découverts dans la partie gauche, voisine du mur mitoyen, et qui n'avaient aucun rapport avec celui de Mirabeau.

« Cette cour était sillonnée de profondes tranchées, creusées seulement autour des arbres.

« Le terrain situé au-dessous de chacun d'eux était resté intact. Il y avait là des espaces assez importants où l'on aurait peut-être pu faire d'utiles recherches. J'y ai quelquefois pensé, mais les travaux furent arrêtés presque aussitôt, et je ne crois pas qu'ils aient été repris ultérieurement. Je n'en entendis pas parler.

« Les émanations étaient très fortes. Elles provenaient des monceaux de cadavres, devenus de l'humus liquide, après trois quarts de siècle, à tel point que l'hôpital de la Pitié avait mis à la disposition de l'architecte un tonneau de sulfate de fer que l'on venait de répandre dans les tranchées du milieu pour les désinfecter.

par M. Gustave Bord et qui représenterait l'ancien cimetière Sainte-Catherine lors des travaux de 1868, avec cette
légende : Pichegru, cimetière de Clamart, Mirabeau à
35 pieds, cercueil de plomb, Danton à côté de Mirabeau.

L'Éclair résume ensuite un article que j'ai donné autrefois au *Temps* et qui doit porter la date du 31 juillet 1889.
Cet article relatait les confidences que m'avait faites mon
vieil ami Auguste Provotelle, un des plus brillants élèves de
l'École normale, et qui était fils d'un ancien employé de
Clamart. Se sentant très malade et condamné, Provotelle
avait voulu me transmettre les renseignements directs que
lui et son père tenaient d'un vieillard, M. Serres, ancien
conservateur de Clamart. Je ne reviendrai pas sur la
visite que j'ai faite à Clamart avec mon ami, en juillet 1889,
et, puisque votre collaborateur anonyme fait appel à mes
souvenirs, je ne demande pas mieux que d'éclairer le
public et de compléter les données un peu vagues sur les·
quelles on disserte encore aujourd'hui, paraît-il.

Je n'ai pas lu les journaux depuis un mois et je n'ai
causé qu'avec la Jungfrau. Cette conversation a eu même
pour conséquence une légère crise de goutte qui m'empêche
de remuer mes cartons. Je pars demain à la campagne
pour me remettre.

« Les ossements étaient, en effet, rangés en piles le long du
préau couvert, sous la marquise.

« Sur un certain nombre de crânes, à la hauteur de la tempe,
on remarquait des trous ronds, faits évidemment par des balles
qui les avaient traversés, sans les faire éclater.

« Beaucoup avaient encore leurs cheveux; sur plusieurs ils
étaient serrés à leur extrémité par un ruban noir, mais, pour la·
plupart, ils étaient entourés d'un morceau de toile bleu foncé, formant la queue portée par les soldats de cette époque.

« Tous ces ossements avaient dû appartenir à des Français,
Russes et Prussiens, tués en 1814, dans les combats livrés aux
portes de Paris, et qui avaient été ensevelis dans une énorme
fosse commune. . . . .
. . . .

Signé : Yves Barré.

La Commission demande l'insertion de cette lettre au procès-
verbal et transmet ses remerciements à M. Yves Barré.

Je veux néanmoins faire preuve de bonne volonté et je crois, d'ailleurs, la suite de mon histoire assez intéressante pour retenir un moment l'attention des curieux.

Mon article du *Temps* avait été reproduit par beaucoup de journaux et, Provotelle me pressant, d'autre part, de lui donner une sanction pratique, j'allai trouver M. Carnot, président de la République, qui m'honorait de sa bienveillance. Je puise dans mes notes (où l'on trouvera plus tard bien des détails peu connus sur l'histoire de notre temps), quelques renseignements précis sur le cercueil de Mirabeau. Je les résume pour vous.

C'est le 16 juin 1890 que je remis à M. Carnot mon petit dossier, qui contenait les indications fournies par Provotelle, avec un plan sommaire que M. Vacquer, délégué aux fouilles de la Ville de Paris, avait eu l'obligeance de dresser à mon intention. Le président de la République reçut mes notes avec un vif intérêt, et me promit de s'en occuper. Il a tenu sa promesse. Le 26 juillet suivant, M. Xavier Charmes, directeur au ministère de l'Instruction publique, me pria de venir le voir. Il me dit que son ami M. G. Pallain, alors directeur des douanes, s'intéressait beaucoup à la question. Toutes ces influences réunies aboutirent à une nouvelle enquête, d'autant plus que les renseignements fournis par l'ingénieur qui avait déjà dirigé les fouilles antérieures, concordaient avec les miens. Malheureusement, cet ingénieur venait de mourir. J'écrivis à Provotelle pour le prier de venir nous aider, mais c'est sa veuve qui me répondit :

Le pauvre garçon était mort à Mont-de-Marsan, le 5 août 1890, laissant cinq enfants !

Il fallait donc se passer de ces utiles concours. Les fouilles commencèrent, dans la seconde quinzaine d'août 1890, sous la direction de M. Trélat fils, architecte de la Ville. On creusa de longues tranchées dans tous les sens, au préau de l'école du boulevard Saint-Marcel. Les ouvriers mirent au jour trois cercueils de pierre, *dont un était vide*, et d'innombrables cadavres empilés les uns sur les autres dans la fosse commune jusqu'à une profondeur de quatre ou cinq mètres.

Les corps étaient en pleine putréfaction et formaient une

espèce de boue noire et gluante. L'odeur était si infecte,
qu'après plusieurs descentes dans ces tranchées nauséa-
bondes, je dus les interrompre, pour avoir pris là une
sorte de fièvre infectieuse. Je me souviens des piles d'ossements qu'on rangea dans la cour de l'école, qui était vide
par suite des vacances. J'ai tenu entre mes mains plusieurs
crânes percés de balles, et dont l'un avait encore des cheveux blonds et un nœud de ruban noir.

Mais on ne trouva pas le cercueil de Mirabeau et les
fouilles furent interrompues un peu après, à la suite des
plaintes du quartier qui craignait une épidémie de fièvre
typhoïde ou de choléra. L'architecte recouvrit ces fosses,
emporta les ossements dans les catacombes — je crois
— et les recherches furent suspendues.

Voilà tout ce que je sais et j'ignore si, depuis, on a
effectué de nouvelles investigations. Je souhaite que les
chercheurs de l'avenir soient plus heureux.

Pour être complet, il faut mentionner en terminant
les renseignements adressés au journal *l'Éclair*, le
22 septembre 1904, par M. Gustave Bord, qui possède
de nombreux documents sur la période révolutionnaire. L'honorable érudit parle d'abord d'un curieux
croquis possédé par la famille du peintre Pierre
Bisson, un des amis de Henri Murger. Ce croquis
représente le cimetière de Clamart avec son terrain
gazonné, stèles en ruines, quelques rochers, quelques débris de construction. Au bas du dessin,
cette légende :

Pichegru

Cimetière de Clamart

Mirabeau à 35 pieds; cercueil de plomb.

Danton, à côté de Mirabeau

Passons sur les restes de Danton, car je serais
embarrassé de trouver un document sérieux qui puisse

faire supposer qu'ils aient été portés à Clamart; mais le croquis en question fournissait un argument de plus sur l'emplacement présumé de la sépulture du tribun. Néanmoins, dans sa lettre à *l'Éclair* M. Gustave Bord déclare *acquis aujourd'hui* :

1° Qu'à sa sortie du Panthéon, le corps de Mirabeau fut retiré de son cercueil de plomb et enterré dans le cimetière voisin de Saint-Étienne-du-Mont;

2° Que le plomb du cercueil fut déposé dans un immeuble national voisin, et confié à la garde du fossoyeur;

3° Que, en l'an XII, les administrateurs du département de le Seine avisèrent le ministre de l'Intérieur qu'ils avaient envoyé dans le dépôt du mobilier national le cercueil de Mirabeau, dépouillé des restes funéraïres qu'il contenait;

4° Que la sœur de Mirabeau, Élisabeth Charlotte du Saillant de Lasteyrie, en l'an VII, avait fait rechercher le corps de son frère, l'avait exhumé et transporté.

... Où cela? C'est toute la question, en supposant exactes les affirmations de M. Bord, qui ne cite pas les documents sur lesquels il s'appuie. Du reste, le cercueil, ou la boîte qui reçut les ossements exhumés, pourrait, d'après M. Bord lui-même, avoir été porté à Clamart, comme le veut la tradition, puisqu'on n'a rien trouvé ni à Bignon, ni à Bezons, ni à Argenteuil, ni à Mériadec (Morbihan) où le fils de Mirabeau-Toncereau avait une chapelle funéraire. Enfin, M. Bord conteste même, d'après une lettre d'un sieur Cabet à la *Chronique de Paris* (du 13 mai 1791) que le corps de Mirabeau ait été inhumé au Panthéon. On n'y aurait mis qu'une tombe vide.

UN CERCUEIL DE NAPOLÉON

UN CERCUEIL DE NAPOLÉON

Les souvenirs de Napoléon Ier ont conservé ce privilège de fixer la curiosité aussi bien des Français que des étrangers. On peut détester ce génie destructeur et organisateur : il n'est indifférent à personne. Le dôme des Invalides et le Musée de l'Armée attirent constamment la foule. Le Musée Carnavalet, le Palais de la Malmaison, celui de Fontainebleau, où se trouvent dispersés des objets ou des meubles ayant servi au vainqueur d'Austerlitz, voient se succéder des flots de visiteurs.

J'ai eu la bonne fortune de joindre une relique précieuse à celles que possédaient déjà nos musées, et voici dans quelles circonstances :

Mon grand-père maternel, Édouard Le Marchand, était un ancien officier du Premier Empire. Il était sorti de Saint-Cyr pour aller combattre à Waterloo. Après le désastre, on l'envoya sur la Loire. Mais, malgré les conseils de son parent, le trop fameux général Canuel qui l'engageait à se munir de billets de confession, il refusa de servir les Bourbons et brisa son épée. Il fallait vivre cependant, et l'officier, redevenu simple civil, n'était pas riche. Comme il dessinait fort bien, il entra dans l'industrie et fonda au faubourg Saint-Antoine une fabrique de meubles qui ne tarda pas à être prospère. Sous Louis-Philippe, l'ancien combattant de Waterloo devint fournisseur du Mobilier de la couronne, et le roi le décora comme capitaine de la milice citoyenne.

Lorsque le gouvernement de Juillet décida, en 1840, de ramener en France les restes de Napoléon, ce fut Édouard Le Marchand qu'on chargea d'exécuter le cercueil d'ébène qui allait être envoyé sur la *Belle-Poule* à Sainte-Hélène.

Victor Hugo raconte [1] la visite qu'il fit en juillet 1840 dans les ateliers de mon grand-père, rue des Tournelles. Le passage vaut la peine d'être cité.

> J'avais suivi M... rue des Tournelles. Là, après m'avoir fait traverser plusieurs grandes salles encombrées, et m'avoir montré une foule immense de meubles en chêne et en acajou, chaises gothiques, secrétaires à galeries estampées, tables à pieds tors, parmi lesquels j'avais admiré une vraie vieille armoire de la renaissance, incrustée de nacre et de marbre, fort délabrée et fort charmante, l'ébéniste m'avait introduit dans un grand atelier plein d'activité, de hâte et de bruit, où une vingtaine d'ouvriers travaillaient avec je ne sais quels morceaux de bois noir entre les mains. J'avais aperçu dans un coin de l'atelier une sorte de grande boîte noire en ébène, longue d'environ huit pieds, large de trois, garnie à ses extrémités de gros anneaux de cuivre. Je m'étais approché. — C'est là précisément, m'avait dit le maître, ce que je voulais vous montrer.
>
> — Cette boîte noire, c'était le cercueil de l'Empereur. Je l'avais vue alors, je la revoyais aujourd'hui. Je l'avais vue vide, creuse, toute grande ouverte. Je la revoyais pleine, habitée par un grand souvenir, à jamais fermée.
>
> Je me souviens que j'en considérai longtemps l'intérieur.

1. *Choses vues*, p. 44.

Je regardai surtout une grande veine blanchâtre dans la planche d'ébène qui forme la paroi latérale gauche, et je me disais : Dans quelques mois le couvercle sera scellé sur cette bière, et mes yeux seront peut-être fermés depuis trois ou quatre mille ans avant qu'il soit donné à d'autres yeux humains de voir ce que je vois en ce moment : le dedans du cercueil de Napoléon.

Je pris alors tous les morceaux du cercueil qui n'étaient pas encore ajustés ; je les soulevai et je les pesai dans mes mains. Le maître, voulant me donner une idée de l'ensemble, fit poser par six hommes le couvercle sur le cercueil. Je n'approuvai pas cette forme qu'on donne aujourd'hui à tous les cercueils, à tous les autels et à toutes les corbeilles de noces. J'eusse mieux aimé que Napoléon dormît dans une gaine égyptienne comme Sésostris ou dans un sarcophage roman comme Mérovée. Le simple est aussi du grand.

Sur le couvercle brillait en assez grandes lettres ce nom : *Napoléon.* — En quel métal sont ces lettres? dis-je au maître. Il me répondit : En cuivre, mais on les dorera. Il faut, repris-je, que ces lettres soient en or. Avant cent ans les lettres de cuivre seront oxydées, et auront rongé le bois du cercueil.

Combien les lettres en or coûteraient-elles à l'État? — Environ vingt mille francs, monsieur. Le soir même, j'allai chez M. Thiers, alors président du Conseil, et je lui dis la chose. Vous avez raison, me dit M. Thiers : les lettres seront en or ; je vais en donner l'ordre. — Trois jours après, le traité du 15 juillet a éclaté ; je ne sais si M. Thiers a donné les ordres, si on les a exécutés, et si les lettres qui sont aujourd'hui sur le cercueil sont des lettres d'or.

Dans l'interview que m'a prise un journaliste[1] on affirme qu'il fut donné satisfaction au désir de Victor Hugo, mais je n'ai rien dit de pareil, car je n'en sais rien.

Quoi qu'il en soit de ce détail, voici ce qui s'est

1. Voir *l'Éclair* du 12 juin 1896.

passé en mai 1896. Ma mère, fille unique d'Édouard Le Marchand, avait conservé pieusement dans une armoire les trois réductions du modèle original du cercueil. Je lui proposai d'en prendre une pour moi, d'en donner une autre à mon frère, le commandant Louis Robiquet, et d'offrir la troisième à l'État. J'avais alors pour ami le lieutenant-colonel Maux Saint-Marc, officier d'ordonnance du Président de la République, qui m'avait obligeamment servi d'intermédiaire auprès de M. Félix Faure quand j'avais eu à lui offrir quelques volumes de mon ouvrage sur Jules Ferry. C'est par Maux Saint-Marc que je fis demander une audience au Président, afin de lui porter le modèle du cercueil. Cette audience me fut immédiatement accordée.

J'arrivai en voiture à l'Élysée et je remis le meuble d'ébène à un huissier de service qui le porta tout ému dans le salon des officiers attenant au cabinet du Président. Un moment après, les portes s'ouvrirent et j'entrai chez le Président à la suite de l'huissier qui déposa le cercueil sur le bureau même du chef de l'État. Félix Faure se leva, assez ému lui aussi, et me remercia de mon cadeau pour le Musée des Invalides. Il promena sa main sur les lettres dorées qui faisaient briller le nom de Napoléon, puis se dressa devant la glace, en prenant un air solennel qui lui paraissait sans doute conforme à la dignité d'un chef d'État désireux de rester à la hauteur des traditions des grands règnes [1].

Le 17 mai, le général Billot, ministre de la guerre, m'écrivit une lettre officielle pour me faire connaître

1. Voir *le Figaro* du 9 juin 1896, *le Temps* du 11 juin, etc.

que, par décision, en date du 17 mai, le Président avait « autorisé l'acceptation de mon offre ; que lui-même avait donné des ordres pour que l'objet d'art dont il s'agit fût placé au Musée d'artillerie ». Mais les journaux constatèrent[1] que « pendant quelques semaines, les familiers de l'Élysée purent voir le petit cercueil d'ébène à la place d'honneur dans le salon des officiers. C'était historique, mais un peu macabre ». On eût dit que M. Félix Faure ne se séparait qu'à regret de la relique napoléonienne ; mais il était évidemment trop modeste pour comparer ce tête-à-tête à celui de deux immortalités. Je reçus même la visite du brave colonel Bernadet qui dirigeait à cette époque le Musée d'artillerie. Il avait appris par les journaux le cadeau fait à son Musée et s'étonnait de ne rien voir venir. Enfin, le 29 mai 1896, le colonel m'écrivit pour m'annoncer que « le modèle du cercueil de Napoléon Ier que j'avais bien voulu offrir au Musée d'artillerie, y avait été porté par les soins de la Présidence de la République ».

Le conservateur du Musée ajoutait : « A défaut de place, nous l'avons exposé provisoirement dans une vitrine où se trouvent déjà, avec un harnachement de Napoléon Ier, le masque et la main montés sur nature à Sainte-Hélène, provenant de la succession du baron Larrey et offerts au Musée par Mlle Dodu. Les objets y sont un peu à l'étroit et mal disposés, mais, dès que les projets d'agrandissement du Musée, qui sont en cours d'exécution, nous aurons mis en possession de nouvelles salles, nous comptons en faire une exposition plus rationnelle, plus claire et plus

---

1. Voir *l'Éclair*, n° cité.

artistique, en même temps que nous pourrons exposer un très grand nombre d'objets entrés au Musée depuis plus d'un an et que nous sommes obligés de garder en magasin, notamment la collection d'armes du baron Larrey, et une très nombreuse collection d'armes orientales, provenant de missions officielles, déposées au Musée Guimet et qui, sortant du cadre de ce Musée, nous ont été cédées par M. Guimet, avec l'autorisation du ministre de l'instruction publique et des beaux-arts. »

Je suis persuadé que le gouverneur actuel des Invalides, le savant général Niox, a pu installer en bonne place tous ces souvenirs devant lesquels défilent des foules sans cesse renouvelées!

BABEUF ET BARRAS

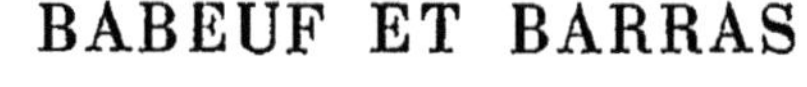

BABEUF ET BARRAS [1]

Dans l'épisode de la conspiration de Gracchus
Babeuf, un point est resté obscur : les relations du
conspirateur avec un des directeurs, Barras. Nous
espérons l'avoir éclairci à l'aide de documents
demeurés inconnus jusqu'ici [2]. Et peut-être le résultat
de nos recherches ne manque-t-il pas d'intérêt : il
ajoute à notre connaissance de la personnalité
étrange de Barras, sur lequel la publication de ses
Mémoires et celle des Mémoires de La Revellière-
Lépeaux a ramené l'attention publique. Il fera mieux
comprendre les rapports des membres du Directoire
entre eux, et la lutte entre Carnot et Barras, dont la
conclusion fut le 18 Fructidor. C'est l'objet principal
de cette étude, à laquelle nous donnerons pour introduction une esquisse sommaire de la vie du conspirateur Babeuf.

1. Extrait de la *Revue de Paris*, n° du 1er mars 1896.
2. Ces documents sont extraits surtout des cartons de la section
administrative des Archives nationales, qui portent les numéros
F7 4276, 4277, 4278. Nous les avons complétés par les ouvrages
imprimés qui se rapportaient à notre sujet, notamment par les
deux volumes de M. Advielle sur Babeuf (*Histoire de Babeuf et du
Babouvisme*. Paris, 1884), les *Mémoires* de Barras, de La Revellière-
Lépeaux, et les *Mémoires sur Carnot*, par son fils.

I

Babeuf est né le 24 novembre 1760, à Saint-Quentin. Son père, Claude Babu (en picard *bu* équivaut à *bœuf*) était un petit employé des fermes du roi, ancien déserteur du régiment Dauphin-étranger, amnistié en 1755, et qui eut beaucoup d'enfants de sa femme Marie-Catherine Anceret. Babeuf eut une enfance des plus misérables : il couchait dans une malle vermoulue, replié sur lui-même; il apprit l'alphabet « dans quelques feuilles qu'il ramassait dans la rue », et finit par fuir la maison paternelle où l'on ne mangeait pas tous les jours. Il fut tour à tour petit clerc, puis domestique chez M. de Bracquemont, près de Roye, dont il épousa une servante, Marie-Anne-Victoire Langlet, en 1782. Trois ans plus tard, on le retrouve « commissaire à terrier », c'est-à-dire gardien des titres domaniaux, féodaux et censuels. Mal payé par ses nobles clients, il conçoit contre eux une haine féroce. A ce moment-là, il échange une correspondance insipide avec le secrétaire de l'Académie d'Arras, un excellent prud'homme. Le seul côté intéressant de ces lettres, c'est l'orthographe de Babeuf. Il écrit, comme M. L. Havet, « fisique, conservacion, molesse, home, etc. », mais Babeuf devait plus tard se permettre de plus grandes audaces.

Quand la Révolution éclate, il fait brûler les archives seigneuriales sur la place de Roye, et publie des articles virulents pour réclamer la suppression du droit d'aînesse, la substitution à tous les impôts d'un impôt unique, une éducation nationale pour tous les Français. Puis, il court à la capitale chercher fortune. Au 14 Juillet, il est au premier rang des *vainqueurs* de la Bastille, et ne se croit pas pour cela un héros. Il écrit même à sa femme pour déplorer les meurtres de Foullon et de Bertier; mais quoi! « c'est la faute des maîtres qui nous ont rendus barbares parce qu'ils le sont eux-mêmes. Ils récoltent et récolteront ce qu'ils ont semé ». Il se lie avec Marat en 1790, et retourne en province, où il commande la garde nationale de Roye. Mais, quand il réclame l'abolition de l'impôt des aides, on lance contre lui un décret de prise de corps, et le directoire du département le tire avec peine de ce mauvais pas. C'est seulement après le 10 Août qu'il parvient à entrer dans les fonctions publiques (septembre 1792) comme administrateur du département de la Somme; mais le représentant Dumont, qui le connaissait de longue date, le fait destituer « à cause de la violence désordonnée de sa conduite ». Il parvient à se faire nommer cependant administrateur du district de Montdidier; mais la falsification de l'acte de vente d'un bien national le fait condamner (par contumace, car il avait pris la fuite) à vingt ans de fers.

Caché à Paris, il végète dans une atroce misère. Le mobilier de sa femme a été saisi, et « ses enfants pleurent parce qu'ils n'ont pas de pain ». Fournier, l'Américain, lui procure un peu de travail, mais Babeuf est arrêté de nouveau, en brumaire an II, pour purger sa contumace. Il inonde de mémoires justificatifs les Comités de Salut public et de Sûreté générale, ainsi que le ministère de la justice. Il voudrait voler à la frontière, mais « sa femme, ses enfants qui les nourrirait [1]? » Enfin, à

1. C'était, au contraire, la malheureuse femme qui le nourrissait dans sa prison. Voici une lettre d'elle : « *Bonjour, mon cher amie,*

force de démarches, il arrive à faire annuler par le Tribunal de cassation, le 21 prairial an II, le jugement du tribunal de Montdidier, et les juges de Laon, devant lesquels il est renvoyé, l'acquittent. Babeuf se terre dans un petit emploi du service des subsistances jusqu'à la mort de Robespierre. Il fonde alors le *Journal de la liberté de la presse*, qui deviendra un peu plus tard le *Tribun du Peuple*. Il insulte le dictateur défunt, mais, en même temps, la Convention et le parti vainqueur : Tallien, Barère, Barras, Merlin de Thionville, la jeunesse dorée et les contre-révolutionnaires, tout le monde. Tallien l'accuse d'outrage à la représentation nationale et, le 22 vendémiaire an III (13 octobre 1794), un ordre d'arrestation est lancé contre Babeuf par le Comité de Sûreté générale. Prévenu à temps, il put encore s'échapper et resta caché à Paris. Mais son journal, qui avait pris le titre de *Tribun du Peuple*, redoubla de violence, à la faveur de la liberté rendue à la presse. Le Comité de Sûreté générale dénonça Babeuf comme conspirateur et, cette fois, réussit à le faire arrêter.

C'est le 19 pluviôse an III que l'ordre d'arrestation fut exécuté.

Le révolutionnaire ne fit aucune résistance ; mais il essaya de corrompre le gendarme Labre qui l'emmenait ; il lui proposa une somme de trente mille livres et un lieu de sûreté s'il voulait se prêter à l'évasion de son prisonnier [1]. Amené devant les membres de la

---

je t'anvoi une chemise, une paire de bas, une cravatte, des chosons, un mouchoir. Je t'anvoi des radits, du fromage. Ta femme : BABEUF. 19 floréal. »

1. Archives nat., F⁷, 4276. Déclaration du gendarme Labre devant le Comité de Sûreté générale, 19 pluviôse an III.

Commission administrative de Paris (toujours le 19 pluviôse), Babeuf, après avoir déclaré son âge (*trente-quatre ans*), sa profession (*journaliste, auteur du Tribun du peuple et défenseur des droits de l'Homme*), reconnut qu'il avait quitté son domicile (*faubourg Saint-Honoré, n° 29*), afin « de se soustraire à l'oppression », après qu'il avait eu connaissance du mandat d'arrêt lancé contre lui. Écroué à la prison de la rue des Orties, près du Louvre, le *Tribun du peuple* refusa de répondre au sieur Jean Almain, chef du bureau des interrogatoires, sous prétexte qu'il ne voulait être interrogé que par un représentant du peuple; il scandalisa le citoyen Besse, concierge de la maison de détention, en le traitant de « vil suppôt, de bas valet, etc. », et il maltraita l'ouvrier chargé de condamner les croisées sur la rue. Comme on lui avait permis de lire les journaux et d'écrire, il profita de la permission pour adresser, le 21 pluviôse an III, une longue lettre de vingt et un feuillets au Comité de Sûreté générale[1]. Il s'y défend d'avoir conspiré, et prétend que tout son crime a été de réfuter Fréron, « ce provocateur qui a écrit que la *Déclaration des droits de l'Homme* était une pancarte barbouillée ». Il plaisante, à propos du prénom de *Gracchus* qu'on lui a reproché de prendre sans y avoir le moindre droit « La liberté des cultes n'est-elle pas décrétée? Qui peut m'obliger de prendre pour mon patron, pour mon modèle, un héros chrétien? Quel mal peut-il résulter (*sic*) que je prenne pour parrain un grand homme plutôt qu'un petit? » A la déposition du gendarme qui l'accusait de lui avoir offert trente mille

____

1. Archives nat., ibid.

livres pour prix de la liberté, il répond : « Pourquoi pas trente millions? On a trouvé sur moi six francs lorsque je suis entré dans la maison d'arrêt.... Je demande qu'on aille chez moi; on ne trouvera point quatre chemises à chacun de nous : moi, ma femme et mes trois enfants ».

Le détenu correspond librement avec ses amis. Il engage, le 28 pluviôse, Bentabole, « mandataire du peuple », à « se ranger de son côté », parce qu'il y trouvera « plus d'honneur et de profit ». Il réussit même à faire imprimer et distribuer partout une brochure intitulée : *Gracchus Babeuf, tribun du peuple, à ses concitoyens* [1], et qui débute ainsi : « Du fond de mon cachot, qu'il me soit permis de dissiper tous les mensonges qu'on verse sur moi pour avoir le prétexte de me charger de fers ». Il y raconte à sa manière l'histoire de sa vie, se vante d'avoir « découvert dans la poussière des archives seigneuriales les affreux mystères des usurpations de la caste noble,... d'avoir *insurrectionné* en 1789 contre les aides et gabelles »; il se décerne la gloire d'avoir sauvé Paris de la famine en 1793, en qualité de secrétaire de l'administration des subsistances de la Commune; traite de « cabale diabolique » l'accusation de faux qui lui a valu une condamnation à vingt ans de fers, et s'attendrit sur sa femme, « une femme de la nature », et sur ses enfants « qui n'ont pas soupé tous les jours », sur son fils de neuf ans, qui « réunit toutes les vertus morales et patriotiques que le grand Rousseau n'attribuait que systématiquement à son Émile fictif ».

---

1. Archives nat., F⁷, 4276.

Le gouvernement trouva sans doute que Babeuf
devenait gênant et qu'il usait de sa prison parisienne
comme d'un cabinet de rédaction. Aussi, le 25 ventôse an III, le fit-il transférer à la maison d'arrêt
d'Arras, dite des *Baudets*, avec Lebois, rédacteur du
Journal de l'Égalité.

Dans une autre prison, dite prison de la *Providence*,
se trouvaient Taffoureau et Cochet, terroristes déterminés, et l'officier de hussards Charles Germain, un
méridional fort intelligent et doué d'une grande
faconde. Babeuf réussit à échanger avec ces détenus,
notamment avec Germain, une correspondance très
active. Ces deux hommes étaient faits pour s'entendre.
Germain voulait tirer parti du mécontentement des
soldats « réduits à un liard de paye par le discrédit
des assignats et la cherté exorbitante des denrées ».
Il déblatérait contre le gouvernement, « qui ne songeait qu'à assurer une existence paisible aux honnêtes gens, c'est-à-dire aux mirliflores, à la caste
dévorante des riches propriétaires qui spéculent sur
la richesse publique ». Opposant le luxe et l'abon-
dance aux haillons et à la misère, il songeait à inau-
gurer le règne « de la vraie liberté, à faire jouir le
peuple de la vraie Égalité », et, comptant sur la victoire des sans-culottes « qui ne s'abandonneront
pas », s'écriait : « Malgré tout, nous serons sauvés.
Patience! Patience! Ça viendra! » Quant à Babeuf,
il s'épanchait en déclamations haineuses contre
l'ordre social. A ses yeux, « le commerce n'a formé
jusqu'ici que des lacs d'or au profit du petit nombre ».
Il voit « sans chemises et sans souliers presque tous
ceux qui font pousser le lin et le chanvre.... Il voit
également manquer à peu près de tout ceux qui tra-

vaillent manuellement aux meubles, aux ustensiles de _ métier ou de ménage, aux bâtiments, etc. », tandis que de criminels spéculateurs se concertent avec « les marchands » leurs *co-voleurs*, pour fixer le taux de toutes choses, de telle sorte que ce taux ne soit à la portée que de l'opulence des membres de leur ligue. Ainsi, les premiers *agents du commerce*, ceux qui font le travail créateur, le travail essentiel, se trouvent en face de cet ultimatum terrible : « Travaille beaucoup et mange peu ; ou tu n'auras plus de travail et tu ne mangeras pas du tout ». Babeuf avoue qu'il n'a pas « la baguette merveilleuse pour faire, de la poussière du passé, surgir de terre l'établissement d'une société d'égaux », mais il compte sur l'énergie des frères et amis, sur Germain, « son cher général», et termine par « un salut en l'Égalité sainte ».

De leurs cachots, Babeuf et Germain, reliés entre eux par un petit gamin très intelligent et très dévoué, multipliaient les appels aux terroristes.

Contre les assassins royalistes, Babeuf excite les forgerons de l'armée infernale : « Il ne faut vous reposer en si beau chemin, braves cyclopes! Que vos figures enfumées, emblèmes de la force et du travail, continuent de porter la sainte terreur dans l'âme de vos adversaires et des nôtres. Montrez constamment que ceux qui fourbissent l'outil de la mort pourraient également la donner à toutes les espèces d'ennemis de la patrie ». Dans un autre manifeste, adressé *aux patriotes d'Arras*, il critique âprement la Constitution de 1795, d'après laquelle les Français n'ont pas un roi unique, mais cinq, et qui ne permet qu'aux *grands seigneurs* l'accès du Corps législatif, et dépouille le peuple du droit de sanctionner les lois.

Le 24 fructidor (10 septembre 1795), Babeuf et
Germain sont transférés à Paris, et bientôt l'amnistie
de brumaire an IV, proclamée par la Convention, les
rend à la liberté. Aussitôt Babeuf reprend la publication de son *Tribun du Peuple*, et commence la plus
violente des campagnes de presse contre « le gouvernement qui a eu la maladresse de le lâcher ». Il soutient cette thèse que « la Révolution française est une
guerre déclarée entre les patriciens et les plébéiens,
entre les riches et les pauvres ». Il proteste contre cet
imbécile axiome : « Respect aux propriétés », et lui
substitue ce mot d'ordre : « Respect aux propriétés
respectables ». La Convention avait peur des pauvres,
dit-il, puisqu'en mars 1793 elle avait voté la peine de
mort contre quiconque proposerait des lois agraires
ou autres, subversives des propriétés territoriales,
commerciales et industrielles. Quant à lui, ce qu'il
rêve, c'est le retour à la législation de Lycurgue, à
l'égalité de fait. Il résume ses idées dans la formule
suivante : « Oter à celui qui a trop, donner à celui
qui n'a rien. Le but de la société est le bonheur
commun ».

Le gouvernement ne pouvait tolérer la propagande
communiste de Babeuf. A la suite de la publication
du numéro 35 de son journal, le ministre de la justice le dénonça à l'accusateur public comme « prévenu d'avoir provoqué à la violation des propriétés »,
et Lamaignère, juge de paix de la section des
Champs-Élysées, lança deux mandats d'amener contre
lui et son employé-caissier, un sieur Roche. On
reconnut, d'ailleurs, que les deux personnes n'en faisaient qu'une. L'inspecteur de police Pernet, chargé
d'arrêter le tribun, mit la main sur lui le 15 frimaire

an IV, mais Babeuf s'enfuit en criant : *A la garde! à l'assassin!* La foule prit parti pour lui et l'arracha deux fois aux mains du policier, qui le poursuivait toujours; à l'Assomption-Saint-Honoré, les *forts*, occupés au chargement des farines, prirent une attitude si menaçante pour l'agent, que Babeuf eut tout le temps de s'échapper et de disparaître dans une maison où il avait des amis Le juge de paix en fut réduit à envoyer un rapport au ministre de l'intérieur sur cette arrestation manquée [1]. Mais, dès lors, le tribun fut sérieusement entravé dans la distribution de son journal, qui devint clandestine, et cessa au quarante-troisième numéro. Enfin, le 17 pluviôse (6 février 1796), Babeuf, arrêté avec sa femme et ses enfants, fut écroué à la Petite-Force.

II

L'emprisonnement de Babeuf n'arrêta pas le mouvement révolutionnaire dont il était un des plus redoutables agents. Il y avait alors un club, la Société du Panthéon, où il avait joué un rôle prépondérant. Cette Société, rendez-vous de jacobins et d'ex-conventionnels violents, se réunissait dans l'ancien réfectoire des Génovéfins. Les rapports de police de ce même mois de pluviôse attestent qu'elle faisait trembler le Directoire, qui essaya d'abord de l'absorber en nommant des affiliés de cette société membres des douze municipalités nouvelles de Paris, car la loi du 4 pluviôse autorisait le Gouvernement à s'en attribuer le choix

1. Archives nat., F⁷, 3056.

provisoire. On citait notamment Baudin, ex-vicaire
de l'évêque Gobel, et qui devint plus tard commissaire
du Directoire près le bureau central de police. Mais
le club du Panthéon ne désarma pas, et Darthé y
lisait les furieuses diatribes de Babeuf contre le pouvoir exécutif. Elles produisaient d'autant plus d'effet
que la population parisienne souffrait cruellement de
la cherté des denrées, et qu'on annonçait l'arrêt prochain des distributions de pain et de viande, sauf pour
les indigents et les infirmes. Le 29, quatre mille jacobins s'étaient introduits dans Paris, et les révolutionnaires prenaient une attitude si menaçante que le
Directoire parlait de quitter le Luxembourg et de
se réfugier au Palais National, sous la protection
du Corps législatif. Pour calmer le mécontentement
public, il fallut annoncer la reprise des distributions
de pain; le pain se vendait jusqu'à cinquante francs
la livre, tandis que la viande coûtait de cent quinze
à cent trente francs.

En même temps, le Directoire se résolut à sévir
plus vigoureusement contre les clubs. Le 8 ventôse
an IV, il ordonna la fermeture de ces clubs et des
sociétés populaires et, dès le lendemain, Bonaparte,
alors commandant de l'armée de l'intérieur, vint lui-
même dissoudre la Société du Panthéon et emporta
les clefs de la salle où elle tenait ses séances. Barras
affirme, dans ses Mémoires [1], que Bonaparte avait
d'abord fermé volontairement les yeux sur la propagande babouviste, car « à la différence près du costume et de la profession militaires, il n'était pas moins
que Babeuf dans la position d'un Catilina »; que, de

1. T. II, p. 118.

plus, il était « lié de circonstances et de principes avec les chefs et les subalternes de la démagogie ». Barras se vante d'avoir forcé la main au général de l'armée de l'intérieur, et de l'avoir contraint « à prendre parti en faisant la clôture du Panthéon »; mais le témoignage de Barras est ici fort suspect, et nous verrons bientôt qu'il a mauvaise grâce à reprocher à Bonaparte une connivence avec les babouvistes.

Cependant, la nomination d'un ami de Carnot, Cochon de Lapparent, au ministère de la Police générale, le 14 germinal an IV (3 avril 1796), allait donner enfin de l'énergie au gouvernement. Il n'était que temps !

La fermeture du club du Panthéon avait exaspéré les terroristes. C'est en germinal an IV que parurent coup sur coup le *Manifeste des Égaux*, rédigé par l'athée Sylvain Maréchal, et l'*Analyse de la doctrine de Babeuf*, qui contenaient toute la théorie du parti. Le Manifeste demandait la suppression de la propriété individuelle des terres, en vertu de ce principe que la terre n'est à personne et que les fruits sont à tout le monde; il préconisait la fondation de la *République des Égaux*, « ce grand hospice ouvert à tous les hommes », où chacun recevrait la même éducation et la même nourriture. *L'Analyse* réclamait la suppression de l'inégalité, l'établissement du *Bonheur commun*, la guerre contre les riches et la mise en vigueur de la Constitution de 1793, « véritable loi des Français parce que le peuple l'a solennellement acceptée ».

Le peuple s'attroupait autour du placard de Babeuf que déchirait la police, et criait : *Vive la Constitution de 93 ! la liberté ou la mort !* On chantait les chansons de Sylvain Maréchal :

> Mourant de faim, mourant de froid,
> Peuple, dépouillé de tout droit,
> Tout bas, tu te désoles....

ou bien :

> Soyez-en sûrs, le peuple est las :
> La faim l'agite et le réveille :
> Il veut du pain, non des débats....
> Ventre affamé n'a pas d'oreille.

Le Directoire, effrayé, adressa, le 26 germinal, un message au Corps législatif dénonçant les rassemblements et les provocations par voie d'affiches ou par les journaux. De là les lois des 27 et 28 germinal contre les attroupements et les écrits révolutionnaires. Les rapports de police constatent que, le 28, la cavalerie dut charger, sabre nu, les groupes du pont au Change. Quant à Babeuf, furieux de voir sa plume brisée, il écrivit, dans le dernier numéro de son *Tribun du Peuple* (5 floréal an IV) : « Tout est consommé ! La Terreur contre le peuple est à l'ordre du jour. Il n'est plus permis de parler; il n'est plus permis de lire; il n'est plus permis de penser; il n'est plus permis de dire que l'on souffre... ».

Forcés de substituer la propagande clandestine à la propagande par la voie de la presse, les babouvistes se décidèrent à recourir aux moyens violents, et jetèrent les bases d'une vaste organisation révolutionnaire. Un directoire secret de quatre personnes avait la haute main sur le mouvement. Au-dessous de lui, se trouvait un comité de cinq agents militaires et douze agents civils, un par arrondissement. Des agents intermédiaires assuraient les communications entre les chefs d'arrondissement et le directoire secret dont ils ne connaissaient pas les membres. Des émis-

saires très nombreux devaient révolutionner les départements et travailler les différentes armées de la
République. A Paris, des afficheurs avaient mission
de placarder les manifestes du Comité insurrecteur
ou de les distribuer de la main à la main. Des *grou-
peurs* étaient chargés de circuler dans la foule qui sta-
tionnait chaque jour aux Tuileries, sur les ponts et les
places publiques, et d'y entretenir la fermentation.
Nous avons parcouru toute la correspondance du
directoire secret avec les agents d'arrondissement.
On y recommande de transmettre aux chefs ano-
nymes de la conspiration les listes des réactionnaires
connus et des patriotes, de prendre note des points
où se trouvent des vivres et des armes, de préparer
des guidons avec ces mots : *Constitution de 1793,
Égalité, Liberté, Bonheur commun.*

Au mois de germinal an IV (21 mars au 19 avril 1796),
les conspirateurs sont prêts pour l'action, et les agents
d'arrondissement reçoivent des instructions détaillées.
Mais, parallèlement au directoire secret babouviste,
s'était formé un comité où figuraient les montagnards
Amar, Vadier, Laignelot, Javogues, Choudieu, Ricord.
Le directoire secret n'accepte pas cette concurrence.
Dans une circulaire aux agents d'arrondissement,
datée du 26 germinal[1], il les prémunit contre « les
émissaires des Tallien, Legendre, Barras qui font
croire aux patriotes que ces trois réagisseurs, que ces
hommes qui ont toujours trahi le peuple sont maintenant prêts à le servir, et à se mettre à sa tête pour
l'aider à reconquérir les droits dont ils ont été les
plus actifs destructeurs ». Les babouvistes sont per-

---

1. Archives nat., F⁷, 4277.

suadés « que le peuple ne fera jamais rien de grand
que quand il ne se mêlera dans son mouvement aucun
gouvernant quelconque : il faut, dans cette grande
entreprise, avoir soin d'écarter tout ce qui n'est pas
du peuple ». Or, les conventionnels « ont déjà *tâté du
pouvoir*, ils ont bu dans sa coupe.... Il faut des
hommes neufs, purement sans-culottes, de véritables
hommes du peuple ». Mais, un peu plus tard, Babeuf
et ses amis se rendirent mieux compte de la nécessité
de ne pas agir en dehors des anciens conventionnels.
Le 17 germinal an IV, Babeuf chercha d'abord à se
concilier Drouet, l'homme de Varennes, dont la popularité était encore grande. Il lui écrivit une longue
lettre pour lui annoncer l'envoi d'un émissaire et lui
donner rendez-vous. Dans cette lettre[1] il l'engage « à
se rapprocher des plus braves »; il le somme d'aider
les « tyrannicides à détruire les Tarquins », faute de
quoi, on le compterait parmi les traîtres. « Si tu t'en
tenais au coup de main de Varennes et à tes trois ans
de cachot en Allemagne, écrit Babeuf à Drouet, ta
gloire serait bien bornée, ta place serait bien petite
dans l'histoire de la République, de la Liberté. » Il
l'invite à profiter de la grande discussion sur les
sociétés patriotiques pour répéter *aux oppresseurs de
la France* le langage du numéro 40 du *Tribun du
Peuple* : « Qu'ai-je vu et que vois-je? Qu'était la patrie
quand je l'ai quittée, et qu'est-elle lorsque je la
retrouve? » Babeuf avait donc trouvé la formule dont
se servira Bonaparte en brumaire.

Drouet déféra aux sommations de Babeuf et se tint
en relations étroites avec les conspirateurs, qui

1. Archives nat., F⁷, 4277.

finirent par admettre dans leurs rangs les ex-conventionnels jacobins, auxquels ils promirent de les
adjoindre à la nouvelle Convention dont la liste était
déjà dressée. Cette fusion de tous les éléments terroristes donnait au mouvement une vitalité redoutable.
Les babouvistes pouvaient compter sur le concours
actif de l'ex-général Rossignol, qui jurait, dans la
réunion du 12 floréal, « de faire tomber les têtes
comme la grêle »; sur celui des généraux Fion, Lami,
Merle, Parreau, Louis, Chevalier, Doppet; des adju-
dants généraux Massard, Jorry, Fabre, etc., sans
compter nombre d'officiers subalternes. Enfin, la
légion de police, composée en majorité d'ex-gen-
darmes jacobins, faisait cause commune avec les
babouvistes.

III

Le gouvernement allait-il pouvoir résister à l'assaut
terrible qui se préparait? La Constitution de l'an III
avait créé un pouvoir exécutif hybride, composé
d'éléments disparates. Si l'on met à part les médio-
crités : Letourneur, honnête capitaine du génie;
Reubell, un des négociateurs du traité de paix avec
la Hollande, et La Revellière-Lépeaux, estimable
débris du parti girondin, rêveur naïf qui a donné sa
mesure dans ses Mémoires, deux hommes se trouvaient
face à face dans le Directoire, Carnot et Barras. Le
premier, éliminé d'abord par les girondins et les thermidoriens à cause de sa participation aux actes du
Comité de Salut public, avait été nommé péniblement
par les deux Conseils pour remplacer Sieyès, non

acceptant ; le second, désigné par son rôle au 13 vendémiaire, élu en haine des royalistes par les thermidoriens, était un jouisseur, intrigant et peu embarrassé de scrupules. L'honnête La Revellière avait été si dégoûté par l'élection de Barras qu'il voulait d'abord refuser de siéger au Directoire à côté d'un collègue si décrié, et qu'il jugeait capable de toutes les trahisons. Il n'avait cédé qu'aux instances de ses amis Daunou et André Thouin, qui se trouvaient, au reste, d'accord pour penser que la nomination de Barras était « un grand malheur ». Aussi, les dissentiments ne tardèrent-ils pas à éclater entre les cinq directeurs.

C'est ce faible gouvernement qui avait à défendre la légalité et l'ordre social contre la conspiration babouviste.

Hippolyte Carnot, dans ses Mémoires sur son père [1], déclare que le Directoire, gêné par la loi d'amnistie menacé à la fois par les émigrés et par les jacobins, « *eût infailliblement succombé*, sans l'arrestation de Babeuf et de ses complices ; que la chose publique courut alors un danger que peu de personnes ont apprécié ». Or, le danger venait surtout de la complicité probable de Barras avec les conspirateurs. « Buonaroti, dit Carnot [2], affirme que Barras offrit ses services à la conspiration. » Cette affirmation est confirmée par des preuves nombreuses, d'abord par les rapports de police. Le policier qui signe *Armand* écrit au ministre de la Police générale : « Je suis persuadé que Barras trahit, qu'il a des entrevues avec

1. T. II, p. 35 et suiv.
2. *Ibid.*, p. 42.

Rossignol », et, dans un autre rapport [1] : « Le directeur Barras m'est plus que jamais suspect. Il a fait réitérer à Rossignol qu'il priait le Comité d'insurrection de lui envoyer un homme de confiance, parce que, dit-il, au moment de l'insurrection, il veut passer au faubourg Saint-Antoine, avec une partie de l'état-major, prévenant, au surplus, qu'au cas qu'on ne lui envoye pas l'homme qu'il demande, il n'en irait pas moins se jeter dans les bras du peuple ».

Mais voici, sur le rôle de Barras, un autre document d'une bien autre importance : une lettre à Babeuf lui même par son ami Charles Germain, à la suite de l'entrevue que ce dernier eut avec Barras le 30 germinal an IV [2] : « Tu as dû savoir par Darthé ou autres, écrit Charles Germain à Babeuf, que *j'étais appelé* chez Barras ce matin 30 germinal. J'ai eu une audience du directeur; je l'ai laissé venir ». Et Germain, qui était fort intelligent, donne une analyse de sa conversation avec Barras, en reproduisant « autant que possible ses propres termes ». Après des considérations assez vagues sur les dangers que courait la patrie, par le fait des royalistes, le directeur voulut savoir de son interlocuteur ce que pensaient « les patriotes prononcés et les patriotes.... Nous savons, dit-il, qu'ils préparent un mouvement. Les bonnes gens! le zèle les abasourdit. Ils vont se faire *prairialiser*, tandis que, pour sauver la patrie, il ne faut que *vendémiairiser* ». Barras ajouta — et ici on sent que Germain donne les paroles et jusqu'au ton même : — « Comme vous autres, je sais, moi, que

1. Archives nat., F⁷, 4276.
2. *Ibid.*, F⁷, 4277.

l'ordre actuel des choses n'est pas le but que s'étaient proposé les hommes qui renversèrent la Bastille, le trône et Robespierre. Comme vous, je sais, moi, qu'il faut opérer un changement, que ce changement n'est pas aussi éloigné qu'on pourrait le croire, et lorsqu'on va le plus avoir besoin des patriotes pour l'opérer, ce changement, ils méditent notre ruine, notre mort; ils se font, sans y songer peut-être, les instruments des émigrés, des fanatiques, des royalistes qui jamais ne se sont vus plus près de la monarchie. » Et Barras appuie sur cette prétendue complicité des babouvistes avec Pitt et Cobourg et les émigrés. Puis, s'adressant à Germain, pour savoir l'effet produit par son éloquence : « Mais, voyons, que penses-tu de cela, mon camarade? »

Germain répondit, en substance, « qu'il n'avait aucune connaissance des instigations de Pitt, de Cobourg, d'Isnard, de Rovère, etc. », mais qu'assurément le peuple était las de ses oppresseurs; qu'il n'y avait aucun mouvement en préparation; qu'enfin, les démocrates ne voulaient pas plus d'un prairial que d'un vendémiaire, car l'un a brisé les lois du peuple et l'autre a établi et assis celles des aristo-crates ». Sur quoi, Barras, interrompant, exprima le regret de n'avoir pas, au 1ᵉʳ vendémiaire « *travaillé la marchandise* pendant trois jours seulement, de manière à satisfaire les patriotes », et se répandit en menaces contre les royalistes. « Oui, s'écria-t-il, que le mouvement soit général et dirigé contre le royalisme! J'ai du courage, j'ai des moyens et l'on me jugera. » Barras ajouta qu'il avait dernièrement parcouru le faubourg, mais que le peuple lui avait paru calme et paisible. « Si je l'eusse vu remuer, c'en était fait.... Je

marchais avec lui, car c'est de lui, c'est par lui que
je pense que se manifeste la volonté nationale.... »
Mais le peuple n'est pas représenté par « quelques
agitateurs ou quelques maladroits ». Et il renouvelle
ses avances aux babouvistes, les pressant de s'unir au
Directoire, c'est-à-dire à lui, Barras : « Vous criez
contre nous : *Crucifige!* et à qui donc se rallierait-on?
A la cour de Vérone ! Oui mes amis, c'est là qu'on
veut vous conduire, tandis que c'est cela qu'il faut tuer
et anéantir ». Puis, le directeur conclut ainsi : « Vous
devez maintenant, mon camarade, connaître mon
esprit, mon sentiment, mes principes. Plus d'un
patriote le sait aussi : mon existence est liée à celle
du peuple, à celle de la République. Croyez-le, ainsi
que tous les vrais patriotes, je ne négligerai rien pour
leur succès, et ce n'est que pour les servir que je
résiste au désir qui me presse de démissionner et de
me retirer paisiblement dans une obscurité qui m'est
bien chère ». Barras congédia Germain, en l'invitant
à revenir le voir de temps en temps ; il lui donna même
une carte de circulation.

Notons que cette entrevue avait été préparée par
Barras ; une note, adressée le 7 thermidor au *Courrier
républicain* [1] nous apprend que Germain avait été
amené au Luxembourg dans une voiture hermétiquement close, par un nommé Lombard, ami du
directeur. Du reste, Barras avoue dans ses Mémoires [2]
que, s'il n'a pas eu de relations directes avec Babeuf,
« qui lui était absolument inconnu » et qu'il traite de
grand fou, il a *reçu quelquefois* Germain, dont il fait

1. Archives nat., F7, 4 278.
2. T. II, p. 123.

e plus grand éloge, et le chef d'escadron Lefranc. Il se dit d'accord avec Benjamin Constant et Mme de Staël « qui avaient posé le principe qu'il fallait au moins conserver la précieuse réserve du *bataillon sacré* ». Mais les justifications données par Barras sont formellement contredites par deux hommes qui ne se sont pas entendus pour laisser leurs témoignages à l'histoire, et par deux hommes qui ne s'aimaient pas : Carnot et La Revellière-Lépeaux.

On a lu plus haut l'opinion de Buonaroti, auquel Carnot reconnaît « un cœur généreux » et dont il faisait le plus grand cas, bien qu'il eût trempé dans la conjuration babouviste; or Carnot ajoutait foi aux affirmations de Buonaroti, qui avait déclaré que Barras « avait offert ses services à la conspiration ». D'autre part, La Revellière-Lépeaux[1] estime que les rapports de Grisel, en ce qui touche la complicité de Barras, « portaient un tel caractère de vraisemblance qu'il était impossible de douter de ce qu'il avançait ». La Revellière ajoute : « La conduite de Barras, ses liaisons, son aspect sinistre, ses opinions, tous les rapports de la police suffiraient pour nous en convaincre ». Les quatre collègues de Barras le croyaient si bien résolu à se servir des babouvistes, qu'il choisirent, pour discuter les mesures à prendre contre eux, le moment où Barras n'était pas présent au Conseil. Ces moments-là étaient d'ailleurs fréquents, car Barras donnait, comme on sait, beaucoup de temps à ses maîtresses et à la chasse.

Sans doute, Barras ne s'est pas engagé à fond avec les babouvistes, mais La Revellière explique

1. T. Ier, chap. xx.

pourquoi plusieurs de ces révolutionnaires « ne pouvaient supporter dans Barras l'un des principaux
auteurs du 9 thermidor, dont le luxe et la prodigalité
les offusquaient ». D'autre part, Barras apprit que le
Directoire était informé de tous les détails de la conspiration par les agents de la police secrète, et notamment par Grisel, qu'il appelle dans ses Mémoires
l'*infâme Grisel*. Aussi, dès qu'il vit que les babouvistes allaient être arrêtés, qu'ils étaient perdus, il se
hâta de sortir du jeu. Soutenu énergiquement par
Reubell, qui l'avait averti, il fit une scène violente
aux autres directeurs. Il leur arracha une déclaration
portant qu'ils n'avaient pas « donné créance aux bruits
que la malveillance avait fait courir » et il annonça
qu'il allait demander sa comparution devant les
Cinq-Cents « pour obtenir une satisfaction publique ».
Ne se souciant pas de se diviser au moment du péril,
les autres directeurs apaisèrent Barras, et lui promirent qu'aucune accusation ne serait portée contre
lui.

L'arrestation de Babeuf eut donc lieu sans difficulté
le 21 floréal an IV, par les soins de d'Ossonville, inspecteur général près le ministère de la police générale[1]. Le même jour, les principaux conjurés, notamment Germain, Darthé, Didier, Ricord, Laignelot
furent mis sous la main de la justice, et renvoyés, deux
jours après, devant le directeur du jury d'accusation
du département de la Seine.

C'est aussi le 21 floréal que fut arrêté Drouet, qui
était membre des Cinq-Cents; mais la présence d'un

---

1. Voir notre communication à la *Société de l'Histoire de la Révolution*, dans la Revue de cette Société, numéro du 24 avril 1895.

représentant du peuple aussi connu parmi les prisonniers, était une complication grave. L'ex-maître de poste de Varennes jouissait encore d'un grand prestige, et Carnot lui-même avait prescrit au général Hatry, commandant de l'armée de l'intérieur, d'avoir pour lui les plus grands égards.

Drouet ne manqua pas de se prévaloir de son titre de représentant pour réclamer un traitement de faveur et pour se plaindre de l'ingratitude du gouvernement : « Ils sont bien soupçonneux, ces hommes, écrit-il le 28 floréal au ministre de la police, pour ne pouvoir croire en la vertu d'un représentant du peuple; et quel encore? Celui que toute la France a comblé d'éloges en 1791, 92, 93! Quoi! le peuple français serait-il donc devenu assez vil pour qu'un représentant de ce même peuple ne puisse pas être cru sur sa parole d'honneur? » Il demande qu'on lui envoie un secrétaire pour l'aider à classer ses papiers, et ne veut pas être entouré « de l'appareil insultant de la force armée » quand on l'extrait de sa prison. Au surplus, le Directoire crut devoir demander au Conseil des Cinq-Cents, par un message spécial, l'autorisation de mettre les scellés sur les papiers de Drouet, et, en attendant la réponse du Corps législatif, Carnot pria le ministre de la police de vouloir bien garder chez lui le représentant inculpé [1].

Cependant Barras était directement et indirectement sommé par les jacobins de tirer d'affaire les conspirateurs arrêtés. Une lettre, adressée aux rédac-

---

1. La levée des scellés eut lieu discrètement, en présence du citoyen Mangin, mandataire de Drouet, et ce en vertu d'une procuration qui est aux Archives nationales, F7, 4 276. Elle porte la signature lourde et tremblée de l'ex-maître de poste.

teurs du *Courrier républicain*[1], cite un interrogatoire de Babœuf en date du 28 prairial, qu'on ne rendit pas public; Barras est clairement dénoncé comme complice de l'insurrection : « Il faudra que ceux-là qui ont voulu partager les chances et la gloire de la *guerre de la vertu* soutiennent leur caractère et ne puissent pas continuer de paraître parmi les persécuteurs de leurs compagnons d'armes ». Barras se conduisit en cette circonstance de manière à justifier le jugement de La Revellière, qui a dit de lui : « Il était brave, le sabre à la main, mais, en toute autre circonstance, il avait la lâcheté des hommes sans âme ». En attendant l'occasion de prendre sa revanche, il laissa lancer un mandat d'arrêt contre son propre secrétaire, Louis, dit *Brutus*. Il essaya une timide justification des ex-conventionnels Laignelot et Ricord, de l'adjudant général Jorry, et enfin de Félix-Lepelletier que La Revellière voulait faire inscrire sur la liste des émigrés. Il ne s'opposa pas à ce qu'on donnât suite au procès des babouvistes qui fut porté, par suite de la complicité du représentant Drouet, devant une Haute-Cour, constituée à Vendôme; mais, avant la translation des accusés en cette ville (10 fructidor an IV-27 août 1796), Drouet s'échappa de sa prison de l'Abbaye dans des circonstances qui valent la peine d'être précisées.

Il existe[2] un curieux rapport de Georges-Rémy Petit, commissaire de police de la division de la Fontaine de Grenelle (X⁰ arrondissement du canton de Paris), qui avait été requis par le citoyen Noël, officier de paix,

1. Archives nat., F⁷, 4 278.
2. *Id.*, F⁷, 4 278.

pour constater, à la prison de la rue Marguerite, l'évasion du célèbre détenu. Du procès-verbal de constat, il résulte, en substance, que la corde trouvée dans le préau n'avait pu servir à l'évasion du prisonnier, attendu que, si elle avait supporté le poids d'un corps, les nœuds auraient été plus serrés par la tension naturelle; que l'appui en pierre de taille de la fenêtre aurait dû aussi faire une coche à ladite corde; qu'enfin, le mur de plâtre ne portait pas la moindre trace de frôlement; que le trou par lequel Drouet était présumé avoir passé n'avait qu'une hauteur de deux décimètres, sur une largeur de deux centimètres; qu'en outre, arrivé dans le préau, il aurait eu à escalader un mur de quarante-cinq pieds. Le gardien Louis Carion déclara qu'à six heures du soir, il avait pénétré dans la chambre de Drouet pour faire son lit, et l'avait trouvé présent. A sept heures et demie, il était remonté pour *fermer* le prisonnier; la porte était ouverte et Drouet s'était évadé. Il était bien matériellement démontré qu'en moins d'une heure et demie, le prisonnier n'avait pu scier un barreau, le forcer, descendre dans le préau et escalader ensuite un mur de quarante-cinq pieds de hauteur. Cette évasion de Drouet ne fut donc qu'une comédie. Qui favorisa l'évasion de cet encombrant personnage? La Revellière, dans ses Mémoires, dit nettement que ce fut Barras, et que ce dernier ne se gêna pas pour prendre devant ses collègues la responsabilité de l'évasion. Les directeurs furent plutôt soulagés par la disparition du plus populaire des conspirateurs, et le citoyen Rimbault, dans sa lettre au *Courrier républicain*, tire bien la moralité de l'incident en disant : « On a cru qu'en sauvant le plus considérable des personnages impliqués dans le détestable complot babouviste, on atténuerait tout l'intérêt que cette affaire inspire, et qu'on préviendrait des relations funestes à la tranquillité de plusieurs autres hommes, non moins élevés en puissance que le fameux maître de poste ».

Barras ne pardonna jamais à Carnot et à Cochon, le ministre de la police qui avait fait arrêter les babouvistes, d'avoir réuni les preuves de ses intrigues. Lorsque, dans la nuit du 23 au 24 fructidor (9 au 10 septembre 1796), quelques centaines de jacobins, conduits par plusieurs ex-conventionnels, marchèrent sur le palais directorial, puis essayèrent de soulever le camp de Grenelle, Barras, qui avait alors la police dans ses attributions, était à la campagne, ainsi que Reubell qui passa la nuit à Arcueil. La Revellière-Lépeaux déclare dans ses Mémoires qu'il envoya un messager à Barras, mais qu'on frappa longtemps et inutilement à la porte du directeur, qui, le lendemain, affirma n'avoir rien entendu parce qu'il « dormait profondément ». L'opinion de La Revellière, partagée par Carnot, est que Barras trempait dans ce détestable complot. Ses amis Tallien et Fréron avaient été reconnus dans les groupes, factieux, et ils s'enfuirent en grande hâte après l'échec de la tentative terroriste.

Le long procès des babouvistes, qui dura du 4 brumaire an V au 7 prairial (26 avril 1797), se termina, comme on sait, par la condamnation à mort de Babeuf et de Darthé. Les élections de germinal (mars 1797) qui donnèrent la majorité aux royalistes dans les deux Conseils, n'étaient pas faites pour sauver la tête des deux amis; mais, quelques mois

après, au 18 fructidor an V (4 septembre 1797), Barras
put assouvir sa haine contre Carnot et Cochon, l'ex-
ministre de la police, qui avaient réprimé le complot
babouviste. Il les fit condamner à la déportation,
avec d'Ossonville, l'inspecteur général de police
auquel on devait l'arrestation de Babeuf. Il est vrai
que La Revellière affirme dans ses Mémoires que les
directeurs qui avaient fait le coup d'État furent *bien
aises de l'évasion de Carnot*, mais il n'en est pas
moins établi par le rapport du policier Limodin, en
date du 21 fructidor an V, que des mandats d'amener
furent lancés contre Carnot, ainsi que contre Barthélemy, et que le Bureau central pria les agents du
ministre de la police de lui envoyer directement *ces
individus*, si l'on venait à les découvrir.

Tel est l'épilogue du procès de Babeuf et de la
longue rivalité de Barras et Carnot.

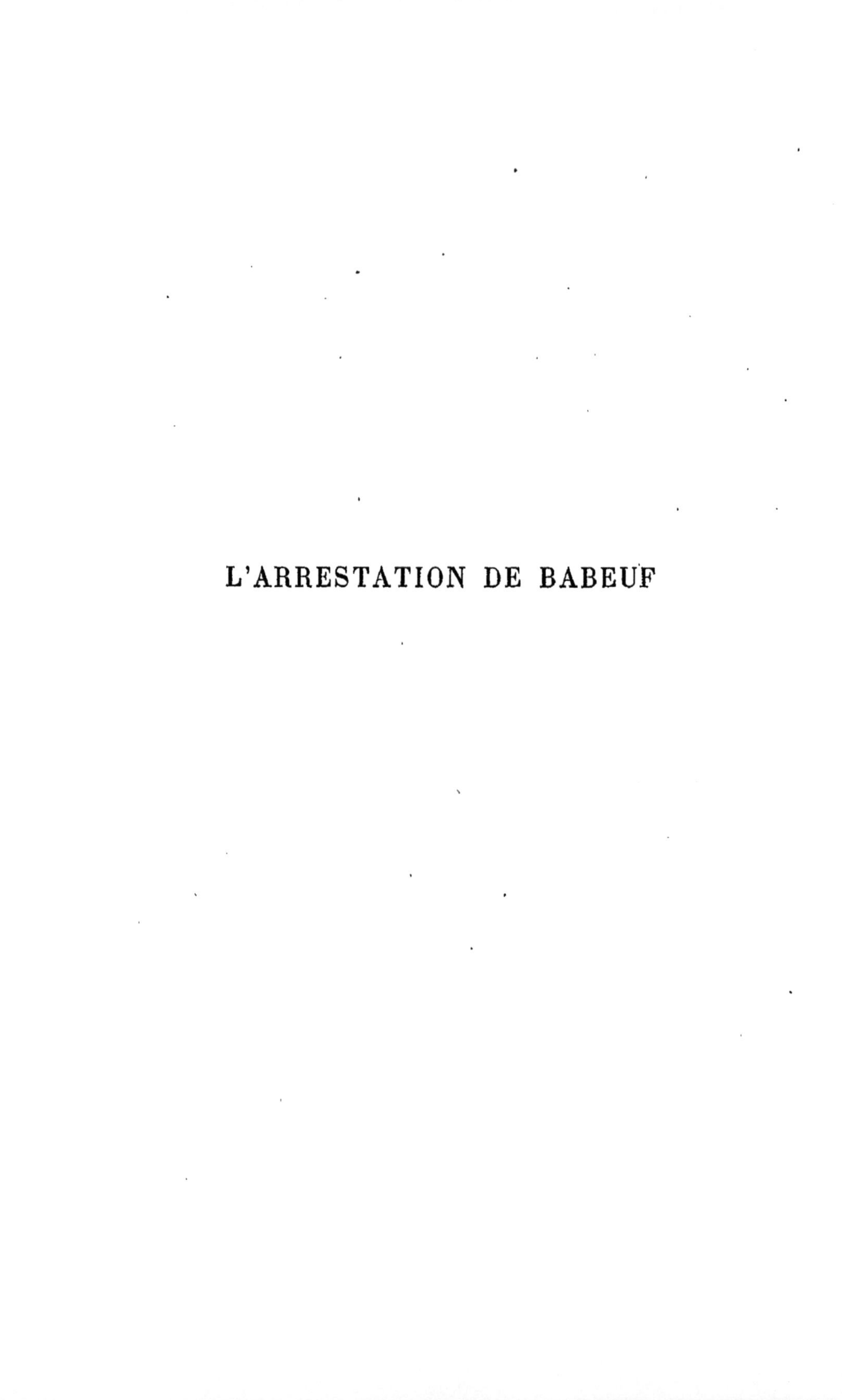

L'ARRESTATION DE BABEUF

L'ARRESTATION DE BABEUF [1]

MESSIEURS,

La période de notre histoire qui sépare le 9 thermidor (27 juillet 1794) du coup d'État du 18 brumaire (9 novembre 1799) est, comme toutes les époques de transition, l'une des plus fertiles en surprises. Entre la dictature mystique de Robespierre et la dictature militaire de Bonaparte, s'interposent plus de cinq années de troubles et d'anarchie, illuminées parfois d'éclairs de gloire; une succession de chocs violents, de coups de théâtre bizarres et contradictoires, de revanches prises par les factions contre les factions rivales, le tout s'agitant dans une atmosphère de sang et de poudre de riz, au milieu de l'atroce misère du peuple, des orgies provocatrices des *muscadins* et du sourd grondement des derniers terroristes. Au fond, c'est la police qui gouverne, toujours au service du pouvoir qui la paie, mais divisée elle-même comme

1. Extrait de *la Révolution française*, n° du 14 avril 1895.

Lecture faite à l'assemblée générale de la *Société de l'Histoire de la Révolution* le 3 mars 1895.

le Directoire. En ce temps, qui paraît l'idéal du roman-feuilleton, tout le monde conspire et intrigue, les uns pour le trône et l'autel, les autres pour la cause de la démocratie; tout le monde parle de la liberté et personne n'en veut, sauf pour soi-même. Rien n'égale le vague du but, sinon la pauvreté des idées et des moyens; et les rapports de la police secrète, dont nous venons de faire une étude approfondie, sont le miroir fidèle de cette société en décomposition qui appelait un sauveur et ne réussit qu'à trouver un maître.

Nous voudrions aujourd'hui, dans l'impossibilité de donner en quelques minutes une analyse des documents précieux que nous avons recueillis sur cette époque troublée, vous raconter un épisode qui se rattache à la conspiration du célèbre Babeuf, le véritable ancêtre des communistes de nos jours. Cet épisode est, à vrai dire, le terme de la conspiration, puisqu'il s'agit de l'arrestation de l'auteur principal du complot.

Quelques mots sont nécessaires pour rappeler l'origine et la nature de ce mouvement, qui aurait pu fort bien réussir et dont l'importance a été trop atténuée, à notre avis, par beaucoup d'historiens.

Après la chute de Robespierre, le parti jacobin, malgré les hécatombes de thermidor, restait redoutable. Il le fit bien voir dans la journée du 1er prairial an III (20 mai 1795) quand il faillit balayer la Convention. L'exécution du marchand de vin Boucher, qui avait coupé la tête du représentant Féraud, et celle du serrurier Jean Tinel, qui avait promené cette tête au bout d'une pique, ne firent qu'exaspérer les haines. *Du pain et la Constitution de 93* restait le mot d'ordre du faubourg Saint-Antoine, qui mourait littéralement de faim. Il faut voir dans les rapports de la police officielle publiés par l'Allemand Schmidt [1] ce que coûtaient aux pauvres gens les œufs, le pain et les pommes de terre, en 1795 et 1796!

Le régime organisé par la Constitution de l'an III (proclamée le 1er vendémiaire an IV, 23 septembre 1795) fut lui-même sur le point de sombrer avant de naître, et, dans la journée du 13 vendémiaire (5 octobre 1795), les sectionnaires royalistes se chargèrent de démontrer que les patriotes étaient bien fondés à craindre une subversion violente de la République.

C'est précisément à cette époque que Babeuf commence à transformer en actes ses plans de réformes sociales et de révolution radicale.

Qu'était-ce que Babeuf? Je ne puis l'indiquer ici que par quelques traits rapides. C'était, à la fin de 1795, un homme de trente-cinq ans. Son dernier biographe, M. Advielle, le fait naître à Saint-Quentin, le 23 novembre 1760. Son père, Claude Babu (en Picard le mot *bœuf* se dit *bu*, d'où *Babu* au lieu de *Babeuf*), était un ancien déserteur du régiment Dauphin étranger, qui avait bénéficié de l'amnistie de 1755, obtenu ensuite une brigade dans les gabelles et s'était marié à soixante ans, en 1772, avec une jeune fille de vingt ans, Marie-Catherine Anceret. Les parents de Babeuf, chargés d'enfants, tombèrent dans la dernière misère : le petit François-Noël coucha longtemps dans une malle vermoulue, apprit l'alphabet sur les papiers qu'il trouvait dans la rue, et, à seize ans, prit son vol.

1. *Tableaux de la Révolution française*, Leipzig, 1867-1871, 4 vol. in-8 (dont un de tables).

Il fut d'abord petit clerc, puis domestique chez
M. de Bracquemont, seigneur de Damery, dont il
épousa, en novembre 1782, la femme de chambre,
Marie-Anne-Victoire Langlet. Babeuf, après un court
apprentissage chez un arpenteur de Roye, fut, vers
1785, nommé commissaire à terrier, ses fonctions
consistant à garder les titres des biens domaniaux et
féodaux. De là peut-être ses embryons d'idées sur
une répartition nouvelle des propriétés foncières :
« J'étais féodiste, a-t-il écrit, dans le *Tribun du Peuple*,
sous l'ancien régime, et c'est la raison pour laquelle
je fus peut-être le plus redoutable fléau de la féodalité
dans le nouveau ». En attendant, et jusqu'à la Révolution, il vécut tant bien que mal de son métier de féodiste, qui consistait à fournir au clergé et à la noblesse
des documents pour la défense de leurs privilèges. Après
avoir participé à la rédaction des cahiers du bailliage
de Roye, et réclamé notamment l'impôt unique et une
éducation nationale, il vint à Paris et figura parmi
les « vainqueurs de la Bastille ». Il ne s'en montre pas,
d'ailleurs, autrement fier, dans ses lettres à sa femme.

Nous ne le suivrons pas dans les différentes péripéties de sa vie besogneuse et errante, de 1789 à
septembre 1792. A cette époque, il eut une grave
mésaventure. En qualité d'administrateur du district
de Montdidier, il s'occupait de faire vendre les biens
du clergé; mais le président du district s'avisa de le
faire condamner (par contumace car Babeuf put
s'échapper) à vingt années de fer, pour un faux
commis dans l'acte de vente d'un bien national. Le
condamné trouva moyen, en remuant ciel et terre, de
faire casser le jugement du tribunal de Montdidier,
et les juges de Laon l'acquittèrent.

Babeuf s'installa tranquillement dans un petit poste
obscur de l'administration des subsistances de Paris,
poste que Thibaudeau lui avait obtenu, et fit le mort
jusqu'au 9 thermidor. On pouvait, dès lors, être
journaliste, sans s'exposer à trop de dangers. Babeuf
se fit donc journaliste et fonda le *Journal de la liberté
de la presse*, qui devint ensuite le *Tribun du Peuple*.
Lui qui avait d'abord hurlé avec les thermidoriens,
qui passe pour avoir inventé le mot *terroriste*; et avait
écrit une brochure sous ce titre : *Du système de dépo-
pulation ou la vie et crimes de Carrier*; lui qui, en 1786,
dans son *Discours sur les causes des désordres qui se
remarquent trop souvent dans les titres des seigneuries*,
s'était ouvertement prononcé contre la théorie du
suffrage universel, en écrivant « que l'instruction
n'est pas d'ordinaire le partage du plus grand nombre,
et que pourtant, la plupart du temps, c'est l'avis de
ce plus grand nombre qui prédomine, parce qu'on a
partout la manie de la pluralité des voix... », ce
même homme, un moment soupçonné de royalisme,
se met brusquement à insulter Tallien, la jeunesse
dorée et les ennemis de Robespierre. Ces attaques
contre Tallien et Barère décidèrent Tallien à réclamer
l'arrestation de l'insulteur. En vertu d'un arrêté pris
par le Comité de sûreté générale le 17 pluviôse an III,
il fut arrêté le 19, rue Antoine, au coin du passage
Lesdiguières, par Sylvain-Guillaume Boula, commissaire de police de la section de l'Arsenal, et dirigé sur
les prisons d'Arras, avec Lebois et quelques autres
journalistes. Il y resta jusqu'au 24 fructidor an III
(10 septembre 1795), et c'est là qu'avec ses compagnons de captivité, notamment avec Charles Germain,
un lieutenant de hussards destitué, qui ne se trouvait

pas cependant dans la même prison, il arrêta les grandes lignes de sa *théorie des Égaux*, et de ce qu'il appelle « les mystères sacrés de l'agrairianisme ». Transféré d'Arras à Paris, il bénéficia de l'amnistie générale proclamée par la Convention, le 4 brumaire an IV (26 octobre 1795), et reprit, au n° 34, la publication du *Tribun du Peuple*.

Instruit par l'expérience, il attaque moins les personnes et développe surtout cette thèse générale que la Révolution française « est une guerre déclarée entre les patriciens et les plébéiens, entre les riches et les pauvres.... Oter à celui qui a trop, donner à celui qui n'a rien. Le but de la société est le bonheur commun... ». Son éloge de la législation de Lycurgue (n° 35 du *Tribun du Peuple*) provoqua de nouvelles poursuites contre Babeuf. Faute de pouvoir mettre la main sur lui, Lamaignière, juge de paix de la section des Champs-Élysées, arrêta sa femme et ses enfants et les écroua à la Petite-Force. Ce n'était pas là une mesure inutile, car la femme de *Gracchus* le secondait pour la vente du journal et pour la tenue de sa comptabilité.

Le Gouvernement commençait, d'ailleurs, à s'effrayer de l'agitation qui se manifestait dans les cafés, notamment au *café Chrétien* et au *café des Bains Chinois*, ainsi que de l'activité des comités jacobins où déclamaient l'ex-général Rossignol, Léonard Bourdon, Amar et beaucoup d'autres. Mais le journal de Babeuf, qui continua à paraître jusqu'au 5 floréal an IV, était encore plus à craindre que des conciliabules de café et poursuivait de ses invectives les lois des 27 et 28 germinal contre les rassemblements et les délits de presse : « Tout est consommé, écrivait Babeuf.

La Terreur contre le peuple est à l'ordre du jour :
il n'est plus permis de parler; il n'est plus permis
de lire; il n'est plus permis de penser; il n'est plus
permis de dire que l'on souffre! » Enfin, le 9 ventôse an IV (28 février 1796), en vertu d'un ordre du
Directoire, Bonaparte, commandant de l'armée de l'intérieur, vint lui-même dissoudre la *Société du Panthéon*,
dans l'ancien réfectoire des Génovéfins, où les débris
de la Montagne et les jacobins babouvistes venaient
nouer leurs trames, et le général emporta les clefs.

Babeuf, ne pouvant plus faire aux directeurs une
guerre ouverte, par la plume et par la parole, adopte
alors une tactique nouvelle. Il créa, sous le nom de
Directoire de Salut public, une société secrète dont le
but était la révolution sociale. Son programme se
résume dans deux documents célèbres : c'est d'abord
le *Manifeste des Égaux*, rédigé par Sylvain Maréchal,
l'auteur du *Dictionnaire des athées*, et qui suivit de
peu l'organisation du directoire secret, en germinal
an IV [1]. « Nous prétendons vivre et mourir égaux,
comme nous sommes nés : nous voulons l'égalité ou
la mort.... Plus de propriété individuelle des terres : la
terre n'est à personne. Nous réclamons, nous voulons
la jouissance communale des fruits de la terre : les
fruits sont à tout le monde....; Qu'il ne soit plus d'autres
différences parmi les hommes que celles de l'âge et
du sexe. Puisque tous ont les mêmes besoins et les
mêmes familles, qu'il n'y ait donc plus pour eux
qu'une seule éducation, une seule nourriture.... L'instant est venu de fonder la *République des Égaux*, ce
grand hospice ouvert à tous les hommes. Les jours
de la restitution générale sont arrivés. »

1. 21 mars-19 avril 1796.

D'autre part, un écrit affiché en avril 1796 par les soins du directoire de salut public, et qui avait pour titre *Analyse de la doctrine de Babeuf*, donnait, en douze articles, la formule du catéchisme communiste, qui se terminait par cette déclaration : « La Constitution de 1793 est la véritable loi des Français, parce que le peuple l'a solennellement acceptée ».

Quant à l'organisation adoptée par les conspira-teurs, elle se composait, d'après l'acte d'accusation que je résume : 1° d'un directoire secret de quatre personnes, qui avait la haute direction du mouvement; 2° de douze agents principaux, un pour chaque arron-dissement; 3° de cinq agents militaires, dont un avait le département des Invalides; le second, celui de la légion de police; le troisième, celui des bataillons de ligne; et le quatrième, celui des bataillons intra et extra-muros; enfin le cinquième, celui des bataillons de Saint-Denis. Des agents intermédiaires établis-saient la communication entre les agents principaux et le directoire secret. Il y avait, en outre, un nombre illimité d'émissaires pour la propagande aux armées et dans les départements. Une des idées les plus origi-nales des conspirateurs était la formation de compa-gnies d'afficheurs, chargés d'apposer les placards insurrectionnels ou de les distribuer de la main à la la main, et de *groupiers* (c'est le mot employé par Babeuf), chargés d'entretenir la fermentation dans les rassemblements, aux Tuileries, sur les ponts et dans tous les endroits fréquentés [1].

Quant au premier programme de l'insurrection, une note manuscrite, écrite sur deux demi-feuilles et

1. Acte d'accusation. Archives nat., F⁷, 4278.

qu'on trouva chez Babeuf, l'indiquait très clairement :
« Tuer les cinq, les sept ministres, le général de l'intérieur et son état-major, et s'emparer des salles des
Cinq-Cents et des anciens; faire main basse sur tout
ce qui s'y présenterait; mettre à mort tout fonctionnaire public qui exercerait ces fonctions, tout
étranger qui ne se rendrait pas en état provisoire
d'arrestation au chef-lieu de sa section, tout citoyen
qui, après des visites domiciliaires rigoureusement
faites, se trouverait avoir des farines, légumes et
autres comestibles qu'il n'aurait point déclarés, tous
marchands de vin et d'eau-de-vie qui ne distribue-
raient point leur marchandise; accrocher à la première lanterne tout boulanger qui ne cuirait point;
poursuivre par le fer et par le feu quiconque oppose-
rait résistance ». On voit que les Babouvistes ne
péchaient pas par manque d'énergie. D'ailleurs, l'ex-
général Rossignol, un de leurs principaux chefs, avait
dit, dans une réunion tenue le 12 floréal, chez
Babeuf : « Je ne veux point me mêler de votre insurrection, si les têtes ne tombent comme la grêle, si
les tripes et les boyaux ne jonchent le pavé, si enfin
elle n'inspire une terreur qui fasse frémir l'univers
entier. Nous n'aurions pas cette insurrection à faire,
si celles qui l'ont précédée eussent été comme je veux
que soit celle-ci. La Vendée en est un exemple : si l'on
m'eût laissé faire, il y a longtemps que cette guerre
serait finie, car je n'y eusse laissé rien de vivant ».

La marche indiquée par le directoire secret pour
faire réussir le mouvement lorsque le signal en serait
donné, ne manquait pas d'habileté[1]; on devait com-

1. Voir le plan d'insurrection, qui porte la date du 17 floréal

mencer par sonner le tocsin dans toutes les sections et soulever les faubourgs, en faisant courir le bruit que le Directoire allait sortir de Paris et faire marcher une armée sur la capitale pour rétablir la royauté. On annoncerait aussi que les troupes des camps de Grenelle et de Vincennes se rangeaient au parti du peuple; les femmes jetteraient des couronnes aux soldats qui seraient envoyés pour dissiper l'insurrection. Des hommes sûrs porteraient de longs bâtons, munis de cartes avec les mots : *Constitution de 1793. Égalité, Liberté, bonheur commun.* Les membres du Directoire seraient cernés entre minuit et une heure. La garde de service devait avoir pour chef le commandant de Chamborand, qui livrerait le mot d'ordre et permettrait d'arriver sans obstacle jusqu'aux Directeurs. Ceux-ci seraient égorgés avec les ministres et une partie des membres des Anciens et des Cinq-Cents. Un Comité de salut public et un Comité militaire dirigeraient l'action, mettraient la main sur les autorités constituées. Les comités révolutionnaires de Paris qui existaient avant le 8 thermidor rentreraient en fonctions sur-le-champ. On garderait les barrières, après avoir occupé la Monnaie, la Trésorerie nationale, la Poste aux lettres, les magasins publics et privés contenant des vivres. On mettrait à mort sur-le-champ tout député, administrateur, juge, officier ou fonctionnaire « qui paraîtrait pour donner des ordres ou pour l'exercice d'une fonction [1] ».

Tout cela n'eût pas constitué un gouvernement, au lendemain de la victoire. Dans le projet primitif des

an IV, 5 heures du soir, Archives nat., F⁷ 4 276, et ordres du Directoire de salut public, F⁷, 4 277.

1. Instruction du 13 floréal an IV. Archives nat., F⁷, 4 277.

Babouvistes, les deux Conseils devaient être rem-
placés par une Convention nouvelle, composée d'un
membre par département. Le peuple aurait d'ailleurs
été seulement admis à ratifier les choix faits par le
directoire de salut public; mais, pour obtenir le concours des anciens montagnards, le Comité d'insurrection finit par admettre qu'on adjoindrait aux députés
des départements désignés par lui les 68 membres de
la Convention qui avaient été exclus. Au surplus « le
directoire insurrecteur » conserverait le pouvoir « jusqu'à ce que le peuple fût parfaitement heureux et
tranquille[1] ».

Des décrets tout préparés ordonnaient aux propriétaires d'avoir à loger les citoyens pauvres, auxquels
on donnerait les meubles des riches. « Les récoltes et
les subsistances en magasins seraient mises sous la
main de la République et distribuées gratuitement au
peuple, moyennant une indemnité suffisante, payée
aux cultivateurs par le gouvernement[2]. » Un de ces
décrets porte : « Article 1er. Les citoyens pauvres, que
la tyrannie a laissés nus, seront habillés *demain* aux
frais de la République... ».

A lire ces décrets, on se demande si les conspirateurs babouvistes menaçaient réellement le Directoire
d'un sérieux danger. Cela n'est pas douteux cependant.
Ils pouvaient compter, non seulement sur les sympathies des faubourgs, des anciens sectionnaires
jacobins, des officiers, et soldats licenciés, mais sur
le concours effectif de plusieurs généraux, notam-

---

1. Circulaire du directoire de salut public aux agents des douze
arrondissements, en date du 18 floréal de l'an IV. Archives nat.,
F7, 4 277.
2. Archives nat., F7, 4 277.

ment sur celui de Rossignol, qui devait soulever le faubourg Saint-Antoine, au premier signal, des généraux Fion, Lami, Merle, Parreau, Louis, Chevalier, Doppet, des adjudants-généraux Massard, Jorry, Fabre, etc., de l'ex-commissaire des guerres Pàris, sans parler de nombreux officiers subalternes destitués, parmi lesquels Charles Germain a surtout joué un rôle prépondérant. La légion de police, composée en partie d'anciens gendarmes révolutionnaires, était tout acquise au mouvement : le 9 floréal an IV, elle s'était mutinée dans sa caserne de la Courtille et avait refusé d'obéir à un ordre de départ. Si le Directoire n'avait pas réussi à la licencier, ce même jour, en offrant aux légionnaires de rentrer dans leurs foyers, il est vraisemblable que l'insurrection eût triomphé sans coup férir. Si l'on joint à cela que la plupart des montagnards non réélus de la Convention, comme Vadier, Amar, Choudieu, Ricord, Laignelot, Robert Lindet, Javogues et le célèbre Drouet, qui venait d'être nommé aux Cinq-Cents, Antonelle, ex-membre de la Législative, étaient du complot, ainsi que Louis, *dit Brutus*, secrétaire de Barras, on sera convaincu de la force redoutable de la conspiration. Mais son véritable chef était Babeuf, l'*écrivain du parti*, le *tribun du peuple*, comme il s'appelait lui-même. Il avait pour principaux confidents : Darthé, ancien secrétaire de Joseph Le Bon, Didier, ex-juré du tribunal révolutionnaire, Germain, l'ancien officier, le Piémontais Buonaroti, qui avait rédigé de nombreuses proclamations incendiaires et dressé la liste de la nouvelle Convention, enfin Félix Le Pelletier, frère cadet de Le Pelletier de Saint-Fargeau la victime de Pàris.

Les rapports de police dénoncent même Barras

comme complice des insurgés. Un des agents secrets
du ministre de la police écrit ceci : « Le directeur
Barras m'est plus que jamais suspect. Il a fait réitérer
à Rossignol qu'il priait le Comité d'insurrection de
lui envoyer un homme de confiance, au moment de
l'insurrection : il veut passer au faubourg Antoine
avec une partie de l'état-major, prévenant, au surplus,
qu'au cas où on ne lui enverrait pas l'homme qu'il
demande, il n'en irait pas moins se jeter dans les bras
du peuple [1] ».

On a, d'ailleurs, sur le rôle de Barras plus qu'un
document de police. Dans une lettre de Germain à
Babeuf, qui est conservée aux Archives nationales [2],
ce Germain raconte qu'à la date du 30 germinal an IV,
il a été appelé chez Barras, et nous savons par un
autre document, adressé, le 7 thermidor de la même
année, au *Courrier républicain* [3], que ce fait est exact,
et que Germain fut amené au Luxembourg par un
ami de Barras nommé Lombard, dans une voiture du
Directoire, hermétiquement close. Au cours de cette
entrevue secrète, qui eut lieu dans la chambre même
du directeur, Barras avertit charitablement les Babouvistes, « ces bonnes gens », qu'ils allaient se faire « *prairialiser*, tandis que, pour sauver la patrie, il ne fallait
que *vendémiairiser* », c'est-à-dire écraser les royalistes
et les émigrés. Il prétendit qu'on « désorganisait ses
plans, qu'on démolissait ses batteries ». Il exprima le
regret de n'avoir pas, au 1er vendémiaire, « travaillé
la marchandise de manière à satisfaire les patriotes....
Que l'occasion s'en offre de nouveau, ajoutait-il, et

1. Archives nat., F[7], 4 276.
2. *Id.*, F[7], 4 277.
3. *Id.*, F[7], 4 278.

l'on verra si je suis indigne de l'animadversion des royalistes ! » Puis, il s'échauffa : « Vous criez contre nous : *Crucifige !* Et à qui donc se rallierait-on ? A la cour de Vérone! Oui mes amis, c'est là qu'on veut vous conduire, tandis que c'est là qu'il faut tuer et anéantir.... Mon existence est liée à celle du peuple, à celle de la République. Croyez-le, ainsi que tous les vrais patriotes, je ne négligerai rien pour leur succès, et ce n'est que pour les servir que je résiste au désir qui me presse de démissionner et de me retirer paisiblement dans une obscurité qui m'est bien chère ». Et il congédia Germain en l'invitant cordialement à revenir le voir. Il lui remit même une carte de circulation.

De pareilles compromissions étaient bien faites pour encourager Babeuf et ses amis, qui se croyaient sûrs de réussir. Mais ils comptaient sans le président Carnot, et sans les agents secrets de Cochon de Lapparent, ministre de la police générale depuis le 14 germinal an IV (3 avril 1796), et qui devait rester ministre de l'intérieur jusqu'au 16 juillet 1797. Indépendamment du Bureau central du canton de Paris, qui avait été retiré au ministère de l'intérieur et rattaché à celui de la police générale, lors de sa création le 14 nivôse an IV, le ministre de la police avait à sa disposition des agents secrets, dont nous comptons publier les curieux rapports. (Ceux de la police officielle ont déjà été publiés par le professeur allemand Schmidt.)

Nous avons dit que la création du *Directoire de salut public*, par Babeuf, remontait vraisemblablement au milieu de germinal an IV[1]; car, dès le 19 de

1. 21 mars-19 avril 1796.

ce mois, l'organisation des agents d'arrondissements est complète et le directoire secret leur adresse des ordres et des instructions détaillés. Le 22 germinal, l'*Analyse de la doctrine de Babeuf* est affichée dans Paris, et la police la déchire. Le n° 5 de l'*Éclaireur du Peuple*, qui appelait tous les patriotes « à se réunir autour de la Constitution de 1793 », porte la date du 17 germinal. La lettre de *Franc-libre* à son ami *la Terreur*, qui contient les plus violentes injures contre « les cinq lions du Directoire exécutif, caparaçonnés, harnachés comme des mulets de Provence, entourés de scaramouches et de cartouches », paraît le 24 germinal et est même envoyée à un grand nombre de municipalités de province.

Dans le choix de ses agents, Babeuf devait nécessairement avoir souvent la main malheureuse. C'est ainsi que, dans les derniers jours de germinal, il avait nommé *agent secondaire* un certain Grisel, capitaine à la suite, au 3ᵉ bataillon de la 38ᵉ demi-brigade, campée alors au camp de Grenelle. Nous avons retrouvé la réponse de Grisel à l'envoi de son brevet de nomination[1]. Elle porte la date du 26 germinal an IV ; « J'ai reçu avec un plaisir inexprimable, frères républicains du comité insurrecteur, les instructions et le brevet d'agent secondaire que votre confiance m'a accordé par l'organe du frère D. T. H. J'espère justifier l'opinion que vous avez conçue de moi, sinon par mes talents, au moins par mon zèle, ma constance, mon courage et *surtout ma discrétion* ». Et cet étrange officier conseille au comité insurrecteur de débaucher les soldats en leur offrant des bals dans les guinguettes

---

1. Archives nat., F⁷, 4 277.

voisines des casernes, et en les faisant boire, ce qui
« monterait adroitement leur esprit à la hauteur nécessaire ». Le comité trouva les vues de Grisel « très
judicieuses ». Admis aux réunions des chefs du complot, le nouvelle adepte avait conquis la confiance de
Darthé, qui paya de sa tête un tel excès de candeur.
C'est par Darthé que Grisel fut présenté à Babeuf et
reçut son brevet d'agent secondaire militaire. Le
traître, muni des instructions du comité, éclairé sur
le plan d'insurrection, songea d'abord à prévenir de
suite le Directoire, mais il préféra réunir des preuves
plus positives. Le 11 floréal, il fut mandé rue de la
Grande-Truanderie, 27, où il trouva réunis Darthé,
Babeuf, Germain, Didier, les généraux Rossignol et
Fion, et l'ex-adjudant général Massard. C'est dans
cette séance que Babeuf donna lecture de son manifeste insurrectionnel, et que le faux frère fut édifié
sur la complicité de Drouet et de Félix Le Pelletier, le
bailleur de fonds des insurgés. Il apprit aussi que le
comité se réunirait le 12 chez le sellier Reiss, rue du
Mont-Blanc, et, le 13, chez le tailleur Clercx, près de
la Halle aux Blés. Cette fois, Grisel en savait assez, et,
le 15 floréal, il rédigea une dénonciation en règle, qui
est conservée aux Archives [1] et a été publiée au *Moni-*
teur du 16 prairial an IV. Carnot, président du Directoire, accorda à cette dénonciation toute l'importance
qu'elle méritait et, à la date du 17 floréal, envoya
Grisel au ministre de la police Cochon, avec le mot
qui suit :

1. Archives nat., F⁷, 4278.

17 floréal an IV, 9 h. 1/2 du soir[1].

Je vous envoie, citoyen ministre, le citoyen Grisel dont je vous ai parlé. Il a à vous donner les renseignements les plus importants. Il désire vous parler ce soir même. Je vous prie de l'entendre.

Salut et fraternité,

CARNOT.

Dès ce moment, tous les principaux conjurés, dont Grisel avait donné le signalement précis, furent filés par la police officielle et par la police secrète de Cochon. Un arrêté du conseil militaire, assemblé au Invalides, ordonna même, dès le 17 floréal, l'arrestation de Félix Le Pelletier, qui habitait ordinairement Versailles, près de la porte de Buc. Le lendemain 18, après la conclusion de l'accord entre les Babouvistes et les conventionnels proscrits, le Comité insurrecteur avait décidé l'action immédiate, mais il résulte d'une note de police[2] qu'il ajourna l'exécution, afin d'attendre la réponse des émissaires envoyés à Melun pour entraîner le 5e bataillon de la légion de police qui avait été envoyé dans cette ville.

Carnot et le ministre de la police n'avaient pas perdu une minute. Dès le 17 floréal, 245 mandats d'arrêt étaient signés par le président du Directoire. Babeuf était, bien entendu, au nombre des prévenus placés sous le coup d'un mandat d'arrêt. Louis, dit Brutus, devait être aussitôt arrêté, et il ne paraît pas que Barras ait défendu son secrétaire, car les mandats portent comme en-tête : *Extrait des registres des délibérations du Directoire exécutif*. Il se sentait

1. Archives nat., F⁷, 4276.
2. *Id.*, F⁷, 4276.

probablement compromis : l'agent secret qui signe *Armand* dénonçait Barras comme un traître et s'attendait à être lui-même massacré, Rossignol devant être mis au courant par le Directeur.

La police songea d'abord à mettre la main sur les conjurés qui tinrent des réunions chez le conventionnel Ricord, le 17, et chez Drouet, les 17 et 18 floréal. Mais on n'arrêta, le 18, que le patron du *café des Bains chinois*, rendez-vous des Babouvistes, et cette arrestation, d'après les agents, produisit « un effet extraordinaire parmi les habitués de ce repaire infernal[2] ». Le général Rossignol et Germain ne se cachaient nullement; ils dînèrent le 19 au Jardin national (Champs-Élysées) avec dix personnes. Quant au général Fion, autre conjuré, les agents qui le filaient le virent entrer avec un autre au palais du Directoire. Allait-il chez Barras? Quoi qu'il en soit, la force armée se présenta le 19 au soir chez Drouet, mais il semble résulter des documents de police que les conjurés purent s'échapper à temps, car on n'arrêta personne. Un billet de Carnot au ministre de la police[2], en date du 19 floréal, paraît indiquer que les Babouvistes avaient essayé, le 18, un coup contre les directeurs :

19 floréal an IV.

Le coup qui nous a manqués hier soir, citoyen ministre, peut avoir aujourd'hui un plus grand succès. Tous les conjurés doivent se réunir dans une même maison, qui nous est connue. Faites tenir prêts, et le plus promptement

---

1. Rapport anonyme du 18 floréal an IV, 9 heures du soir. Archives nat., F7, 4276.
2. Archives nat., F7, 4276.

possible, 150 hommes de troupes sûres pour pouvoir marcher vers onze heures du soir. Je ferai en sorte que mon
frère puisse vous voir, afin de se concerter avec vous.

Salut et fraternité,

CARNOT.

Un premier arrêté du Directoire, signé Carnot,
président, fut pris, le 19 floréal, contre Babeuf et ses
principaux complices, notamment Didier, Darthé,
Germain, Le Pelletier de Saint-Fargeau, les ex-conventionnels Vadier, Ricord, Amar, Choudieu, l'ancien
député à la Législative Antonelle, les ex-généraux
Rossignol, Parreau, Louis, les ex-adjudants généraux
Massard et Jorry, le cafetier Chrétien, le capitaine
Pèche, de la légion de police, etc. L'arrêté portait
que les conjurés seraient traduits devant le ministre
de la police pour être interrogés sur la conspiration,
et que rapport serait fait par le ministre au Directoire, pour être statué ensuite ce qu'il appartien-
drait.

Une difficulté spéciale se présentait, en ce qui concerne Drouet, membre du Conseil des Cinq-Cents.
Le Directoire n'osa pas faire apposer les scellés sur
ses papiers. Il sollicita, et obtint, à cet effet, une
autorisation spéciale du Conseil, par un message du
21 floréal[1]. Drouet fut arrêté le même jour 21, et
conduit à l'Abbaye. Le général Hatry, commandant
en chef de l'armée de l'Intérieur, en rendit compte au
Directoire et ajouta : « J'ai donné les ordres pour
que l'on ait pour lui les égards dus à son caractère de
représentant ». Ce n'était du reste que l'exécution
d'un ordre de Carnot au ministre de la police, qui est
daté aussi du 21. On sait que ces égards allèrent plus

1. Archives nat., F⁷, 4 276.

loin ; que Drouet écrivit, le 28 floréal, au ministre de la police [1] pour se plaindre de ne pas être libre d'aller s'expliquer devant le Conseil des Cinq-Cents « sans l'appareil insultant d'une force armée », et blâma « ces hommes soupçonneux » qui ne croient pas « à la vertu d'un représentant du peuple, et quel encore? celui que toute la France a comblé d'éloges en 1791-92-93 »! Drouet avait tort de se plaindre du Gouvernement, qui, par crainte des manifestations populaires, fit évader de l'Abbaye ce détenu encombrant, le 30 thermidor an IV, sans même se donner la peine de sauver les apparences [2].

Nous ne pouvons insister ici sur le détail de l'arrestation de tous les conjurés. Mais nous voudrions, pour terminer, vous lire le rapport du citoyen d'Ossonville, inspecteur général adjoint près le ministre de la police. Ce fonctionnaire, chargé par le Directoire d'arrêter Babeuf, s'acquitta de sa mission le 21 floréal, et eut d'abord une peine infinie à trouver un juge de paix ou un commissaire de police qui consentît à l'accompagner. Il essuya des refus successifs du citoyen Lefrançois, juge de paix de la section de Brutus, du juge de paix de la section de Bon-Conseil, et ne trouva ni celui de la section du Mail, ni celui de la section du Contrat social. Enfin, après avoir perdu deux heures, de neuf à onze heures du matin,

---

1. Archives nat., F⁷, 4 276.
2. *Id.*
3. Voir, aux Archives nat., F⁷ 4 278, le procès-verbal du commissaire de police Georges-Remy Petit, qui constata l'évasion, en présence du général Hatry, de Chanez, commandant temporaire de la place de Paris, et des hommes de police. Ce procès-verbal prouve jusqu'à l'évidence que Drouet et ses protecteurs jouèrent très mal la comédie de l'escalade.

il rencontra Renel, commissaire de police de la section de Brutus, qui voulut bien assister le délégué du ministre de la police, concurremment avec Jolly, l'adjudant-général de la section du Mail. Tandis que ce dernier disposait ses cavaliers aux alentours de la maison où se cachait Babeuf, rue de la Grande-Truanderie n° 21, d'Ossonville procéda ainsi qu'il suit[1] :

RAPPORT FAIT PAR D'OSSONVILLE, INSPECTEUR GÉNÉRAL ADJOINT PRÈS LE MINISTÈRE DE LA POLICE GÉNÉRALE.

Du 21 floréal an IV de la République une et indivisible.

J'ai été chargé, le vingt et un de ce mois de mettre à exécution un arrêté du Directoire exécutif en date du 19, portant que Babeuf serait arrêté. L'exécution de cet ordre était d'une importance tellement majeure, et le Directoire exécutif le regardait comme si expressément lié aux grands intérêts de la République, que le citoyen Carnot, son président, avait lui-même levé et tracé le plan du repaire où le conspirateur insolent Babeuf calculait froidement le renversement de la Constitution organique, le massacre et le pillage, et méditait la ruine de la patrie.

C'est donc d'après le plan du lieu qui cachait Babeuf à tous les yeux qu'il avait intérêt d'éviter que j'ai dressé mes batteries pour qu'il ne m'échappât pas. Il était à ce moment neuf heures du matin.

Après avoir bien reconnu la maison dont il s'agit, située rue de la Grande-Truanderie, n° 21, faisant l'encognure de la rue Verderet, je conférai avec le citoyen Jolly, adjudant-général de la section du Mail, et nous convînmes ensemble que, dès le moment que je serais entré dans la maison, il disposerait un piquet de cavalerie qui était à la pointe Eustache, de manière à ce que rien ne pût échapper ; savoir

---

1. Archives nat., F7, 4278.

qu'aux deux bouts de la rue Verderet, il placerait deux cavaliers, avec la consigne de n'en laisser sortir personne. Cette précaution parait à la double issue du repaire de Babeuf, dans le cas où elle aurait existé; et que le surplus du piquet bloquerait et se mettrait en mesure pour cerner la principale porte d'entrée de la maison, de manière que personne ne pût ni en approcher, ni en sortir.

Le quartier où cette expédition devait se faire étant près des Halles et conséquemment très peuplé, et ne doutant pas que l'appareil qu'elle nécessitait n'attirât une très grande affluence, je crus qu'il était prudent de faire semer le bruit que c'était une bande de voleurs et d'assassins qu'on arrê-tait : je convins de cela avec le citoyen Jolly et me mis en marche pour aller requérir une autorité constituée de m'accompagner.

Je me présentai chez le citoyen Baron, juge de paix de la section du Mail; il était absent; je me transportai de là rue Neuve-Eustache, chez le citoyen Lefrançois, juge de paix de la section de Brutus, et lui demandai s'il voulait m'accompagner dans une opération dont j'étais chargé par le ministre de la police générale, en vertu d'ordres du Directoire. Ce juge de paix me répondit qu'il aimerait mieux donner sa démission que de faire aucune opéra-tion. Après cette réponse, je fus trouver le juge de paix du Contrat-Social. Il était malade. Le temps s'écoulait; mon impatience s'augmentait. Enfin je pris le parti d'aller chez le juge de paix de la section de Bon-Conseil, dans l'arron-dissement duquel est située la rue de la Grande-Truan-derie. Celui-là fut encore pis. Sur la proposition que je lui fis de m'accompagner pour mettre à exécution un ordre du Directoire, il me demanda ce que c'était que cet ordre; je tenais l'ordre à la main, mais, par réflexion, je lui demandai s'il viendrait avec moi. Il me répondit que non. Je remis alors l'ordre dans ma poche, et lui observai que je serais obligé de faire rapport de son refus. Il me répon-dit que je ferais bien, et même que je pouvais dire qu'il n'avait pas voulu du tout m'accompagner. Je fus donc encore obligé de me retirer et de recourir ailleurs. Je pensai aux autorités constituées de la section de Bonne-Nouvelle, la plus voisine de celle de Bon-Conseil; mais, comme les

principes du juge de paix de cette section me sont parfaitement connus, je crus qu'il serait plus sage de ne pas
penser à lui.

Je ne savais plus à qui m'adresser : la peur de manquer
mon opération, le temps qui s'écoulait, tout redoublait
mon impatience. Enfin, le citoyen Jolly, qui voyait comme
moi, m'indiqua le commissaire de police de la section de
Brutus, Renel, et il me l'indiqua comme très propre à me
bien seconder, mais il ne savait pas où il demeurait. Je
pris alors le parti de retourner chez le juge de paix de
cette section pour m'informer de la demeure du commissaire de police. Heureusement, je rencontrai ce dernier
chez le juge de paix. Je le priai de sortir un instant : je
lui demandai s'il voulait m'accompagner dans mon opération, et je dois ici rendre justice à ce fonctionnaire public :
c'est qu'il ne m'a pas donné le temps de lui en dire davantage ; il est parti avec moi, avec un zèle et un dévouement
au-dessus de tout éloge.

Nous nous acheminâmes donc, le commissaire de police,
quelques autres citoyens qui m'accompagnaient et moi,
vers le repaire de Babeuf. Le citoyen Jolly retourna auprès
du piquet de cavalerie, afin d'en disposer, suivant nos con-
ventions. Mais, craignant que le bruit des chevaux ne
donnât l'éveil à Babeuf, je pensai qu'il était plus sage de
joindre la chambre qui recelait Babeuf ; et que, pendant ce
temps, la cavalerie avancerait et ferait ses dispositions. Il
était alors onze heures.

Nous entrâmes donc dans la maison. Je plaçai des
citoyens qui m'accompagnaient, au milieu de l'escalier.
Le commissaire de police, deux autres citoyens et moi
montâmes au troisième étage. Je sonnai à la porte d'un
appartement occupé par le citoyen Tissot, qui était celui
indiqué comme la retraite de Babeuf. La citoyenne Tissot
vint m'ouvrir la porte. J'entrai. Le commissaire de police
me suivit, ainsi que les deux citoyens. Je demandai à la
citoyenne Tissot si son mari y était ; sur la réponse qu'il
n'y était pas, j'eus l'air d'avancer dans la cuisine, mais je
tournai brusquement et j'enfilai un petit corridor qui me
conduisit à une petite chambre, à gauche, dont j'ouvris la
porte si à propos que j'étais auprès de Babeuf et de ceux

qui étaient avec lui, qu'ils ne m'avaient point encore, pour ainsi dire, aperçu.

Babeuf rédigeait, à la table, son 44° numéro. Étaient avec lui Buonaroti et Pellé, secrétaire d'Héron. Je notifiai l'ordre dont j'étais porteur et donnai sur-le-champ l'ordre aux citoyens qui étaient, pendant ce court intervalle, arrivés à la chambre, de veiller aux fenêtres et aux moindres mouvements que ces messieurs tenteraient de faire.

Ce fut à ce moment que la consternation la plus morne se peignit sur ces trois physionomies : ils furent, comme l'on dit, tous les trois les bras cassés, et, quoique entourés d'armes à feu chargées jusqu'au bout du canon et de sabres, et que je leur eusse, dans les premiers moments, apparu seul, ils n'ont pas fait le moindre geste pour se mettre en défense. Babeuf s'est levé debout devant sa table. Buonaroti s'est occupé à cacher sous lui un papier qu'il a remis un instant après. Et Pellé m'a observé qu'il n'était pas compris dans l'ordre. Je lui ai répondu qu'il s'en expliquerait avec le ministre de la police générale. Babeuf, en se levant de dessus sa chaise, s'est écrié : *C'en est fait....* *la tyrannie l'emporte.* Et, un moment après, il m'a demandé pourquoi j'*obéissais à des maîtres.* Je lui ai répondu que j'obéissais à un gouvernement pour lequel le peuple s'était franchement prononcé, et, sans perdre plus de temps en discours inutiles, j'ai continué mon opération.

J'ai rassemblé les papiers qui m'ont paru les plus propres à confirmer la vérité de cette vaste et abominable conspiration. Pendant le court espace de temps que j'ai eu pour les examiner, j'ai fort bien remarqué des proclamations portant en tête, en lettres grosses et longues comme le doigt : *Constitution de 93 ou la mort,* des ordres pour distribuer les poudres de Grenelle aux assassins et aux brigands chargés d'égorger le Directoire exécutif, les deux Conseils, l'état-major de la garde parisienne, les autorités constituées, de piller toutes les boutiques et magasins, enfin des affiches portant ces mots : *Ceux qui insultent à la souveraineté du peuple méritent la mort,* un cachet portant pour légende *Salut Public.* Tous ces papiers ont été renfermés dans un carton et transportés avec les prévenus au ministère de la police générale.

Sur le surplus des cartons et des papiers qui sont en profusion dans cette chambre, il a été apposé des scellés, à la garde desquels j'ai provisoirement établi deux gardiens, pris parmi le nombre de cavaliers qui ont assisté à cette opération, et jusqu'à ce qu'il en soit autrement ordonné. Ces opérations terminées, les prévenus ont été placés chacun dans une voiture de place et transférés, sous bonne escorte de cavalerie, au ministère de la police générale.

Le citoyen Jolly, dont j'ai parlé plus haut, avait parfaitement rempli la mission dont il s'était chargé pour les dispositions de la force militaire. Le concours du peuple était immense, mais tout s'est passé dans la plus grande tranquillité et le plus grand ordre. Et j'ai remarqué que le bruit répandu que c'était des voleurs et des assassins avait produit effet, car on criait : *Bravo! ne laissez pas échapper ces voleurs, ces assassins!*

Babeuf seul paraissait surpris de ce que l'on criait sur lui *au voleur!* Peut-être ne l'aurait-il pas été, si on se fût contenté de crier *à l'assassin*, puisque, d'après ses projets, il lui fallait faire tomber trente mille têtes.

D'OSSONVILLE.

On sait le reste. Babeuf, à cause de la présence de Drouet parmi les conjurés, fut traduit devant une Haute-Cour, constituée à Vendôme. A la suite de longs débats qui durèrent depuis le 5 octobre 1796 (14 vendémiaire an V) jusqu'au 26 mai 1797 (7 prairial an V), il fut condamné à mort ainsi que Darthé, et subit sa peine, avec son ami, le lendemain, 8 prairial. Les élections de germinal an V venaient de donner la majorité aux royalistes dans les deux Conseils. Les deux hommes qui avaient abattu Babeuf, Carnot et Cochon, furent vaincus à leur tour, au 18 fructidor (4 septembre 1797); les directeurs Carnot et Barthélemy, Cochon, l'ancien ministre de la police, furent condamnés à la déportation, avec 53 membres du Corps législatif et le policier d'Ossonville, qui avait arrêté Babeuf. Quant au bureau central de police du canton de Paris, il écrivit, le 21 fructidor, au nouveau ministre [1], par l'organe du citoyen Limodin, que Carnot, Barthélemy, les ex-généraux Miranda et Morgan « s'étaient soustraits par la fuite à l'exécution des mesures ordonnées à leur égard », et que, si les agents du ministre « venaient à découvrir et à arrêter *quelques-uns de ces individus* », on les ferait écrouer de suite dans une maison d'arrêt.

C'est ainsi que Barras vengea son secrétaire, Louis, *dit Brutus*, et remercia Carnot et Cochon de ne pas l'avoir impliqué dans l'affaire des Babouvistes, « ces braves gens! »

J'aurais terminé, si je n'avais à vous communiquer partiellement une lettre que j'ai reçue hier d'un membre de la Société de l'histoire de la Révolution, M. Bocquet, ex-maire du Ve arrondissement de Paris (ancien 12e) en 1848 et en 1870. Notre collègue, qui a aujourd'hui soixante-dix-sept ans, m'écrit de Nice ce qui suit :

Pension Cattaneo, 40, rue Gioffredo, Nice.

Monsieur,

Je n'ai point l'honneur d'être connu de vous; mais, membre de la Société de l'histoire de la Révolution, j'apprends par une circulaire de M. A. Aulard, en date du 22 février 1895, que vous devez entretenir l'assemblée convoquée à la Sorbonne, le 3 mars, de « l'arrestation de Babeuf ».

J'ai pensé qu'il pourrait vous paraître intéressant d'apprendre, si vous l'ignorez, le fait suivant. Le fils (ou l'aîné

1. Archives nat., F[7], 4 277.

des fils) de Babeuf fut recueilli, élevé par un ami dévoué, vieux garçon. Celui-ci éleva son enfant adoptif avec affection, avec soin; il s'appliqua surtout à lui faire donner les meilleures leçons d'escrime. Quand le jeune homme fut tenu, à la salle d'armes, pour être de première force, son père adoptif lui dit : « Mon ami Babeuf, votre père a été livré à la police, à la mort par un misérable, un traître dont je n'ai cessé de suivre les traces. Voulez-vous venger votre père? — Assurément, de suite; où est ce monstre? — Il est à Lyon, officier, dans tel régiment, en garnison dans cette ville. Tout est prêt pour notre départ; demain, nous prendrons la diligence pour Lyon. Arrivés dans cette ville, ils allèrent au café fréquenté par les officiers du régiment (de cavalerie, je pense) dont faisait partie ce traître. Le jeune homme, se dressant devant lui, lui dit : « Monsieur, je suis le fils de Babeuf; je viens vous demander compte du sang de mon père ». Le duel eut lieu immédia tement, un officier s'étant offert pour témoin du fils vengeur. Babeuf tua l'assassin de son père. Je tiens ce récit de Babouvistes qui l'avaient appris de Charles Teste, ami de Babeuf et compromis dans sa conspiration.... Parmi les noms gravés sur la colonne de Juillet, j'ai lu celui de Babeuf : serait-ce celui de ce fils de Babeuf?...

Salut et fraternité.   B. BUCQUET.

Cette lettre soulève des questions intéressantes, que je me propose d'élucider ultérieurement, si c'est possible. On sait que Babeuf, au moment de son exécution, avait deux fils qu'il recommanda, par lettre du 26 messidor an IV, à son ami Félix Le Pelletier. Dans cette lettre curieuse, Babeuf dit que son fils aîné, Émile, veut être imprimeur et que le second était jeune. Ils durent conserver un souvenir profond de l'exécution de leur père, à laquelle ils assistèrent avec leur mère, car Babeuf avait exigé que sa famille « l'accompagnât jusqu'au pied, dit-il, de l'autel où il serait immolé ». Mme Babeuf et son fils aîné avaient

déjà suivi à pied, de Paris à Vendôme, la voiture avec
cage grillée qui emmenait Babeuf.

Est-ce Grisel qu'Émile Babeuf a tué en duel à
Lyon?

Cela n'est pas impossible, et M. Advielle l'affirme
également, mais cela ne nous semble guère probable,
car de son dossier, que nous avons consulté aux
Archives de la guerre, il résulte que Grisel est mort
adjudant de la place de Nantes, le 22 juin 1812, à l'âge
de quarante-sept ans [1]. C'est Carnot qui le fit nommer
à cet emploi, le 1er vendémiaire an IX. Nous connais-
sons de Grisel une lettre du 18 germinal an VIII [2] à
Carnot, ministre de la guerre, dans laquelle le dénon-
ciateur de Babeuf évoque le souvenir des services
rendus à l'ex-président du Directoire, se compare
« au lierre attaché au chêne », se plaint des vexations
qu'il endure à la 82e demi-brigade, et demande « un
emploi quelconque », de préférence un poste d'adjudant de place. Carnot fit droit à la requête de Grisel
et mit en marge : « Proposer le citoyen Grisel pour
la première place d'adjudant de place ».

M. Advielle dit qu'en outre des deux fils que Babeuf
recommanda à Félix Le Pelletier, et qui s'appelaient
Robert, dit Émile, et Camille, il en eut un autre,
Caïus-Gracchus, né à Vendôme, pendant le procès,
sans parler de quatre autres enfants, morts jeunes.
Seul, Émile paraît avoir laissé une trace et prolongé
sa vie, car Caïus fut tué en 1814, par une balle enne-
mie, lors de la première invasion, et Camille, à la
même époque, se précipita du haut de la colonne

---

1. Lettre du commandant de la 12e division au duc de Feltre,
ministre de la guerre, datée de juin 1812.

2. Archives de la guerre.

Vendôme pour ne pas voir les Cosaques. Quant à Émile, il devint un fervent bonapartiste, resta plusieurs mois à l'île d'Elbe auprès de celui qui avait fermé le club du Panthéon, fut poursuivi, sous la Restauration, pour ses brochures de propagande impérialiste, et enfermé au mont Saint-Michel jusqu'en novembre 1818. Il se fit ensuite libraire, et imprima le livre de Jules Favre : *Anathème*. On ignore la date de sa mort, mais il eut un fils, Louis-Pierre Babeuf, qui fut sous-préfet en 1848, puis inspecteur d'assurances, enfin libraire, et qui mourut à Batignolles, le 20 février 1871, à soixante-deux ans. Il laissa deux filles, dont l'une a épousé Victor Varigny.

Pour terminer sur le chapitre de la descendance de Babeuf, je voudrais donner encore un détail.

Notre excellent collègue M. Belhomme nous racontait hier soir, au banquet de la Société, qu'il habitait, en 1840, rue de la Harpe, dans la même maison qu'un fils de Babeuf, et que ce Babeuf, fabricant de petits pinceaux pour les boîtes à couleurs des enfants, vivait en tête à tête avec un mannequin de femme, habillé à la mode du Directoire, et auquel il paraissait témoigner les plus grands égards. Je signale ce dernier mystère aux fidèles du culte babouviste [1].

1. Dans son livre intitulé *Promenades dans Paris* et publié par Flammarion en janvier 1907, M. GEORGES CAIN (p. 303) reproduit le rapport de d'Ossonville en remerciant « l'érudit M. Léonce Grasilier » d'avoir lui-même publié ce curieux document dans la *Nouvelle Revue rétrospective* du 10 juin 1901. Or nous l'avions inséré dans la *Revue de la Révolution française* le 14 avril 1895, d'après le carton 4278 des Archives nationales.

TABLE DES MATIÈRES

PREMIÈRE PARTIE

HISTOIRE

1660-06. — Coulommiers. Imp. PAUL BRODARD. — 2-07

Librairie HACHETTE et Cⁱᵉ, 79, Boulevard Saint-Germain, PARIS

BIBLIOTHÈQUE VARIÉE, FORMAT IN-16

A 3 FR. 50 LE VOLUME

ÉTUDES ET QUESTIONS HISTORIQUES

ARVÈDE BARINE (A.) : *Saint François d'Assise*............... 1 vol.
La jeunesse de la Grande Demoiselle (1627-1652)................. 1 vol.
Louis XIV et la Grande Demoiselle (1653-1692).................. 1 vol.
Princesses et grandes dames (Marie Mancini, la reine Christine, etc.)..... 1 vol.

BERGER (Eug.) : *Le vicomte de Mirabeau (1754-1792)*................. 1 vol.

BOISSIER, de l'Académie française : *Cicéron et ses amis*, 13ᵉ édit..... 1 vol.
La religion romaine d'Auguste aux Antonins, 5ᵉ édit................. 2 vol.
Promenades archéologiques : Rome et Pompéi, 8ᵉ édit................. 1 vol.
Nouvelles promenades archéologiques, Horace et Virgile, 5ᵉ édit...... 1 vol.
L'Afrique Romaine, promenades archéologiques en Algérie et en Tunisie, 3ᵉ édition.................. 1 vol.
L'opposition sous les Césars, 4ᵉ édit. 1 vol.
La fin du paganisme, 5ᵉ édit..... 2 vol.
Tacite, 3ᵉ édit.................. 1 vol.
La conjuration de Catilina........ 1 vol.

BONET-MAURY (G.) : *Le congrès des religions à Chicago en 1893*...... 1 vol.
L'Islamisme et le Christianisme.... 1 vol.

BRUNET, député : *La France à Madagascar*, 3ᵉ édit.................. 1 vol.

CHARMES, de l'Institut : *Études historiques et diplomatiques*.......... 1 vol.

CHAVANON et **SAINT-YVES** : *Joachim Murat (1767-1815)*........... 1 vol.

COYNART (Ch. de) : *Les malheurs d'une grande dame sous Louis XV*..... 1 vol.

DEHERAIN (H.) : *L'expansion des Boërs au XIXᵉ siècle*.................. 1 vol.

DIEULAFOY (H.), de l'Institut : *Le roi David*...................... 1 vol.

DU CAMP [...] çaise : *Les* [...] tion.......

ESMEIN [...] *Morris*...

ESTOURN [...] (baron d'). [...] *Grèce*...

FLEURY [...] *toire*......

FUNCK-B [...] et archives [...] Ouvrage co[...] *Le drame de* [...] *L'affaire du* [...]

La mort de la reine, 4ᵉ édit........ 1 vol.
Les nouvellistes, 3ᵉ édit............ 1 vol.

GEBHART (E.), de l'Académie française : *L'Italie mystique*, 4ᵉ édit.. 1 vol.
Moines et papes, 3ᵉ édit........... 1 vol.
Au son des cloches, 3ᵉ édit......... 1 vol.
Conteurs florentins du moyen âge. 1 vol.
D'Ulysse à Panurge............... 1 vol.

GIRAUD (Ch.), de l'Institut : *La maréchale de Villars et son temps*....... 1 vol.

GUIRAUD : *Fustel de Coulanges*. 1 vol.
Ouvrage couronné par l'Académie française.

HAUREAU (B.), de l'Institut : *Bernard Délicieux et l'Inquisition albigeoise*. 1 vol.

HUBNER (comte de) : *Sixte-Quint d'après des correspondances diplomatiques inédites*, 3ᵉ édit.............. 2 vol.

JACQUIN (F.) : *Les chemins de fer pendant la guerre de 1870-1871*, 3ᵉ édit. 1 vol.

JULLIAN (G.) : *Vercingétorix*, 3ᵉ édition.................. 1 vol.
Ouvr. couronné par l'Académie française.

JUSSERAND (J.) : *La vie nomade et l'Angleterre au XIVᵉ siècle*...... 1 vol.
Ouvrage couronné par l'Académie française.
L'épopée mystique de William Langland.................. 1 vol.

LANGLOIS (Ch.-V.) : *Questions d'histoire et d'enseignement*.......... 1 vol.
La société française au XIIIᵉ siècle. 1 vol.

LEROY-BEAULIEU (A.), de l'Institut : *Un homme d'État russe (Nicolas Milutine). Étude sur la Pologne et la Russie (1855-1872)*.................. 1 vol.

LUCE (S.) : *Jeanne d'Arc à Domrémy*, 3ᵉ édit. .... 1 vol.
La France pendant la guerre de Cent Ans, 2ᵉ édit...................... 1 vol.

[...] nçaise, 1 vol.
[...] ford et 1 vol.
[...] la der- 1 vol.
[...] Trois 1 vol.
[...] erreur, 1 vol.
[...] 1 vol.
[...] erre de 1 vol.

1600-06. — Coulommiers. Imp. PAUL BRODARD. — 2-07-1595.